本书编委会

主　任：柏　奕　翟新礼　张　磊
委　员：李海燕　孙肖朋　赵静静　李永红
　　　　庞靖宇　王　冠　孙　琳　王　勇
　　　　常海波　王玉霞　胡卫平　李明雪
　　　　李亚敏　王治华　张　凌　赵俊伟
　　　　冯彩霞

GAOXIAO KECHENGSIZHENG JIAOXUEANLI JINGXUAN

高校课程思政教学案例精选

（化学类）

河南大学化学与分子科学学院　编

河南大学出版社
HENAN UNIVERSITY PRESS

·郑州·

图书在版编目(CIP)数据

高校课程思政教学案例精选:化学类 / 河南大学化学与分子科学学院编.--郑州：河南大学出版社，2024.9.--ISBN 978-7-5649-6051-3

Ⅰ.G641

中国国家版本馆CIP数据核字第2024A3U497号

责任编辑	郑　鑫
责任校对	李圣杰　张　雷
封面设计	高枫叶

出版发行　河南大学出版社
　　　　　地址:郑州市郑东新区商务外环中华大厦2401号
　　　　　邮编:450046
　　　　　电话:0371-86059715(高等教育与职业教育出版中心)
　　　　　　　　0371-86059701(营销部)
　　　　　网址:hupress.henu.edu.cn
排　　版　郑州市今日文教印制有限公司
印　　刷　郑州市今日文教印制有限公司
版　　次　2024年9月第1版
印　　次　2024年9月第1次印刷
开　　本　787 mm×1092 mm　1/16
印　　张　15
字　　数　276千字
定　　价　48.00元

(本书如有印装质量问题,请与河南大学出版社营销部联系调换。)

前　言

2016年12月，习近平总书记在全国高校思想政治工作会议上强调，要用好课堂教学这个主渠道，思想政治理论课要坚持在改进中加强，提升思想政治教育亲和力和针对性，满足学生成长发展需求和期待，其他各门课都要守好一段渠、种好责任田，使各类课程与思想政治理论课同向同行，形成协同效应。随着会议精神的落实，课程思政的探索与实践在全国各高校陆续铺开。

2017年2月，中共中央、国务院印发了《关于加强和改进新形势下高校思想政治工作的意见》，指出要充分发掘和运用各学科蕴含的思想政治教育资源，对各学科、各专业领域挖掘思政资源、落实课程思政教学提出了明确的要求。

2017年12月，教育部党组印发《高校思想政治工作质量提升工程实施纲要》，明确将课程育人列于"十大育人"体系之首，要求深入推动习近平新时代中国特色社会主义思想进教材、进课堂、进头脑，大力推动以"课程思政"为目标的课堂教学改革，优化课程设置，修订专业教材，完善教学设计，加强教学管理，梳理各门课程所蕴含的思想政治教育元素和所承载的思想政治教育功能，融入课堂教学各环节，实现思想政治教育与知识体系教育的有机统一。该纲要对课程思政的实施主体、实施要求、目标指向均有了较为具体的规定。

2018年10月，教育部印发《关于加快建设高水平本科教育全面提高人才培养能力的意见》，强调"着力推动高校全面加强课程思政建设，做好整体设计，根据不同专业人才培养特点和专业能力素质要求，科学合理设计思想政治教育内容。强化每一位教师的立德树人意识，在每一门课程中有机融入思想政治教育元素，推出一批育人效果显著的精品专业课程，打造一批课程思政示范课堂，选树一批课程思政优秀教师，形成专业课教学与思想政治理论课教学紧密结合、同向同行的育人格局"。该意见在前期课程思政探索和实践的基础上，对构建课程思政建设激励机制提供了政策支撑。

2019年3月18日,习近平总书记主持召开学校思想政治理论课教师座谈会并发表重要讲话,在强调思想政治理论课是落实立德树人根本任务的关键课程的同时,也特别指出要坚持显性教育和隐性教育相统一,挖掘其他课程和教学方式中蕴含的思想政治教育资源,实现全员全程全方位育人。

2019年8月,中共中央办公厅、国务院办公厅印发了《关于深化新时代思想政治理论课改革创新的若干意见》,要求整体推进高校课程思政,深度挖掘高校各学科门类专业课程蕴含的思想政治教育资源,解决好各类课程与思政课相互配合的问题,发挥所有课程育人功能,构建全面覆盖、类型丰富、层次递进、相互支撑的课程体系,使各类课程与思政课同向同行,形成协同效应。建成一批课程思政示范高校,推出一批课程思政示范课程,选树一批课程思政教学名师和团队,建设一批高校课程思政教学研究示范中心。党中央、国务院的重要决策部署为全面推进课程思政建设提供了遵循。

2020年6月,教育部印发《高等学校课程思政建设指导纲要》(以下简称《纲要》),要求各高校结合实际认真贯彻执行。《纲要》明确指出全面推进课程思政建设是落实立德树人根本任务的战略举措,全面推进课程思政建设,就是要寓价值观引导于知识传授和能力培养之中,帮助学生塑造正确的世界观、人生观、价值观,这是人才培养的应有之义,更是必备内容。这一战略举措,影响甚至决定着接班人问题,影响甚至决定着国家长治久安,影响甚至决定着民族复兴和国家崛起。《纲要》还指出要紧紧抓住教师队伍"主力军"、课程建设"主战场"、课堂教学"主渠道",让所有高校、所有教师、所有课程都承担好育人责任,守好一段渠、种好责任田,使各类课程与思政课程同向同行,将显性教育和隐性教育相统一,形成协同效应,构建全员全程全方位育人大格局。《纲要》清晰地阐述了高校课程思政建设的目标要求、内容重点、工作思路,对推进高校课程思政建设进行了整体设计,把高校课程思政建设推向了一个新的阶段。

河南大学化学类基础课教学团队为河南省课程思政教学团队,2023年,以该团队为核心成员获批河南省化学类课程思政特色化教学研究示范中心。在多年的教学实践中,团队认真落实立德树人根本任务,始终坚守"教书"与"育人"的有机统一,注重知识传授与价值塑造的深度融合。尤其是近年来,团队成员深入学习领会习近平总书记有关教育的重要论述,以课程思政建设为着力点,对化学类基础课课程体系中所蕴含的思想价值和精神内涵进行了深度挖掘和提炼,并对思政资源在实际课程教学中的合理融入进行了深入研究。经过不断地探索与实践，团队在相关课程的教学中很好地实现了学科知识体系教育与思想政治教育的有机融合，充分发挥了学科体系所承载的思想价值，使得相关课程的广度、深度和温度得到了科学合理的拓展。

化学类基础课课程思政建设的经验表明，学生在实现学科知识体系学习目标的同时，科学思维得到了很好的训练，创新精神和精益求精的大国工匠精神得到了培养，正确认识问题、分析问题和解决问题的能力得到了提高，探索未知、追求真理、科技报国责任感和使命感得到了加强。适逢河南大学化学学科创建100周年，本教学团队将几年来积累的课程思政教学典型案例进行了精心整理并汇集成册，借此书分享给相关课程的任课教师，期望能够给大家的教学提供有益的参考，也希望此书能激发更多同行对理工类专业课课程思政建设的思考，为提升立德树人成效、培养德智体美劳全面发展的社会主义建设者和接班人做出一份贡献。

本书在编写过程中，得到了河南大学教务处、河南大学化学与分子科学学院多位领导和老师的支持和帮助，在此一并表示感谢。尽管编者在本书出版过程中付出了巨大努力，但仍可能存在不足之处，恳请读者批评指正。同时感谢在本书编写过程中给予支持的各方力量。

编者
2023 年 9 月

目 录

第一章 《无机化学》部分 ……………………………………………（1）

典型案例 一 ……………………………………………………（2）
教学内容：原子结构 ……………………………………………（2）
思政资源：揭开原子内部的秘密 ………………………………（2）

典型案例 二 ……………………………………………………（6）
教学内容：我国配位化学的发展 ………………………………（6）
思政资源：中国配位化学的开拓者和奠基人——戴安邦 ……（6）

典型案例 三 ……………………………………………………（10）
教学内容：配合物的异构现象 …………………………………（10）
思政资源：第一个无机抗癌药物——顺铂 ……………………（10）

典型案例 四 ……………………………………………………（13）
教学内容：氮族元素 ……………………………………………（13）
思政资源：云水襟怀——卢嘉锡院士 …………………………（13）

典型案例 五 ……………………………………………………（16）
教学内容：碳及其化合物 ………………………………………（16）
思政资源：天然制冷剂打造北京冬奥会绿色制冰技术 ………（16）

典型案例 六 ……………………………………………………（19）
教学内容：汞及其化合物 ………………………………………（19）
思政资源：久远的鎏金工艺 ……………………………………（19）

典型案例 七 ……………………………………………………（22）
教学内容：第一过渡系元素的磁性 ……………………………（22）
思政资源：中国磁悬浮列车 ……………………………………（22）

典型案例　八 ……………………………………………………………（25）
　　教学内容:铀及其化合物 ……………………………………………（25）
　　思政资源:"两弹元勋"邓稼先 ………………………………………（25）

典型案例　九 ……………………………………………………………（28）
　　教学内容:酸碱反应 ……………………………………………………（28）
　　思政资源:酸碱理论的发展历程 ………………………………………（28）

典型案例　十 ……………………………………………………………（30）
　　教学内容:稀土元素 ……………………………………………………（30）
　　思政资源:中国稀土之父——徐光宪 …………………………………（30）

第二章　《有机化学》部分 …………………………………………（34）

典型案例　一 ……………………………………………………………（35）
　　教学内容:绪论—有机化合物的定义 …………………………………（35）
　　思政资源:"生命力学说"的破灭 ……………………………………（35）

典型案例　二 ……………………………………………………………（39）
　　教学内容:烷烃 …………………………………………………………（39）
　　思政资源:可燃冰 ………………………………………………………（39）

典型案例　三 ……………………………………………………………（43）
　　教学内容:不饱和烃 ……………………………………………………（43）
　　思政资源:我国合成橡胶工业的科技前沿 ……………………………（43）

典型案例　四 ……………………………………………………………（46）
　　教学内容:对映异构 ……………………………………………………（46）
　　思政资源:"反应停"事件——对映异构 ……………………………（46）

典型案例　五 ……………………………………………………………（50）
　　教学内容:卤代烃—格氏试剂的发现与应用 …………………………（50）
　　思政资源:格氏试剂的发现 ……………………………………………（50）

典型案例　六 ……………………………………………………………（53）
　　教学内容:醇、酚、醚 …………………………………………………（53）
　　思政资源:百年"神药"阿司匹林 ……………………………………（53）

典型案例　七 ……………………………………………………………（56）
　　教学内容:醇的化学性质 ………………………………………………（56）
　　思政资源:从炸药到医药——反常孕育创新 …………………………（56）

典型案例　八 ……（59）
   教学内容：醛、酮羰基的还原 ……（59）
   思政资源：有机化学人名反应——Wolff－Kishner－黄鸣龙反应 ……（59）

典型案例　九 ……（63）
   教学内容：糖类 ……（63）
   思政资源：季羡林与《糖史》 ……（63）

典型案例　十 ……（66）
   教学内容：氨基酸、多肽、蛋白质 ……（66）
   思政资源：三聚氰胺事件——蛋白质含量测定 ……（66）

典型案例　十一 ……（69）
   教学内容：萜类化合物 ……（69）
   思政资源：一株济世草，一颗报国心——萜类化合物的分离提取 ……（69）

第三章　《分析化学》部分 ……（73）

典型案例　一 ……（74）
   教学内容：分析化学发展史 ……（74）
   思政资源：中国科学家对分析化学发展的贡献 ……（74）

典型案例　二 ……（79）
   教学内容：t 分布函数 ……（79）
   思政资源：t 分布函数的发现 ……（79）

典型案例　三 ……（82）
   教学内容：分析化学中的误差 ……（82）
   思政资源：氩的发现与诺贝尔奖获得者瑞利；卢嘉锡院士与小数点 ……（82）

典型案例　四 ……（87）
   教学内容：标准溶液的配制与分析天平 ……（87）
   思政资源：定量分析必备精密仪器——天平 ……（87）

典型案例　五 ……（90）
   教学内容：酸碱指示剂 ……（90）
   思政资源："分析化学之父"波义耳与酸碱指示剂 ……（90）

典型案例　六 ……（93）
   教学内容：四大滴定分析方法 ……（93）
   思政资源：四大滴定中的哲学思想 ……（93）

典型案例　七 ………………………………………………………………（97）
　　教学内容：工业纯碱总碱度测定 ……………………………………（97）
　　思政资源：中国制碱第一人——侯德榜 ……………………………（97）

典型案例　八 ………………………………………………………………（100）
　　教学内容：滴定分析方法应用 ………………………………………（100）
　　思政资源：分析化学中环境保护指标的测定 ………………………（100）

典型案例　九 ………………………………………………………………（103）
　　教学内容：质谱 ………………………………………………………（103）
　　思政资源：质谱分析技术发展史 ……………………………………（103）

典型案例　十 ………………………………………………………………（106）
　　教学内容：色谱分析 …………………………………………………（106）
　　思政资源：卢佩章院士与我国的国防事业 …………………………（106）

典型案例　十一 ……………………………………………………………（109）
　　教学内容：波谱分析的应用实例 ……………………………………（109）
　　思政资源：青蒿素的结构分析 ………………………………………（109）

第四章　《物理化学》部分 …………………………………………………（113）

典型案例　一 ………………………………………………………………（114）
　　教学内容：状态方程 …………………………………………………（114）
　　思政资源：范德瓦耳斯方程与1910年诺贝尔物理学奖 ……………（114）

典型案例　二 ………………………………………………………………（117）
　　教学内容：热力学第一定律 …………………………………………（117）
　　思政资源：第一类"永动机"幻想的产生与破灭 ……………………（117）

典型案例　三 ………………………………………………………………（120）
　　教学内容：相变焓 ……………………………………………………（120）
　　思政资源：青藏铁路冻土治理——热棒技术 ………………………（120）

典型案例　四 ………………………………………………………………（123）
　　教学内容：热力学第二定律 …………………………………………（123）
　　思政资源：卡诺热机与热力学第二定律的问世 ……………………（123）

典型案例　五 ………………………………………………………………（126）
　　教学内容：亨利定律 …………………………………………………（126）
　　思政资源：航天员出舱前吸氧排氮 …………………………………（126）

典型案例　六 ……………………………………………………………………… (129)
　　教学内容:水的相图 ……………………………………………………… (129)
　　思政资源:黄子卿精确测定水的三相点 ………………………………… (129)

典型案例　七 ……………………………………………………………………… (132)
　　教学内容:锂离子电池 …………………………………………………… (132)
　　思政资源:划时代的贡献——走进2019年诺贝尔化学奖 …………… (132)

典型案例　八 ……………………………………………………………………… (136)
　　教学内容:动力学发展史 ………………………………………………… (136)
　　思政资源:交叉分子束——诺贝尔奖获得者李远哲 …………………… (136)

典型案例　九 ……………………………………………………………………… (139)
　　教学内容:过渡态理论 …………………………………………………… (139)
　　思政资源:过渡态学说创立过程中的突出贡献者——孙承谔 ………… (139)

典型案例　十 ……………………………………………………………………… (142)
　　教学内容:光化学反应 …………………………………………………… (142)
　　思政资源:光催化技术在能源环境领域的应用 ………………………… (142)

典型案例　十一 …………………………………………………………………… (145)
　　教学内容:表面现象 ……………………………………………………… (145)
　　思政资源:"莲花效应" …………………………………………………… (145)

典型案例　十二 …………………………………………………………………… (148)
　　教学内容:胶体 …………………………………………………………… (148)
　　思政资源:中国胶体科学的主要奠基人——傅鹰 ……………………… (148)

典型案例　十三 …………………………………………………………………… (151)
　　教学内容:纳米材料 ……………………………………………………… (151)
　　思政资源:带你走进神奇的纳米世界 …………………………………… (151)

典型案例　十四 …………………………………………………………………… (154)
　　教学内容:分子点群 ……………………………………………………… (154)
　　思政资源:对称美 ………………………………………………………… (154)

第五章　《高分子化学》部分 ……………………………………………………… (157)
典型案例　一 ……………………………………………………………………… (158)
　　教学内容:高分子发展史 ………………………………………………… (158)
　　思政资源:高分子学科的创始人

——1953年诺贝尔奖获得者赫尔曼·施陶丁格 …………………… (158)

典型案例　二 ……………………………………………………………… (162)
　　教学内容：绪论 ……………………………………………………… (162)
　　思政资源：中国古代的高分子加工技术 …………………………… (162)

典型案例　三 ……………………………………………………………… (165)
　　教学内容：缩聚和逐步聚合 ………………………………………… (165)
　　思政资源：聚酰胺和聚酯的发明 …………………………………… (165)

典型案例　四 ……………………………………………………………… (169)
　　教学内容：缩聚反应动力学 ………………………………………… (169)
　　思政资源：高分子科学的奠基者、诺贝尔化学奖获得者
　　　　——保罗·弗洛里 …………………………………………… (169)

典型案例　五 ……………………………………………………………… (172)
　　教学内容：缩聚反应中数均聚合度与反应程度关系的推导 ……… (172)
　　思政资源：推导缩聚反应中数均聚合度与反应程度关系式的新方法
　　　　…………………………………………………………………… (172)

典型案例　六 ……………………………………………………………… (175)
　　教学内容：缩聚和逐步聚合 ………………………………………… (175)
　　思政资源：酚醛树脂的发明人
　　　　——塑料之父、美国著名化学家利奥·贝克兰 ……………… (175)

典型案例　七 ……………………………………………………………… (178)
　　教学内容：自由基聚合 ……………………………………………… (178)
　　思政资源：自由基聚合微观动力学的推导－科学假设和模型
　　　　建立的作用 …………………………………………………… (178)

典型案例　八 ……………………………………………………………… (181)
　　教学内容：离子聚合 ………………………………………………… (181)
　　思政资源：活性阴离子聚合的提出者——美国化学家迈克尔·施瓦茨
　　　　…………………………………………………………………… (181)

典型案例　九 ……………………………………………………………… (185)
　　教学内容：配位聚合 ………………………………………………… (185)
　　思政资源：诺贝尔奖获得者、齐格勒－纳塔催化剂的发现者
　　　　——卡尔·齐格勒和居里奥·纳塔 …………………………… (185)

典型案例 十······(188)
　　教学内容:聚合物的化学反应······(188)
　　思政资源:硝酸纤维素的发现及应用······(188)

典型案例 十一······(190)
　　教学内容:丙烯腈连续溶液聚合······(190)
　　思政资源:世界人造纤维史上的第一个中国原创技术······(190)

典型案例 十二······(194)
　　教学内容:逐步聚合——聚碳酸酯······(194)
　　思政资源:我国宇航员舱外航天服头盔面窗的研制······(194)

第六章 《功能高分子材料》部分······(197)

典型案例 一······(198)
　　教学内容:水溶性高分子材料······(198)
　　思政资源:水体富营养化原因及危害;习近平总书记关于
　　"新时代中国特色社会主义生态文明建设"的论述······(198)

典型案例 二······(202)
　　教学内容:离子交换树脂······(202)
　　思政资源:中国离子交换树脂和吸附树脂的奠基人——何炳林······(202)

典型案例 三······(205)
　　教学内容:高分子反应试剂······(205)
　　思政资源:多肽的固相合成与1984年诺贝尔化学奖······(205)

典型案例 四······(209)
　　教学内容:液晶高分子材料······(209)
　　思政资源:液晶的发现和发展······(209)

典型案例 五······(212)
　　教学内容:液晶高分子材料······(212)
　　思政资源:国内对位芳纶研发的开拓者——泰和新材料股份有限公司
　　······(212)

典型案例 六······(215)
　　教学内容:导电高分子材料······(215)
　　思政资源:导电聚合物的发现与2000年诺贝尔化学奖······(215)

典型案例 七······(218)

教学内容：医用高分子材料 …………………………………………………（218）

　　思政资源：科技创新要坚持"四个面向"，体现以人为本 ………………（218）

典型案例　八 …………………………………………………………………（221）

　　教学内容：高分子功能膜材料 ……………………………………………（221）

　　思政资源：致力于海水淡化国家战略、与"膜"相伴五十余载的

　　　　　　　高从堦院士 ……………………………………………………（221）

典型案例　九 …………………………………………………………………（224）

　　教学内容：改性纤维素 ……………………………………………………（224）

　　思政资源：科研唯利天下，育人哪为声名——高分子科学家张俐娜院士

　　　　　　 …………………………………………………………………（224）

第一章 《无机化学》部分

课程性质：专业基础课。

课程简介：《无机化学》是化学类本科生的第一门必修基础课程，它对学生的专业学习起着承前启后的作用。该课程的学习内容既要立足于学生已掌握的中学化学知识基础，又为化学各相关专业后继课程准备必需的理论和无机化学知识。无机化学课程主要培养学生客观认识物质世界的辩证唯物主义观点、抽象思维和创造性思维的能力，并为后续课程提供必要的理论支撑。教师通过课堂讲授、学生的自学与讨论，使学生理解和掌握元素周期律、分子结构、化学热力学及动力学、溶液中的酸碱平衡、氧化还原平衡、沉淀平衡和配位平衡等知识，了解化学变化中物质组成、结构和性质的关系，初步从宏观和微观的不同角度理解化学变化基本特征，掌握常见元素及化合物的酸碱性、氧化还原性、溶解性、热稳定性、配位能力等特性及典型反应。本课程秉承"传道、授业、解惑"的教学理念，在传授专业基础知识的同时，关注课程内容的前瞻性，关注学科发展动态，拓宽学生的知识面。同时，把思政元素融入课堂教学，将习近平新时代中国特色社会主义思想、社会主义核心价值观有机融入课程教学中，激发学生的学习动力，培养学生的爱国情怀、创造性思维和科学精神，全面提高学生的综合素质。

典型案例 一

教学内容：原子结构。
思政资源：揭开原子内部的秘密。

欧内斯特·卢瑟福

1871年8月30日，欧内斯特·卢瑟福（Ernest Rutherford）出生于新西兰纳尔逊的一个手工业工人家庭，父亲是一个诚实正直的农民兼手工业工匠，母亲是一位乡村教师。卢瑟福自幼受母亲良好的教育和影响，中学时在纳尔逊学院是最出类拔萃的学生。在坎特伯雷学院四年的大学生活中，他深受数学教授库克以及化学、物理教授毕克顿的影响，由此走上了科学研究的道路。1985年，卢瑟福荣幸地获得了新西兰唯一的"大博览会奖学金"，前往英国剑桥大学，师从约瑟夫·约翰·汤姆逊（Joseph John Thomson）攻读研究生。

1895年11月8日，德国物理学家威廉·康拉德·伦琴（Wilhelm Conrad Röntgen）在研究阴极射线时，偶然发现了一种能穿透玻璃、木头及人体等多种物质的神奇放射物，将其命名为X射线（后被证实是波长小于可见光的电磁辐射），这一发现激起了科学界对新现象的探索热情。

当时年仅24岁的卢瑟福进入剑桥大学卡文迪许实验室，跟随实验室主任、著名物理学家汤姆逊进行研究。当时39岁的汤姆逊是电磁学领域的佼佼者,他善于发掘人才,很快察觉到卢瑟福的研究潜力,并建议他探究X射线对气体放电的影响。不久,卢瑟福便发现X射线能使气体分子发生电离,汤姆逊基于此提出了电离理论,阐述了X射线作用下气体会产生正负离子(这一发现后来成为检验X射线的常用方法)。

在此期间,卢瑟福在放射性研究方面也取得了显著进展。他不仅分析了复杂成分的辐射,还探究了放射性物质自身的变化。在实验中,卢瑟福用多层铝箔包裹铀,以此检测铀射线的穿透能力,结果发现,铀放射源发出了两种不同类型的射线:一种较为稳定、穿透力较弱、辐射范围有限;另一种则更为活跃、穿透力更强、辐射范围更广,且不易被空气吸收。他将前者命名为 α 射线,后者命名为 β 射线。由于这两种射线都由高速粒子构成,因此也常被称为 α 粒子和 β 粒子。卢瑟福的进一步研究证实,α 射线带正电,实际上是高速运动的氦离子流,即失去电子的氦原子流;而 β 射线带负电,是高速运动的电子流。1900年,法国物理学家保罗·维拉德(Paul Villard)发现,镭的辐射中还存在一种不受磁场影响、穿透力超过 β 射线的成分。卢瑟福通过实验证实这是一种高能量的电磁波,并将其命名为 γ 射线。

1901年,卢瑟福与英国化学家弗雷德里克·索迪(Frederick Soddy)携手,继续深入探索放射性物质。他们对铀和钍进行了化学处理,研究了其辐射过程,并证实在整个辐射过程中,铀和钍会依次转变为一系列中间元素,直至形成稳定的非放射性元素。1902年,他们提出了原子蜕变假说,认为放射性物质由不稳定的原子构成,这些原子会定时发射(α、β、γ)射线并衰变为性质不同的新原子。每种放射性物质都有其特定的半衰期(即样品中半数原子发生衰变所需的时间)。这一发现意味着原子并非如人们先前所认为的那样永恒不变、不可分割。放射性可视为原子内部发生某种基本变化的迹象,或是一种能引发物质变化的手段。同年,卢瑟福与索迪在《放射性的原因和性质》一文中发表了他们对放射性性质的结论。1907年,卢瑟福回到英国,受聘为曼彻斯特大学物理学教授。由于他在元素蜕变及放射化学方面的杰出贡献,卢瑟福荣获了1908年的诺贝尔化学奖。

尽管功勋显著、声誉日增,卢瑟福并未停止探索创新的步伐。1911年,他揭示了原子的核式结构,即原子的大部分质量都集中在原子中心的极小原子核内。这一理论后来由他的学生——丹麦物理学家尼尔斯·玻尔(Niels Bohr)进一步完善。1919年,刚成为剑桥大学卡文迪许实验室的物理学教授的卢瑟福利用 α 粒子轰击氮原子,成功实现了氮原子核向氧原子核的转变,这是人类历史上首次通过实验成功地将一种元素转变为另一种元素。1920年,卢瑟福更是大胆地预测,原子核中还存在一种不带电的中性粒子,能够平衡质子间的作用力,即"中子"。12年后,他的学生詹姆斯·查德威克(James Chadwick)通过实验证实了他的预测。中子的发现推动了中子核反应、核裂变等现象的研究,开启了核能利用的新篇章。

1934年,卢瑟福与两位同事在实验室中首次观察到了核聚变反应。1937年10月19日,卢瑟福在英国剑桥逝世,享年66岁,他被安葬于伦敦威斯敏斯特大教堂牛顿墓旁。为纪念他,科学界将第104号元素(一种人工合成的放射性元素)命名为Rutherfordium,符号为Rf。

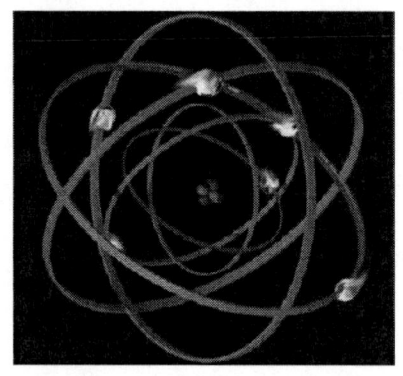

卢瑟福提出的"太阳系原子结构模型"

思政资源与知识讲解的融合:在讲授原子结构这一板块内容时,要着重阐释四个量子数的含义、量子力学如何描绘核外电子的运动状态、核外电子的运动特性、基态原子电子构型的构建法则、近似能级图以及核外电子排布的三大原则。在阐述原子内部结构时,向同学们介绍卢瑟福如何勤奋求学,不舍昼夜地钻研,进而提出放射性半衰期的理论,证明了放射性源于原子内部的变化,能促使一种原子转变为另一种原子,从而打破了原子不可变的传统认知。同时,向学生强调化学作为以实验为核心的学科,需要历经不断的假设与验证,以此培养学生敢于创新的科学精神。

思政元素:科学探索精神。

案例剖析:卢瑟福的新原子论彻底改变了存续了两千多年的微观物质观念,极大地推动了科学进步。他的辉煌科学旅程彰显了他丰富而崇高的科学精神。作为科学团队的领军人物,卢瑟福在处理科研成果及科研协作过程中,展现了伟大的科学包容思想与精神。在科学发现中,卢瑟福体现了怀疑批判精神和求真创新精神。本案例在讲授原子结构时,通过介绍卢瑟福的生平事迹,让学生在学习原子结构基础知识的同时,增强科学创新意识,传扬科学探索精神,这对学生树立正确的科学思维,促进大学生终身发展具有积极的促进作用。

参考资料:

[1] 尹传红,王叙. 卢瑟福:揭开原子内部结构的秘密 [J]. 知识就是力量,2017(2):50-53.

[2] 田川. 纪念原子核物理学家 E·卢瑟福诞辰 150 周年 [J]. 物理教师,2021,42(10):72-75.

[3] 杨封友. 基于科学要素的化学史教学设计——以"原子结构的模型"教学为例 [J]. 化学教与学,2019(12):66-69.

[4] 汪纪苗. "原子结构模型的演变和原子的构成"第一课时教学设计 [J]. 化学教学,2010(12):32-35.

典型案例 二

教学内容：我国配位化学的发展。
思政资源：中国配位化学的开拓者和奠基人——戴安邦。

戴安邦

戴安邦，作为无机化学家、化学教育家、中国科学院院士、南京大学教授以及博士生导师，一生贡献卓越。1924年从金陵大学毕业后，他选择留校任教。1928年，他前往美国纽约哥伦比亚大学化学系深造，并于1931年6月获得博士学位。同年9月，他回国并再次加入金陵大学。戴安邦是中国化学会（1932年成立）和《化学通报》（1934年创刊）的创始人之一，更是我国配位化学领域的开拓者和奠基人。

1934年1月，《化学》杂志（《化学通报》的前身）由中国化学会创刊，戴安邦担任总编辑。在创刊号中，他撰写文章呼吁："我国之贫弱已达极点。富国之道虽多，但关键在于开发天然资源，促进生产建设，发展国防工业，而这一切都需要化学家的努力。"戴安邦以此精神为指导，主持《化学》刊物的编撰工作长达17年，为化学教育的普及、化学研究的推动以及化学应用的推广做出了巨大贡献。

戴安邦为我国配位化学研究走向国际学术前沿做出了显著贡献。新中国成立后，他继续在金陵大学和后来的南京大学任教，为高年级本科生开设"络合物化学"（现称配位化学）课程和实验。20世纪50年代末，他在南京大学创办了全国络合物化学讲习班,培养了一批配位化学领域的学术领军人物和核心力量。1963年,他创建了南京大学络合物化学研究室,该研究室在1978年扩建为南京大学配位化学研究所,成为全国首个配位化学研究基地。1987年7月,戴安邦作为大会主席在南京组织了第25届国际配位化学会议,吸引了来自44个国家和地区的1000余名代表参加。1988年,他创立了南京大学配位化学国家重点开放实验室。在戴安邦的倡议和指导下,1989年12月全国第一届配位化学会议在南京大学召开。

戴安邦系统地研究了硅、铬、钨、钼、铀、钍、铝、铁等元素的多核配合物化学。他擅长根据实际需要选择研究课题,同时进行相关的基础理论研究,并将其应用于实践中。这种方法不仅解决了实际问题,还推动了学科的发展。1982年,他因"硅酸聚合作用理论"获得国家自然科学二等奖。这一理论源于1955年西北黄土高原土壤加固研究的实际需求。戴安邦接受了这一实际任务,带领助手和学生全面研究了酸度、浓度、温度和外加盐等因素对硅酸聚合作用的影响。他们提出的"硅酸聚合作用理论"是该领域的首个定量理论,系统阐明了各种因素对硅酸聚合作用的影响,对硅酸及其盐溶液化学做出了重要贡献。该理论为硅溶胶生产、建材、铸造、电能贮存、萃取分离以及硅肺发病机制等领域提供了理论依据,对实际生产和科学研究都具有重要指导意义。

1978年,戴安邦的"化学模拟生物固氮研究"课题荣获全国科学大会奖。该课题的远期目标是在温和条件下合成氨,这与农业生产密切相关,并涉及合成机理等基础理论问题。戴安邦亲自参与调研和实验,在1973年的全国固氮会议上,他从实验和理论上纠正了当时国际上流行的错误概念,并提出了新的观点。他对氮、氢及所研究的金属钾－活性炭－铁类催化剂体系进行了系统研究,论证了合成氨催化剂活化氮的活性中心是铁原子簇,并在1975年提出了七铁原子簇结构模型和双中心活化理论。戴安邦指导的多个课题都获得了国家奖项,这些研究成果都是理论与实际相结合的产物。

作为著名的化学家和教育家,戴安邦致力于教育和科学事业七十多年,为国家培养了几代化学人才。他非常关心教育改革,并强调教育改革应落实到人才培养上,注重教学方法的研究。他认为,一个称职的教师应传授学生思想方法,培养他们的科学思维能力。戴安邦在教学理论研究方面也有显著成就。即使年过八十,他仍孜孜不倦地撰写教学文章,提出了八条启发式教学方法。他强调,化学教学应既传授知识和技能,又训练科学方法和思维,并培养科学精神和品德。

戴安邦的治学格言是"勤学习、深思考、自强不息",他坚持"立身首先是品德,人生价值在奉献"的为人准则,以及"解决实际问题,推动科学发展"的科研思想。他为中国配位化学的发展和教育科学事业做出了巨大贡献。

思政资源与专业知识的融合: 在配合物这一章节中,第一部分内容主要聚焦于配位化学的简介,涵盖配位化学的学科特点、发展简史与现状、我国在此领域的发展和进步、配位化合物的特性及其命名规则等。在讲解我国配位化学的发展历程时,我们将向同学们介绍戴安邦院士的生平事迹,重点强调他在配位化学学科中的开拓创新精神,他根据国家和人民实际需求进行科研的深厚家国情怀,以及他毕生致力于教学和教学改革的育人精神。

戴安邦院士不仅创立了我国的配位化学学科,还建立了配位化学研究所和配位化学国家重点实验室。他领导学术团队对硅、铬、钨、钼、铀和铂等元素的配位化学进行了长期且系统的研究。在确定研究方向时,他非常重视理论与实践的结合,常常从实践中寻找研究课题。这种紧密联系实际的理论研究方式取得了显著成果,为新兴学科的研究领域开辟了新道路。戴安邦院士将学科构建与人才培养相结合,亲自为青年教师指明配位化学的研究路径,并指导他们将研究成果融入教学内容中。他亲自为学生讲解配位化学并指导实验操作。1958年出版的《无机化学教程》便是他主编的,这是我国首部无机化学统编教材。此外,他还组织和支持中青年教师编写了20多部书籍,为无机化学的教材建设倾注了大量心血。他不断探索教学理论和方法的改革,提出的"启发式八则"和"全面教育理论"至今仍被传颂。戴安邦院士一生培养了众多配位化学人才,为我国配位化学学科走向国际学术前沿做出了杰出贡献,被誉为我国配位化学的奠基人和开拓者,为我国的教育和科学事业做出了重大贡献。

思政元素: 严谨求实的科学精神;科技报国的家国情怀;立德树人的育人精神

案例剖析: 科学家的事例在教育中的意义在于为学生提供积极的榜样,激发他们的求知欲和对真理的追求,培养他们的创新和实践能力,塑造积极向上的价值观,从而推动个人成长和社会进步。将科学家的成就和故事融入教育,有助于学生更好地应对未来挑战并挖掘自身潜力。

在教授我国配位化学的发展历程时,我们将介绍戴安邦——我国配位化学的奠基人和开拓者,以及他的杰出科学成就和对化学教育的重要贡献。通过戴安邦院士的事迹和成就,将激发学生对科学知识的兴趣和热情,激励他们持续努力,追求更高目标。这让学生认识到科学和教育的重要性,并意识到自己的贡献可以为社会带来积极改变。我们将学习戴安邦院士始终从实际出发选择研究课题的原则,同时强调基础理论研究的重要性。在面对实际困难和复杂问题时,他坚持不懈、实事求是的科研态度以及科学的解决方法,将鼓励学生勇于尝试,勇于面对困难,培养解决问题的能力和创新思维。我们要坚持面向国家重大需求,从国家的迫切需求和长远发展出发,真正解决实际问题,推动科技创新成果有效转化为现实生产力。

当今我国配位化学学科的繁荣发展,是几代化学家共同努力、传承壮大的结果。在学习配位化学的发展现状与前沿领域之前,通过介绍我国老一辈爱国科学家戴安邦在艰苦条件下如何追求理想、立志振兴国家的事迹,以及他始终奉行的"立身首要是品德,人生价值在奉献"的理念,并致力于我国化学事业近80年,开拓了我国配位化学研究领域的故事,使学生在学习知识的同时,能感受到戴安邦院士博大的家国情怀和不懈探索的科学家精神。这将激发同学们勤奋学习的热情和报效祖国的坚定志向。

参考资料:

[1] 罗勤慧. 我国配位化学的开拓者和奠基人——戴安邦先生[J]. 化学进展,2011,23(12):2405-2411.

[2] 戴安邦. 全面的化学教育和实验室教学[J]. 大学化学,1989,4(1):1-7,30.

[3] 戴安邦. 基础化学教学的启发式八则[J]. 化学通报,1985(9):49-54.

[4] 王革. 要教会学生发现真理:访著名化学家、南京大学戴安邦教授[J]. 中国高等教育,1985(5):27-28.

[5] 于世国. 著名无机化学家——戴安邦教授[J]. 中学化学教学参考,1995(4):47-48.

典型案例 三

教学内容:配合物的异构现象。

思政资源:第一个无机抗癌药物——顺铂。

顺铂,化学名称为顺式二氯二氨合铂(Ⅱ),简称 CDDP,因分子结构中两个配体氨处于顺式而得名,是第一代铂类抗癌药物。1845 年,意大利化学家佩纶(Michel Peyrone)首次合成了顺铂。之后,在近 50 年后的 1893 年,配位化合物的奠基者阿尔弗雷德·维尔纳(Alfred Werner)对顺铂的结构进行了研究,但其作用当时并未被发现。100 多年后,1965 年,密歇根州立大学化学系的巴内特·罗森伯格(Barnett Rosenberg)与同事洛雷塔·瓦坎普(Loretta Van Camp)和托马斯·克里加斯(Thomas Krigas)发现了游离态的铂元素能抑制细胞生长,特别是在电解液中氯离子和氨同时存在时。这一发现并非他们专门研究铂元素时的成果,而是在研究细胞生长受电场影响时,采用铂作为惰性电极时偶然发现。因此,他们对此现象产生浓厚兴趣并深入研究,最终发现了顺铂的抗癌活性。自此,顺铂类药物的设计合成及其应用研究受到众多科研工作者的追捧,成为生物、药学、化学等领域的热点。

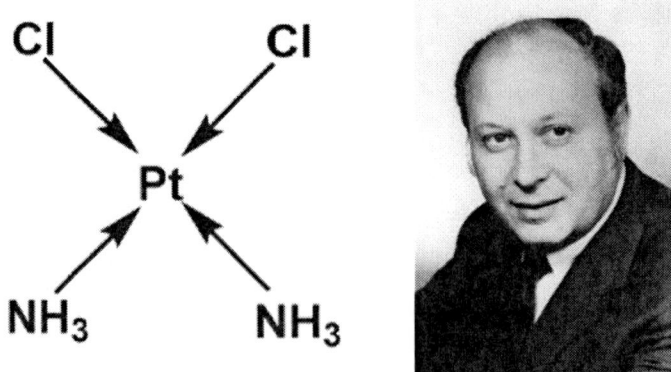

顺铂的结构和其发现者佩纶

1973 年,克利尔和霍舍尔等人在总结大量金属铂配合物的结构和抗癌活性的基础上,揭示了铂药的构效关系:铂(Ⅱ)配合物的两个氨配体在顺式结构时表现出活性,反式结构则几乎无活性;氨配体为稳定基团,N 原子上至少有一个 H 原子,氨配体的烷基化程度越小活性越好;化合物必须呈中性;铂药进入肿瘤细胞核时,有离去基团,且与铂有中等束缚能力。基于铂药的这种构效关系,人们合成了上千种金属铂配合物,并测试了它们的抗癌活性。但截至目前,进入临床研究的铂配合物不到 30 种。

顺铂治疗效果显著,可用于治疗膀胱、颈部、头部、食管的癌症以及小细胞肺癌。顺铂抗癌药物的特点包括:(1)抗癌作用强,抗癌活性高;(2)毒性谱与其他药物不同,因此易与其他抗癌药配伍;(3)与其他抗癌药物交叉耐药性少,有利于临床联合用药;(4)抗癌谱较广。然而,顺铂抗癌药物也存在缺点:(1)具有严重的毒副反应,包括肾毒性、胃肠道毒性、耳毒性及神经毒性;(2)对某些癌细胞药物活性较低,例如乳腺癌、结肠癌等;(3)易产生耐药性;(4)水溶性差,体内不易代谢;(5)需通过注射给药。

思政资源与知识讲解的融合:我们讲解无机化学实验《配位化合物的生成和性质》的基本实验原理。以 $PtCl_2(NH_3)_2$ 为例,深入探讨配位化合物的生成过程和异构现象,从而帮助学生理解配位平衡的移动关系。结合热门电影《我不是药神》中呈现的抗癌药物的重要性及其价格问题,我们强调自主研发抗癌药物和拥有自主知识产权的紧迫性,使学生深刻体会到化学与人类的生命健康之间的紧密联系。目前全球有 80% 的药物是依赖化学方法合成的,这足以说明化学技术在维护人类健康方面的关键作用,进而加深学生对化学专业的认同感。

此外,我们可以引入罗森伯格偶然发现抗肿瘤药物顺铂的故事。此外,还可以增添其他科学发现的偶然性案例,如青霉素和石蕊指示剂的发现,以引导学生思考偶然性与必然性之间的辩证关系。我们将强调,偶然性不仅仅是运气的问题,它更多是个人知识长期积累和持续实践探索的结果。这将教育学生理解科学技术的发展是不以人的意志为转移的,并且科学技术的发展是没有界限的。每一项科技的进步,都离不开国家强大的经济基础作为支撑。顺铂在抗肿瘤治疗中的广泛应用,既体现了科学技术的不断进步,也反映了经济水平的提高。这样的思政案例不仅能够丰富课堂内容,还能激发青年学生学习专业技能的热情,以及科技报国的理想和追求。

思政元素:科技创新精神、专业自豪感以及对偶然与必然关系的理解。

案例剖析:在探讨配合物的异构现象时,我们通过介绍顺铂类抗肿瘤药物的成功研发,来增强学生的专业自豪感。同时,通过阐述罗森伯格发现顺铂抗癌活性的经历,我们从专业角度引导学生认识顺铂的抗癌机制,点燃学生的学习热情。这将帮助学生深刻理解化学与当今人类健康的紧密联系,从而增强他们的专业认同感和社会责任感。此外,我们还将在辩证唯物主义的思想框架下,结合专业知识,培养学生勤于思考的习惯。我们将让学生真正理解,成功不仅仅来源于偶然,更源于个人知识的不断积累和勇往直前的探索精神。我们会教育学生,学习是一生的事业,只有持续积累"跬步",才能实现"千里"的壮丽蓝图。

参考资料:

[1] 郭世祺,马荔.抗癌药物的先驱——顺铂[J].大学化学,2020,35(1):40-46.

[2] 张伟娜,李春玲,海士坤,等.顺铂类抗癌药物的研究现状及发展方向[J].当代化工,2019,48(3):628-633.

[3] 刘玉荣,郭会苹.顺铂:从意外合成到抗癌应用[J].化学教育(中英文),2023,44(1):2-7.

典型案例 四

教学内容：氮族元素。
思政资源：云水襟怀——卢嘉锡院士。

卢嘉锡

卢嘉锡，物理化学家、教育家，他的工作横跨物理化学、结构化学、核化学和材料科学等多个学科领域。在结构化学研究方面，他的贡献尤为突出，曾提出固氮酶活性中心的结构模型，这一成就极大地推动了中国原子簇化学的发展。

1928年秋，天赋异禀的卢嘉锡在年仅13岁时便考入厦门大学预科。经过两年的勤奋学习，他于1930年顺利进入厦门大学化学系本科班。在大学期间，卢嘉锡不仅展现了刻苦读书的品质，更养成了严谨治学的态度。他的各科成绩均表现优异，特别是在微积分和普通化学方面成绩斐然。他连续四年荣获"陈嘉庚奖学金"，并在毕业时荣获厦门大学化学和数学双学士学位。

1937年8月，卢嘉锡通过考试获得了第五届"中英庚款"公费留学资格，进入英国伦敦大学学院深造。在著名化学家萨格登的指导下，他专注于人工放射性研究。卢嘉锡勤奋刻苦，对学问有深入研究，仅用两年时间就完成了博士论文《放射性卤素的化学浓集法》，并通过答辩，获得伦敦大学物理化学专业哲学博士学位。

这篇论文也初步奠定了他在化学界的地位。同年8月，他前往美国加州理工学院，师从两度获得诺贝尔奖的莱纳斯·卡尔·鲍林（Linus Carl Pauling）教授。到了1944年，卢嘉锡受聘于隶属于美国国防研究委员会第十三局的马里兰州研究室，他在燃烧与爆炸的研究中取得了卓越成果。

怀揣科学救国理想的卢嘉锡，毅然放弃了每月几百美元的高薪，于1945年12月回到祖国，进入母校厦门大学化学系工作。虽然月薪不到5美元，但他为我国的化学领域发展默默奉献着。在接受记者采访时，他深情地说："我们应当把孔子大弟子曾参所说的'吾日三省吾身'中的第一'省'——'为人谋而不忠乎'改为'为国家谋而不忠乎'。"这番话充分表达了他深厚的爱国情怀。1955年，他被选为中国科学院化学学部委员，同时被高等教育部聘为一级教授，成为当时中国最年轻的学部委员和一级教授。1960年，卢嘉锡担任福州大学教授、副校长，并同时兼任中国科学院福建物质结构研究所研究员、所长。到了1981年，他更是荣任中国科学院院长。

化学模拟生物固氮是自19世纪60年代以来迅速发展的前沿课题。固氮酶活性中心的结构探索和化学模拟工作异常复杂且富有挑战性，其成功将是生命科学领域的重大突破。因此，各国化学家一直在不断进行尝试。卢嘉锡从结构化学的角度出发，深入分析了双氮分子的异常惰性，以及加强氮分子络合活化的结构问题。他提出了络合活化氮分子的必要条件，包括：(1)侧基加端基络合；(2)多核原子簇；(3)具有可变交替氧化态；(4)具备一个合适的空间结构。基于此，他推断固氮酶活性中心的结构必须为多核原子簇，并且应具备能实现端基加侧基络合的网兜状构型。在这一理论基础上，他进一步提出了固氮酶活性中心结构的初步模型——福州模型Ⅰ。这是一种能实现投网式络合活化还原氮分子的钼铁硫四核网兜状结构。卢嘉锡提出的模型结构特点得到了后续研究的支持，包括顺磁、穆斯鲍尔谱和超精细表面结构分析法对固氮酶钼铁蛋白和铁钼辅基的研究。该模型被国际同行在学术论文中多次引用，其"M_2S_2"的局部结构形式也出现在其他科学家后续提出的模型中。

此外，在总结大量钼铁硫簇合物合成反应的实验事实时，卢嘉锡发现了一个重要现象：类立芳烷型簇合物在其"自兜"反应的生成过程中，经常会保留反应物基本单元的结构"遗迹"，这为进一步的研究提供了"寻根"的线索。基于此，他提出了一个新的观点：复杂的原子簇化合物可以通过较简单的原子簇"元件"经过活化形成"活化元件"进而组装而成。卢嘉锡在原子簇化学领域的杰出贡献得到了广泛认可,他荣获了1991年中国科学院自然科学一等奖和1993年国家自然科学二等奖。

思政资源与知识讲解的融合:在讲授氮元素中的氮气相关知识时,我们引入了"固氮"这一概念。由于人工固氮不仅能耗大,而且产量有限,因此这一过程极具挑战性。在此,我们特别引申并详细介绍了对该领域产生深远影响的重大科研成果——人工固氮酶模型(即钼铁硫四核网兜状结构),同时,也向学生讲述了这一成果的发现者卢嘉锡院士的生平事迹。在介绍中,我们着重强调了他清廉自守、为国奉献的深厚家国情怀以及勇于攻克科研难题的使命担当。

思政元素:砥砺家国情怀;激发使命担当。

案例剖析:家国情怀作为思政教育的核心,融合了我国优秀的传统文化和当代主流的价值导向,它体现了个体对共同体的深刻认同。本案例通过详细介绍卢嘉锡院士的生平,讲述他的科研精神和家国情怀,使学生在学习人工固氮方法的同时,深刻感受到卢嘉锡院士为我国科学事业所做出的杰出贡献。这样的教学内容旨在激励学生将个人追求与家国情怀、使命担当紧密结合,从而帮助他们树立正确的世界观、人生观和价值观。

参考资料:

[1] 余敬斌,冯晓蔚. 卢嘉锡:享誉中外的科学家和教育家 [J]. 工会信息,2020(4):11-16.

[2] 苟利国家生死以,岂因福祸避趋之——全国政协副主席、原中国科学院院长卢嘉锡院士的生平简介 [J]. 药物与人,2001(6):2-3.

[3] 陈英. 卢嘉锡与他的"毛估"方法 [J]. 科学启蒙,2014(1):16-17.

典型案例　五

教学内容：碳及其化合物。

思政资源：天然制冷剂打造北京冬奥会绿色制冰技术。

冰与雪是冬奥会的"灵魂"。在北京冬奥会的冰雪赛场上，运动健儿尽展英姿，而这背后是无处不在的科技力量在支撑。为了这场家门口的世界级体育盛会，科学家早在数年前就开始了科研攻关，用中国智慧与绿色理念演绎出一段令世界惊叹的"冰雪奇缘"。

北京冬奥会将"绿色办奥"的理念贯彻到筹办全过程，展现了大国责任与担当。研发绿色低碳的制冰造雪系统，制造出高质量的国产冰雪，这项重任由制冷"国家队"——中粮工科北京事业部肩负。为此，他们专门组建了冰雪团队，负责了包括国家速滑馆、国家雪车雪橇中心、国家高山滑雪中心在内的5大冬奥核心场馆的制冰造雪系统设计工作。中粮工科冰雪团队创始人、冬奥项目总负责人王斌表示："为落实'绿色办奥'理念，在设计冬奥场馆制冷系统时，我们既要考虑制冷剂的环保性，也要考虑制冷系统长期运行的低能耗要求，即要兼顾环境友好、低碳节能和稳定可靠。"

国家速滑馆

国家速滑馆是北京冬奥会主场馆，承办速度滑冰比赛。与依赖自然制冷的室外冰场不同，冬奥会所有冰上项目均在室内进行。室内冰场采用人工制冰，可严格控制冰面温度和湿度，为运动员创造公平的比赛环境和挑战极限的基础。

在国际顶级冬季赛事中，冰面上的任何瑕疵都可能影响运动员的发挥。因此，每一寸冰面都必须光洁平整，温度均衡。隐藏在冰面下的制冰系统尤为关键，其原理类似于家庭的"地热采暖"，在冰面下布置制冷管道，通过制冷剂流动换热来降低冰面温度。制冷剂在制冰过程中起着重要作用，选择何种制冷剂以及采用哪种制冰系统，成为国家速滑馆实现绿色建造的关键。

最初讨论国家速滑馆制冰方案时，曾考虑使用氟利昂制冷＋乙二醇载冷的常规制冰技术方案。该方案在技术成熟性和实施难度方面均无问题，但因氟利昂制冷剂的环保性欠佳，且使用载冷剂二次换热制冷能耗较大，最终未被采纳。

目前工商业制冷中，应用最广泛的纯天然制冷剂是氨和二氧化碳。为了提升冬奥场馆的绿色品质，助力"碳中和"目标实现，设计团队选择了二氧化碳作为国家速滑馆的制冷剂。二氧化碳在自然界中大量存在，其臭氧消耗潜值为 0，全球变暖潜值为 1，避免了氟利昂类制冷剂带来的温室效应。王斌指出："二氧化碳制冷系统会带走冰层下的热量，实现冰场迅速降温。如果我们能利用这部分余热，会大大提高整个制冷系统的能效。"设计团队应用冷热联供一体化技术，利用二氧化碳制冷产生的高品位热能，用于维持水箱温度、提供冰面维护浇冰和场馆生活用水等，从而大幅降低了场馆运营能耗。

在"绿色办奥"理念的指引下，经过 18 个月的技术交流和论证，国家速滑馆最终选择了环保性最佳且能效大幅提升的技术路线——二氧化碳跨临界直冷制冰系统。

国家速滑馆"冰丝带"拥有亚洲最大的全冰面设计，面积达 1.2 万平方米。它首次应用二氧化碳跨临界直冷制冰系统，实现近零排放，成为低碳绿色运动场馆的样板工程。除了"冰丝带"，首都体育馆、首体短道速滑训练馆以及五棵松冰球训练馆也选用了这一系统。这是目前世界上最先进、最环保、最节能的制冷技术，在冬奥会历史上尚属首次。

通过场馆的智能能源管理系统，场馆还能把制冰过程中产生的废热用于除湿、冰面维护、场馆生活热水等。在全冰面模式下，每年仅制冷部分就能节省 200 多万度电，相当于约 120 万棵树实现的碳减排量，使整个制冷系统的碳排放趋近于零。理论分析表明，采用二氧化碳制冷可以实现冰表面温差不超过 0.5 ℃。

"冰丝带"因此成为一座真正的智慧场馆、绿色场馆。

思政资源与知识讲解的融合：本章节主要讲述碳的单质及其化合物，如二氧化碳、碳酸及碳酸盐的性质。在讲述二氧化碳的性质和应用时，我们引入了2022年北京冬奥会使用的二氧化碳跨临界直冷制冰技术。这一技术不仅让学生更深入地理解二氧化碳的物理性质，还传递了绿色环保和可持续发展的理念。通过对比传统制冷剂与二氧化碳制冷剂的环保性和能效性，学生将更加认识到环保对人类发展的重要性。同时，北京冬奥会使用这种新型制冷剂大大减少了总体碳排放量，是中国对全球环保事业做出的重要贡献。

思政元素：科技报国情怀，环境保护意识。

案例剖析：氟利昂等化学物质对环境的破坏已引起全球关注。北京冬奥会在"绿色办奥"理念的指导下，采用了中粮工科北京事业部提供的绿色低碳高效的"中国方案"——二氧化碳跨临界直冷制冰系统。与传统的氟利昂制冷剂相比，二氧化碳具有更高的热转换效率和无毒无害的特性，有助于打造顶级赛事所需的"最快的冰"。这一选择与北京冬奥会的环保、节俭、循环精神高度契合。通过这一案例，我们不仅向学生传授了碳及其化合物的知识，还展示了我国在全球环保事业中的重大贡献，激发学生的科技报国情怀和环境保护意识。

参考资料：

［1］王雪莹. 二氧化碳直冷制冰：打造不一样的"冰丝带"［N］. 北京科技报，2022-01-17（16）.

［2］马一太，王派. 2022年北京冬奥会国家速滑馆CO_2制冷系统和国家雪车雪橇中心氨制冷系统的简介［J］. 制冷技术，2020，40(2)：2-7.

［3］马进. 北京冬奥会推动国内制冷行业可持续发展［J］. 节能与环保，2021（5）：24-29.

［4］刘楷，李敏霞，田华等. CO_2跨临界直冷冰场在2022年北京冬奥会首都体育馆的运用［J］. 制冷技术，2022，42(5)：68-72.

［5］孙亚慧，王美华，刘峣. 北京冬奥会：绿色、低碳、可持续［N］. 人民日报海外版，2022-02-11（6）.

第一章 《无机化学》部分

典型案例 六

教学内容：汞及其化合物。
思政资源：久远的鎏金工艺。

鎏金技术，是我国古代劳动人民在生产劳动中通过不断研究、探索与总结而创造出的金属装饰工艺，该工艺已传承两千多年。近代被称为"火镀金"，其工艺主要是在高温下将金和汞熔融成合金——金汞齐，再将该合金均匀地涂镀在金属器物表面，然后加热使汞升华。由于被镀器物表面接受了热能而活化，与金发生分子互渗，最终金被转移到金属器物的表面，形成金黄色的镀层。以下是鎏金工艺的基本过程图。

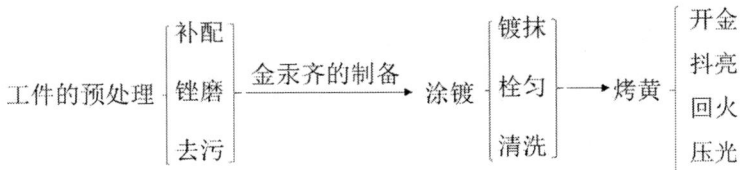

鎏金工艺的基本过程

战国时期，中国开始应用鎏金技术，是全球最早掌握这一技术的国家。在河南辉县固围村一号墓祭祀坑出土的战国云兽纹青玉璜，由七块玉石和两枚鎏金的铜兽组成，是迄今为止发现的最早的鎏金器物。从已出土的文物可以看出，战国时期的人们已经掌握了鎏金技术。河北满城中山靖王刘胜墓出土的"楚大官糟钟"则表明，当时的鎏金技术已经相当成熟。经过鎏金处理的器物表面，色泽金黄夺目，显得富丽华贵。镀在器物表面的黄金，不仅光泽亮丽，化学性质稳定，还具有良好的耐腐蚀性，因此出土的鎏金器物能够千年不变色。这也是鎏金工艺能够不断发展并传承至今的重要原因。

到了汉代，社会稳定，鎏金工艺获得了进一步的发展，鎏金器物种类繁多，并开始向大型化发展。例如，广西合浦望牛山就出土了鎏金碗、鎏金奁等饰件；河北满城汉墓也出土了鎏金豹、鎏金"常乐饮官"铜壶以及著名的鎏金"长信宫灯"；甘肃武威雷台汉墓则出土的鎏金银铜钟樽。鉴别一件器物表面是否鎏金,主要看其表层是否残留有汞。汉代的鎏金工艺达到了高峰,贵族墓葬中常有鎏金器物出土,同时,鎏金还常常与鎏银、镶嵌等工艺相结合,集多种装饰工艺于一身。

进入唐宋时期,鎏金工艺愈发成熟精湛,产品种类也更为丰富,而且多在银质器物上进行鎏金。例如陕西出土的唐代舞马衔杯壶,故宫所藏的唐代鎏金凤纹大银盒等。

西周鎏金鼎和唐朝鎏金酒杯

明清两代是鎏金工艺的鼎盛时期,鎏金器物数不胜数。不仅在装饰品、工艺品上广泛应用鎏金技术,还普遍用于寺庙、宫殿等建筑上。如湖北蕲春县圻州镇明荆端王朱厚烇次妃墓出土的鎏金压胜钱以及江西抚州益定王朱由木次妃王氏墓出土的鎏金银凤冠都是明证。为了彰显皇家气派,故宫内随处可见明清时期的鎏金佛像、富丽堂皇的鎏金大铜缸等,甚至连门钉都采用了鎏金工艺,足见其应用之广泛。

在古代,鎏金技术不仅用于器物装饰还应用于武器制造如隋唐时期的凤翅鎏金镗。而到了近现代鎏金技术依然得以传承和应用。例如,北京天安门前的人民英雄纪念碑上毛泽东主席题写的"人民英雄永垂不朽"八个大字就采用了鎏金工艺。

鎏金技术作为我国古代劳动人民的智慧结晶在生产劳动中不断得到研究与发展。传统的手工鎏金工艺始终具有其独特的市场价值和升值潜力。现代的电镀技术虽然为首饰的批量生产降低了成本但却无法替代传统的鎏金工艺。老工艺所蕴含的精神和价值更是一种文化传承。

思政资源与知识讲解的融合:在讲授汞的性质时,我们可以引入古老的鎏金艺术作为案例。这一技术始于战国时期,使中国成为世界上最早掌握此技术的国家之一。汉代时,鎏金与镶嵌技术已经达到了很高的水平,东汉时期的《周易参同契》中就有关于鎏金技术的详细记载。在课堂上,我们可以展示一些精选的鎏金

人民英雄纪念碑

精品图片供学生欣赏,让他们感受到古代金属工艺装饰的高超技艺以及我国冶炼文化的博大精深,从而激发学生的学习兴趣。将中国传统文化中的化学智慧融入课程体系中,使学生在学习知识的同时也能深刻感受到民族文化的魅力,进而坚定文化自信。

思政元素:中华优秀传统文化;文化自信。

案例剖析:通过介绍鎏金技术这一中华优秀传统文化,让学生在了解无机化学知识的同时感受到中华文化的博大精深,从而培养学生的文化自信和民族自豪感。这种将专业知识与传统文化相结合的方式,既丰富了教学内容又达到了潜移默化的思政教育效果。

参考资料:

[1] 蔡毓真,胡东波. 鎏金工艺研究 [J]. 考古学研究,2020(0):59-75.

[2] 姚智辉. 对古代错金、鎏金工艺的再认识 [J]. 华夏考古,2019(5):113-119.

[3] 本刊编辑部,秦改梅. 久远的鎏金工艺 [J]. 科学之友(上半月),2018(3):17-19.

[4] 曹静楼. 传统的"鎏金"工艺[C]//中国文物保护技术协会. 文物保护技术(1981-1991). 北京:科学出版社,2010:242-248.

[5] 高西省. 鎏金工艺研究——从洛阳发现的战国鎏金铜器谈起 [J]. 洛阳师范学院学报,2009,28(6):23-26.

典型案例　七

教学内容：第一过渡系元素的磁性。
思政资源：中国磁悬浮列车。

21世纪,随着经济持续快速的发展和社会飞速的进步,国内已经产生了极大的高速客运交通需求,并且这种需求将持续增长。由于高速磁浮交通系统具有较高的经济运行速度,不仅适用于相距数百公里至一千多公里的交通枢纽之间的大运量快速客运交通,而且还适用于相距数十公里至数百公里的中心城市与附近重要城市之间的现代大容量高速客运交通。因此,高速磁浮交通系统成为中国在选择建设大容量客运体系时的重要考虑方案之一。

上海磁悬浮列车及车厢全景

1999年,国家在进行京沪高速铁路可行性论证时,部分专家提出:鉴于高速磁浮交通系统具备无接触运行、高速度、启动迅速、能耗低、环境影响小等诸多优势,同时考虑到其安全运行里程已超过60万公里,且德国政府也已宣布高速磁浮交通系统技术成熟,因此应充分利用发展中国家的技术后发优势,推动轨道交通的跨越式发展,建议国家在京沪干线上运用高速磁浮技术。但与此同时,大部分铁路专家却持相反观点,他们认为高速轮轨系统技术经过几十年实践已完全成熟,且我国国内对高速轮轨系统技术的研发也取得了重大进展。虽然高速磁浮技术拥有诸多优点,且世界上不少国家都在进行研究,但目前都还处于试验阶段,缺乏商业化运营经验,其技术性、安全性和经济性尚待进一步验证。相较于高速轮轨系统技术,高速磁浮技术在技术和经济上均存在较大风险。在论证过程中,两种观点一度僵持不下。经过激烈讨论,专家们最终达成共识,建议先建设一段商业化运行示范线,以全面验证高速磁浮交通系统的成熟度、可用性、经济性和安全性。

磁悬浮列车的工作原理是通过电磁场的磁力将列车抬起,从而消除传统列车产生的轨道阻力,极大提升列车的运行速度。磁悬浮列车主要分为常导型和超导型两大类。常导型,也称为常导磁吸型,以德国的 Transrapid 高速常导磁浮列车为代表,它利用普通直流电磁铁的电磁浮力原理将列车悬浮起来,悬浮气隙较小,一般为 10 毫米左右,其速度为 400~500 km/h。而超导型磁悬浮列车,也称为超导磁斥型,超导磁悬浮进一步分为低温超导和高温超导两种。目前,日本的低温磁悬浮列车使用的是低温超导材料,它利用超导磁体产生的强大磁场,在列车运行时与地面布置的线圈相互作用,产生电动斥力将列车悬浮,悬浮气隙较大,一般为 100 毫米左右,速度可超过 500 km/h。

2003 年 1 月,中国首条磁悬浮列车线路——上海磁浮线投入运营。但当时的磁悬浮列车是从德国购买的,由于我国工业基础相对薄弱,尚不具备自主生产的条件。直到 2016 年 5 月 6 日,我国首条具有完全自主知识产权的中低速磁悬浮商业运营示范线——长沙磁浮快线开通试运营,打破了世界上中低速线路的长度纪录。2018 年 6 月,我国商用 2.0 版列车成功下线。

2021 年 1 月 13 日,采用西南交通大学原创技术的世界首台高温超导高速磁浮工程化样车及试验线在成都正式启用。这是我国研发的第二款高速磁悬浮列车,也是全球首款采用高温超导技术的 1∶1 磁浮工程样车。这款超导磁悬浮列车在性能上堪称世界领先,样车速度达到了 620 km/h。这样的速度,配合便捷的陆地交通出入站服务,已在短途旅行方面实现了比飞机更快捷的可能。与德国的常导磁悬浮列车和日本使用液氦的低温超导磁悬浮列车相比,它具有系统重量轻、结构简单、制造和运行成本低的优点。2021 年 7 月 20 日,由中国中车承担研制,拥有完全自主知识产权的我国时速 600 公里高速磁浮交通系统在山东青岛成功试运行。

我国研发的超导磁悬浮列车一经曝光即成为国之重器,引起了全球高铁领域的震动。谁能想到,几十年前积贫积弱的中国,如今在高铁技术上已领先全球。在高铁技术傲视全球的今天,谁又能想到,这背后有多少科学家付出了长年累月的努力和心血。而中国在超导磁悬浮列车技术上的成功,也标志着中国在超导体领域的技术突破。这一技术与超导磁悬浮列车紧密相关,因此,中国未来不仅能够发展超导磁悬浮列车,还能实现超导输电。目前使用传统的铜、铝等材料制成的导线输送电力,会有高达15%的损耗,而利用超导体材料制成的超导电线和超导变压器,可以实现电力无损耗输送,这无疑将对中国西部地区的开发工作产生极大的推动作用。

思政资源与知识讲解的融合:在讲述第一过渡系元素基本性质中的磁学性质时,我们将磁悬浮列车作为实例引入,将教材中的基础理论知识与当代先进科技相结合。这使学生在学习磁性的同时,了解到磁悬浮列车是如何利用超导磁体产生的强磁场来悬浮列车,并利用同步电动机产生的电力推动列车前进的。这种技术将为人们的生活带来更多便利和享受,推动经济的可持续高速发展。高速磁悬浮列车将满足中国大城市间点对点的运输需求,并在技术推动和国际竞争中具有重要战略意义。这也能让学生了解到中国在基础设施建设方面所取得的杰出成就。

思政元素:科技创新;民族自信。

案例剖析:本案例通过讲述我国磁悬浮列车的成功运营,不仅使学生认识到磁性材料与生活息息相关,同时也让他们了解到中国在科技领域的突出贡献,见识到中国速度与中国力量,从而增强同学们的民族自信心和自豪感。这旨在激励青年一代树立远大志向,珍惜青春时光,为实现中华民族伟大复兴而努力奋斗。

参考资料:

[1] 熊嘉阳,邓自刚. 高速磁悬浮轨道交通研究进展[J]. 交通运输工程学报,2021,21(1):177-198.

[2] 张士勇. 磁悬浮技术的应用现状与展望[J]. 工业仪表与自动化装置,2003(3):63-65.

[3] 徐飞,罗世辉,邓自刚. 磁悬浮轨道交通关键技术及全速度域应用研究[J]. 铁道学报,2019,41(3):40-49.

典型案例　八

教学内容：铀及其化合物。
思政资源："两弹元勋"邓稼先。

邓稼先

邓稼先，中国共产党党员，著名核物理学家，中国科学院院士，中国核武器研制开拓者和奠基者，1999年被追授"两弹一星"功勋奖章。

1941年，邓稼先考入西南联合大学物理系。1945年毕业后，他先后任教于昆明市文正中学、培文中学和北京大学物理系。1948年至1950年，邓稼先赴美国普渡大学物理系学习深造。获得博士学位不久后，他冲破重重阻挠回到了祖国。当这位"娃娃博士"出现在钱三强、彭桓武、王淦昌等科学家面前时，大家都为初创的中国科学院核物理研究所注入了新鲜血液而高兴。

1956年10月8日，由钱学森担任院长的我国第一个火箭、导弹研究院——国防部第五研究院正式成立，聂荣臻元帅亲自主持了成立大会。会后，156位大学生济济一堂，聆听了钱学森讲的难忘一课——导弹概论。从此，邓稼先把全部的心血都倾注到任务中去。他带着一批刚跨出校门的大学生，日夜挑砖拾瓦搞试验场地建设，硬是在乱坟里碾出一条柏油路来，在松树林旁盖起原子弹教学模型厅；

为了当好原子弹设计先行工作的"龙头",在没有资料,缺乏试验条件的情况下,邓稼先挑起了探索原子弹理论的重任。他带领大家刻苦学习理论,靠自己的力量搞尖端科学研究。

1961年夏,中央要求加快原子弹研制的速度,争取不迟于1963年把初步设计方案拿出来。不论是著名科学家还是初出茅庐的青年学者,工作量都达到了极限,白天不够用,晚上挑灯夜战,一周6天干不完,连星期天也搭上。每一周都要开讨论会,大家各抒己见、畅所欲言,有时还争得面红耳赤。他们造出了一系列在文献上找不到的公式,列出了许多异常复杂的方程组。1962年9月第一颗原子弹的理论方案诞生。1963年原子弹总体计划完成,39岁的邓稼先在计划报告书上面庄重地签上了自己的姓名。

1964年10月16日,新疆罗布泊的戈壁荒漠上,120米高的铁塔托举着中国的第一颗原子弹,巍然矗立,从70公里以外用肉眼便清晰可见。下午3时整,随着起爆零时的到来,一道强光闪过,一个巨大的火球腾空而起,直冲云天,好像升起了半个太阳。数秒钟后,一声天崩地裂般的惊雷震破长空,气浪奔涌,排山倒海,令人心魄悸动。成功了! 邓稼先与战友们像一股潮水似的涌出地下室,立刻响起了如雷的欢呼声。大家激动、兴奋地相互拥抱、跳舞。邓稼先望着那朵倚天接地、壮观无比的蘑菇云,流下了幸福的热泪。

第一颗原子弹爆炸成功后,邓稼先激动的心情还没有平静下来,一项难度更大的工作又落在他和同伴们的肩上——研制氢弹。他作为组织研制氢弹的理论设计负责人,责任之重可想而知。邓稼先的同伴们说,每一次新的战略核武器重大突破、每一次里程碑式的试验成功,都和邓稼先的名字连在一起。在特种材料加工车间里,在爆轰物理实验场中,在风雪弥漫的荒原上……一年到头,邓稼先风尘仆仆地四处奔波,哪里有困难,就到哪里去,哪个工作岗位最危险,他就出现在哪里。为了增强中国的国防力量,从戈壁滩无垠的荒原,到核试验基地广袤的土地,都有邓稼先和同伴们长年生活工作的痕迹。

1967年6月17日,我国第一颗氢弹空爆成功! 世界又一次被震撼了。英国《泰晤士报》记者惊呼:"中国的氢弹爆炸推翻了美国军事计划的时间表";《每日快报》则称:"这使美国和俄国人都感到狼狈"。从原子弹到氢弹,美国用了七年零四个月的时间,苏联人用了四年,英国人用了四年零七个月,法国人用了八年零六个月;而当时经济技术条件还十分落后的中国,却仅仅用了两年零八个月。在这一使全世界都感到惊诧的成就后面,饱含着邓稼先和诸多战友们的汗水甚至鲜血。

中国第一颗原子弹爆炸成功距今已有60年,参加那次核爆炸的成千上万的无名英雄,有的已经去世,有的也进入了耄耋之年。为了中国的强盛,他们献出了自己的青春年华,将鲜红的热血涂在印版上,印出了新中国历史光辉灿烂的一篇,正是他们使"两弹一星"精神永放光芒。

思政资源与知识讲解的融合:在讲解铀的氟化物时,我们引入原子能工业中如何利用$^{235}UF_6$和$^{238}UF_6$蒸汽扩散法分离同位素^{235}U和^{238}U,从而获取纯铀235作为核燃料的具体过程。同时,我还会介绍中国核武器研制与发展的主要组织者与领导者邓稼先先生,他为发展中国核武器事业作出了重大贡献。邓稼先先生淡泊名利、舍生忘死的爱国精神和科研精神,将"两弹一星"精神深深地烙印在了学生们的心中。

思政元素:"两弹一星"精神。

案例剖析:伟大的事业孕育伟大的精神。在"两弹一星"事业的奋斗历程中,广大研制工作者培育和发扬了一种崇高的精神,即"热爱祖国、无私奉献,自力更生、艰苦奋斗,大力协同、勇于登攀"的"两弹一星"精神。这种精神是新形势下推动我国社会主义建设事业持续发展的强大精神支柱,是爱国主义、集体主义、社会主义精神和科学精神的生动体现,更是中国人民在20世纪为中华民族创造的宝贵精神财富。本案例通过讲述"两弹元勋"邓稼先的杰出贡献,使学生在学习铀及其化合物知识的同时,深入了解伟大核物理学家邓稼先在原子能领域的卓越贡献。这将帮助学生认识到创新在我国现代化建设中的核心地位,理解科技自立自强作为国家发展战略支撑的重大意义,并激励学生将自己的科学追求融入建设社会主义现代化强国的伟大事业中。通过这种方式,进一步激发学生的家国情怀与科研精神,塑造学生的爱国主义情操,培养他们为国家、为民族奋斗的远大志向。

参考资料:

[1] 李清华,田兆运."两弹"元勋邓稼先[N].人民日报,2011-04-25(5).

[2] 叶介甫."两弹"元勋邓稼先[J].工会信息,2019(4):4-11.

[3] 王晓燕.邓稼先:"两弹一星"元勋[J].红蜻蜓,2023(18):2-5.

[4] 林晓清.从安徽走出的"两弹元勋"邓稼先[J].江淮文史,2022(2):105-114.

[5] 罗章松,辛姝贤."两弹一星"精神的深刻内涵、当代价值及传承路径[J].传承,2023(1):61-66.

典型案例 九

教学内容:酸碱反应。

思政资源:酸碱理论的发展历程。

酸碱理论是解释酸碱及其反应的理论,是无机化学中的重要内容。人类对酸碱的认知经历了漫长的过程,最初仅依据物质的物理性质区分。直至17世纪末,英国化学家波义耳基于实验提出了朴素的酸碱理论:能溶解某些金属、与碱反应失原特性、使石蕊试液变红的物质称为酸;水溶液有苦涩味、与酸反应失原特性、使石蕊试液变蓝的物质称为碱。然而,此理论存在漏洞,如将碳酸氢钠误归为碱,实际上它是一种盐。随着科学发展,人们提出了更科学的解释,使酸碱理论日益完善。这一发展过程体现了否定之否定的规律。

1. 酸碱电离理论

瑞典科学家阿伦尼乌斯在1887年提出了酸碱电离理论。在此理论中,酸碱定义为:在水溶液中电离出的阳离子全部是H^+的物质称为酸;电离出的阴离子全部是OH^-的物质称为碱。此理论使人们对酸碱的认识有了质的飞跃。但其适用性在非水体系中受到挑战,如无法解释溶剂自身电离和在液氨中的中和反应。此外,该理论忽视了酸碱之间的相互联系和统一。

2. 酸碱溶剂理论

富兰克林在1905年提出了酸碱溶剂理论,该理论以阿伦尼乌斯的电离理论为基础,但以溶剂的电离为基准判断物质的酸碱性。然而,对于不电离的溶剂或无溶剂的酸碱体系,此理论无法解释。

3. 酸碱质子理论

针对电离理论的局限,1923年布朗斯特和劳莱提出了酸碱质子理论。他们认为,能给出质子的是酸,能接受质子的是碱。但此理论仍局限于质子的给予和接受。

4. 酸碱电子理论

同年,路易斯提出了酸碱电子理论,定义碱为具有孤对电子的物质,酸为能接受电子对的物质。此理论突破了质子的限制,拓宽了酸碱的范围。

5. 软硬酸碱理论

1963年,皮尔松提出了软硬酸碱理论,将酸碱分为软硬两类,并总结出"软硬酸碱原则"。此理论对酸碱反应和加合物的稳定性具有指导意义。

至今,酸碱理论已形成完整体系,但研究仍在持续深入,不断完善。

思政资源与知识讲解的融合:在学习酸碱反应之前,先让学生了解酸碱理论的发展历程,向学生介绍酸碱电离理论、酸碱溶剂理论、酸碱质子理论以及酸碱电子理论等发展阶段。酸碱理论经历了漫长的历史演变,并非一开始就完全正确,而是一代又一代科学家通过不断地改进、创新和逐步完善而来。例如,电离理论的积极之处在于它从化学组成角度揭示了酸碱的本质,但不足之处在于忽略了溶剂在酸碱反应中的作用(主要局限于水溶液环境)。通过介绍酸碱理论的发展历程,我们希望学生能认识到,过去被视为真理的学说未来有可能被新的发现所颠覆。世界上没有绝对的事情,我们需要以辩证的视角看待问题,并时刻牢记实践才是检验真理的唯一标准。我们要不断探索以解释未知,同时也要持续改进现有理论,使其日臻完善,从而推动科学的不断进步。

思政元素:透过现象看本质;否定之否定规律。

案例剖析:酸碱理论在无机化学中占有举足轻重的地位。每一种新的理论都是在对前一种理论的批判与继承中诞生的。这种批判并非全盘否定,而是一个"取其精华,去其糟粕"的提升过程。在反复的批判与继承中,旧理论得到完善,新理论应运而生。酸碱理论正是在这样的过程中逐步发展。除了否定之否定规律,这部分内容还蕴含着丰富的人生哲理,如运用辩证思维看待问题、实践是检验真理的唯一标准以及透过现象深入探究问题本质等。在教学过程中,结合教学内容引导学生多角度、全面地看待学习和生活中的问题,有助于学生树立正确的世界观。

参考资料:

[1] 余新武,王东升. 哲学视角下的酸碱理论及其发展[J]. 高师理科学刊,2011,31(1):100-104.

[2] 张文华. 浅谈以知识体系为模块的无机化学教学方法——以酸碱理论为例[J]. 中国校外教育,2017(3):129-130.

典型案例 十

教学内容：稀土元素。

思政资源：中国稀土之父——徐光宪。

稀土被人类发现、了解和利用已有200余年历史。尽管中国拥有世界上最大的稀土资源储备，但直到20世纪70年代，我国还只能廉价向国外出口稀土原料，然后再高价进口高纯度稀土产品。这种尴尬局面的根源在于当时我国落后的科技和工业水平。然而，稀土因其特殊的光电磁和催化功能，只需少量就能"化腐朽为神奇"，成为发展通信、电子、航空航天等高新科技不可或缺的原材料，被人们誉为"工业维生素"，其在军事方面的重要性更是不言而喻。在这样的背景下，有一位科学家让中国从稀土资源大国转变为生产应用大国，奇迹般地改变了国际稀土产业的格局，他就是徐光宪。

徐光宪

徐光宪，我国著名的物理化学家、无机化学家和教育家，被誉为"中国稀土之父"。1944年毕业于上海交通大学化学系，1948年1月赴美留学，1949年获得美国哥伦比亚大学硕士学位。1951年3月，他完成了题为《旋光的量子化学理论》的博士论文，获得哥伦比亚大学物理化学博士学位。其导师贝克曼看好徐光宪的学术潜力,曾挽留他在美国继续科研工作,并推荐他去芝加哥大学马利肯教授处做博士后研究。当时,徐光宪的妻子高小霞正在攻读博士学位,如果徐光宪去马利肯教授处从事研究工作,不仅自己可以获得优越的科研环境,还能为妻子高小霞创造良好的学习环境。

然而,徐光宪和高小霞都深感祖国更需要他们。于是,高小霞毅然中断学业,徐光宪也放弃了即将到手的工作机会。1951年4月15日,夫妻二人以华侨回国省亲的名义离开旧金山,乘船回到祖国。回国后,经唐敖庆推荐,徐光宪受聘于北京大学化学系担任副教授。从此,他60多年如一日地勤奋工作,把毕生精力奉献给了祖国的科技和教育事业。

1972年,徐光宪所在的北京大学化学系接受了一项特殊任务——分离稀土元素中性质最为相近的镨和钕,且纯度要求极高。52岁的徐光宪"半路出家",接下了这项任务,从此踏入稀土研究领域。这已经是他自1951年回国后,第三次因国家需要而改变自己的研究方向。从量子化学出身,他回国后转向配位化学,再到放射化学,直至最后的稀土化学。

当时,国际上稀土分离的主流方法是离子交换法和分级结晶法。但这两种方法过程不连续、成本高,且提炼出的稀土元素纯度较低,无法满足大规模工业生产的需求。经过深思熟虑,徐光宪决定采用自己曾多年研究的萃取法来完成这项艰巨任务。1975年8月,在北京召开的第一次全国稀土会议上,他提出了串级萃取理论。1978年,他在《北京大学学报》第一期上发表了"串级萃取理论",提出了恒定萃取比体系和恒定混合萃取比体系的级数计算公式、最优回萃比和回萃比公式,以及最优化分馏萃取工艺的设计步骤等。这一研究成果使稀土分离能够通过数学计算解决萃取工艺设计的最优化问题,从而克服了以往萃取工艺试验和设计中的盲目性,大大缩短了试验周期。

在此基础上,徐光宪及其研究团队又提出了稀土串级萃取"一步放大"新工艺设计系统。该系统可根据我国丰富的稀土资源中不同组分、多种产品的不同纯度规格以及收率要求等因素,在很短时间内制定出优化的工艺流程和参数。这一系统无须经过传统的小试、中试、扩试再到工业生产的模式,而是可以直接应用于工业生产。此外,徐光宪还建立了包括"三出口""轻、中、重十余个稀土元素全分离""高效的新启动方式"等多个稀土分离新工艺流程。

1982年,包头冶金研究所完成了用萃取剂P507(乙基己基磷酸单-2-乙基己酯)在盐酸体系中全萃取连续分离镧、铈、镨、钕、钐、铕、钆等稀土元素的扩大试验。徐光宪再次来到包头,他应用串级萃取理论,利用计算机代替人工进行静态优化工艺设计,成功地在计算机上进行了"摇漏斗"模拟试验。为了确保包头冶金研究所的这一新工艺在包钢有色三厂顺利投产,徐光宪还将分离轻稀土混合物的"全回流—半回流—半正常操作—正常操作"的新启动方式应用于此工艺流程。

至此,徐光宪先生所创立的稀土萃取分离体系已全面形成。他在国际上首次提出了稀土串级萃取理论,以及用于计算最优化工艺参数的理论公式和计算机程序,并成功将这些理论应用于我国刚起步的稀土生产中。正是这些成果的应用,使我国在单一和高纯稀土生产工艺方面达到了世界先进水平,并拥有了自主知识产权。时至今日,P507稀土萃取工艺依然是萃取分离生产单一稀土的主流技术。正如我国著名有机化学家袁承业院士所言:"如果没有北大徐光宪的串级理论,如果没有众多工程技术专家在萃取设备设计及自动化方面的创造性贡献,P507在单一稀土生产中的成功应用将无从谈起。"

稀土串级萃取工艺的诞生,彻底颠覆了传统的稀土分离生产技术,那些耗时长且无法连续生产的旧工艺被彻底淘汰。这一变革让原本掌握稀土分离技术并垄断世界稀土市场的西方国家惊讶地发现,如今,稀土生产领域的领军者已非他们,而是中国。

徐光宪先生的研究为我国单一稀土的工业化生产提供了解决方案。随后的几年里,我国稀土工业的分离能力和效益水平得到了迅速提升。到2006年,中国生产的单一高纯稀土已占据全球产量的85%,从而打破了美、法、日等发达国家对国际稀土市场的垄断,实现了我国稀土行业多年的梦想。

2008年,鉴于徐光宪先生对我国稀土工业的巨大贡献,他荣获了国家最高科学技术奖。在稀土行业,徐光宪先生不仅是一位杰出的科学家,更是一座精神的灯塔。半个世纪以来,他用自己的影响力和热情不断推动着这个行业的发展。

在徐光宪先生等一代又一代稀土人的共同努力下,凭借丰富的资源和强大的生产能力,中国的稀土工业已然崛起。如今,我国在稀土产量、出口量和应用量上均位居世界前列,成为全球领先的稀土生产大国。那个曾经让徐光宪先生深感忧虑的,出口稀土原料再进口稀土制品的尴尬时代,已经一去不复返了。

思政资源与知识讲解的融合:本章节核心内容为稀土元素的分布、矿源、分组,及其分离技术,还有稀土金属配合物以及稀土元素和其化合物的多元应用。在阐述这些对学生而言相对陌生的稀土元素时,可以从日常生活与工业生产的角度切入,让学生了解我国稀土资源的丰富性,并深入介绍稀土在现代工业中的不可或缺的作用。进一步,我们将引入化学家徐光宪的杰出贡献,他不仅在国家经济困难时期选择回国发展,更攻克了国家急需的技术难题,创新性地提出了稀土串级萃取理论。这使得我国的稀土分离技术及其产业化水平跻身全球领先位置,从而稳固了中国作为世界稀土强国的地位。通过这一章节的学习,我们期望能够培养学生的思政素养,激发他们的学习热情,并进一步厚植他们的爱国情怀。

思政元素: 科研的坚韧与毅力;深厚的爱国情怀。

案例剖析: 爱国主义,这是中华民族的宝贵传统和崇高精神。我国的科学家们,怀揣着对祖国的深情厚谊,坚守着理想与信念,始终把国家和人民的利益放在首位,为我国的社会主义建设、民族复兴和人民福祉做出了杰出的贡献。在课堂上,通过讲述化学家们的人生经历,我们可以点燃学生的爱国情怀,引导他们将爱国心、报国情和强国志融入自己的学业、理想和成长之中。在学习稀土元素的相关知识时,我们将结合"中国稀土之父"徐光宪的卓越成就,展示我国丰富的稀土资源,以及稀土元素和其化合物独特的物理与化学性质,如光、电、磁等,和它们在各个领域的重要应用。这不仅能激发学生的探索欲望和创新精神,还能培养他们深入研究的科研态度,为他们未来在稀土元素及其化合物的研究与开发中奠定坚实的思想基础。

参考资料:

[1] 郝俊. "稀土之父"徐光宪 改变世界稀土格局 [J]. 科学大观园,2019(13):24-27.

[2] 肖丹. 国之所幸——记"中国稀土之父"徐光宪 [J]. 科学中国人,2017(36):38-43.

[3] 杨丽,张小雨,张文灿. 中国稀土科技开拓者——稀土之父徐光宪 [J]. 稀土信息,2019(9):34-37.

[4] 张丹丹. 徐光宪"中国稀土之父"的故事 [J]. 党员文摘,2019(11):11-13.

[5] 刘思德. 徐光宪:中国稀土永远的地平线 [J]. 稀土信息,2015(5):10-12.

第二章 《有机化学》部分

课程性质：专业基础平台课。

课程简介：有机化学，作为化学中至关重要的一个分支，专注于探究碳氢化合物及其衍生物的构成、结构、特性以及它们之间的相互转化规律。近年来，有机化学的迅猛发展对国民生活产生了深远的影响。新有机反应和不断扩展的研究领域不仅推动了有机化学自身的进步，还促进了化学各分支及与其他学科的交融，例如有机金属化合物和元素有机化合物便是有机化学与无机化学的交叉产物。有机化学还广泛渗透到化学以外的学科中，如化学生物学融合了有机化学与生物学，而新兴的材料科学则是有机化学、高分子化学和无机化学共同作用的结晶。此外，环境治理亦需全面的有机化学知识。这些交叉与融合使得有机化学在化学领域占据独特地位，对科技及国民经济的发展具有举足轻重的作用。

有机化学是化学、生物学、医学、药学等专业的必修基础课程。本课程旨在传授有机化学的基础知识和理论，系统阐述各类有机化合物的结构、命名、性质、应用、来源及制备方法，并深入探讨典型反应机理和有机化合物分子的立体化学基础。我们希望通过本课程，使学生能够系统、全面地理解大纲要求的知识点，洞察有机化学的特点及其内在逻辑，认识结构与性质间的联系，掌握各类有机化合物间的转化规律，并了解该领域的最新成果和发展动态。在充分理解、掌握现有知识的基础上，培养学生灵活运用知识、分析问题和解决问题的能力，激发他们对有机化学的探索兴趣和求知欲，为未来的专业学习和科学研究奠定坚实基础。

在教学过程中，我们将深入挖掘课程的思政元素，旨在传授专业知识的同时，将新时代的爱国主义精神、严谨创新的科学态度等价值观潜移默化地传递给学生，从而真正落实民族自豪感和爱国情怀的教育，进一步深化立德树人的教育理念。

典型案例 一

教学内容：绪论－有机化合物的定义。
思政资源："生命力学说"的破灭。

弗里德里希·维勒

弗里德里希·维勒（Friedrich Wöhler），一位德国化学家，因成功人工合成了尿素，从而打破了"生命力学说"的束缚，因此声名远扬。

维勒自幼便对化学怀有浓厚兴趣。在马尔堡大学攻读医学期间，他成功合成了硫氰酸汞，并深入揭示了该物质的一些基础性质。有一次，他将硫氰酸铵溶液与硝酸汞溶液混合，结果得到了白色沉淀的硫氰酸汞。当他把自然干燥的硫氰酸汞沉淀放在瓦片上加热时，粉末迅速膨胀，犹如一条突然窜出的蛇，整个过程异常罕见且壮观。这一实验，是化学界中极具盛名的膨胀实验之一，人们称之为"法老之蛇"。随后，维勒将这一实验成果发表在当年的《吉尔伯特年鉴》上。

这一成就进一步坚定了维勒在化学领域取得更大成就的决心。1821年，他有幸师从海德堡大学著名化学家列奥波德·格美林（Leopold Gmelin）和知名生理学家弗兰德里奇·蒂德曼（Friedrich Tiedemann）教授，分别跟随他们深入研究生理学中的化学问题，并学习生理医学专业知识。

在蒂德曼和格美林的悉心指导下，维勒的化学研究之路正式开启。根据蒂德曼教授的建议，他开始探究动物有机体尿液中排出的物质。维勒成功从尿液中分离出了纯净的尿素，并精确测定了其分子中碳、氢、氧、氮的含量，从而全面掌握了尿素的主要化学性质及其在动物机体中的重要生理作用。凭借这一杰出成就,在1823年9月,年仅23岁的维勒荣获了海德堡大学的医学博士学位。

鉴于维勒对化学的深厚热爱,格美林教授又热心地将他推荐给瑞典斯德哥尔摩大学的化学巨匠贝采里乌斯(Berzelius),以继续深化对氰酸的研究。

1824年9月,维勒与贝采里乌斯道别,返回家乡法兰克福。在进行氰酸与氨水的反应实验时,他意外合成了一些白色结晶物质。然而,由于当时实验条件的限制,他无法确切证实这种白色结晶的成分。

经过长达四年的持续实验与深入分析,1828年,维勒终于证实,他先前发现的白色结晶正是尿素。更值得一提的是,他还发现通过氯化铵与氰酸银的反应,或以氨水与氰酸铅进行反应,均能制得较为纯净的尿素。

维勒在致信给他的导师贝采里乌斯时兴奋地写道:"我无须借助人或狗的肾脏,便已成功从无机物中制得了有机物尿素!"然而,贝采里乌斯对维勒的研究持保留态度,他认为尿素仅仅是动物的排泄物,至多只能算是有机物与无机物之间的一种模糊物质。

1828年底,维勒使用德语和法语在《物理学和化学年鉴》上发表了题为《论尿素的人工合成》的论文。他在文中详细阐述道:"这项研究取得了出乎意料的结果——通过氰酸与氨的结合,成功产生了尿素。这一发现具有极其重要的意义,因为它提供了一个实例,即我们可以通过人工方法,利用无机物质制造出地道的所谓动物物质。"在论文中,他详细描述了如何利用氰酸与氨水,或氯化铵与氰酸银来制备纯净的尿素,并全面论述了证明该白色结晶即为尿素的整个检验分析过程。这篇论文的发表犹如一颗重磅炸弹,彻底打破了长期占据有机化学领域主流的"生命力学说",在化学界引起了巨大的震动。

人工合成尿素的事实给"生命力学说"带来了沉重打击,它突破了无机界和有机界之间的界限,为有机合成领域开创了新的先河。对于维勒的这一重大贡献,恩格斯在《自然辩证法》的导言中给予了高度评价:"由于用无机的方法制造出过去只能在活的机体中产生的化合物,就证明了适用于无机物的化学定律对有机物同样适用,而且还把康德认为是无机界和有机界之间的永远不可逾越的鸿沟大部分填平了。"

人工合成尿素的成功就像是引爆了有机合成的"大炸弹",在此后不久,乙酸、酒石酸、柠檬酸等有机物如雨后春笋般相继被合成出来,标志着有机合成新时代的到来。如今,有机合成化学已经历了近200年的发展历程,它作为一门科学对人类文明和科学技术的发展产生了深远的影响。有机合成化学不仅为现代社会提供了医药、农药、香料、染料、纤维以及仿生材料等基本资源,还成为合成新分子、实现我们幻想和想象力的最具创造力的科学领域之一。

思政资源与专业知识的融合: 俗话说:"好的开头就是成功的一半",好的开头对于《有机化学》课程的教学尤为重要。绪论作为有机化学的前沿课和导入课,其设计质量直接关乎学生对该课程的初步印象与兴趣。一堂引人入胜的绪论课,能激发学生的热情与兴趣,促使他们由被动学习转变为主动探索。在有机化学绪论课的教学过程中,教师应当发挥引导作用,穿插介绍有机化学家维勒通过无机物合成尿素的科学实践,以及他坚持真理、挑战"生命力学说"的勇敢事迹。这样不仅能让学生在学习专业知识的同时,领略到维勒不畏权威、敢于用事实说话的科学精神,而且这种精神也是推动有机化学发展的重要基石。通过这样的教学,让学生深刻认识到,只有坚守真理、勇于挑战权威、不断创新,才能适应新时代的需求,才能在学习与工作中实现质的飞跃。

思政元素: 坚守真理、勇于挑战权威。

案例剖析: 在有机化学的教学中,我们将社会主义核心价值观中的"德"融入课堂,帮助学生理解将个人理想融入国家发展大局中才能实现更大的人生价值。在绪论的讲解过程中,我们可以穿插介绍化学大师维勒人工合成尿素的经典案例。维勒的这一发现打破了当时有机化学界盛行的"生命力学说",尽管面临瑞典化学家贝采利乌斯的质疑,他仍坚守真理,最终开创了有机化合物人工合成的历史新篇章。随着乙酸、酒石酸等有机物的相继合成,维勒的观点逐渐获得了广泛的认同与支持。通过这一案例,我们希望学生能明白,在科学探索的道路上,应尊重权威但不盲目跟从,要培养勇于挑战权威、实事求是、坚持不懈追求真理的科学品质。

参考资料:

[1] FONTACAVE M, Understanding life as molecule: reductionism versus vitalism [J]. Angewandte International Edition Chemie, 2010, 49(24): 4016-4019.

[2] 刘超. 材料星故事(一)——弗里德里希·维勒 [J]. 新材料产业, 2019(11): 72-77.

[3] 刘景清, 丁郑南. 维勒教授的生平和业绩 [J]. 化学通报, 1999(3): 59-62.

［4］吴克梅.维勒合成之后——谈维勒合成的科学意义和哲学意义［J］.贵阳师专学报(社会科学版)，1990（2）：22-25.

［5］王峰，夏晓峰.轻工专业有机化学课程思政探索与实践［J］.中国轻工教育，2021（6）：7-12.

［6］常雁红，施春红，周晓琴，等.有机化学课程思政探讨［J］.中国冶金教育，2022（3）：83-85＋88.

典型案例 二

教学内容：烷烃。

思政资源：可燃冰。

1810年，汉弗莱·戴维和他的学生迈克尔·法拉第将氯气通入水中，水竟然凝固成了"冰"，氯气水合物首次被合成。次年，汉弗莱·戴维提出"气水合物"一词，该词沿用至今。

1934年，美国学者哈默·施密特首次提出，堵塞天然气输气管道的"冰"与天然气水合物有关。这一发现引起了科学家们对天然气水合物的重视，并加深了对气水合物及其性质的研究。

1946年，苏联学者斯特里诺夫推测多年冻土层中可能存在天然气水合物矿藏。20世纪60年代，这一推测得到了证实。1971年，美国学者在深海钻探岩心中首次发现海洋天然气水合物，"天然气水合物"的概念正式被提出。

1992年《国际大洋钻探计划》得以实施，美国相继在多个深海区发现"天然气水合物"。通过研究和分析，科学家们初步揭开了"天然气水合物"的神秘面纱，认为它由水和甲烷组成，是水和天然气的混合物。因其呈固态白晶体状，且具有一点即燃的特性，科学家给它起了一个十分形象的名字——"可燃冰"。

现在，大家所熟知的"可燃冰"是指甲烷（结构最简单的烷烃小分子）和水在海底高压、低温条件下形成的白色固体燃料。据估算，世界上可燃冰所含有机碳的总资源量相当于全球已知煤、石油和天然气的2倍。据理论计算，1立方米"可燃冰"可释放出164立方米的甲烷气和0.8立方米的水。燃烧后仅会生成二氧化碳和水，不会产生其他残渣和废气。因其燃烧值高、污染小、储量大，被誉为21世纪最理想的清洁能源，是今后替代石油、煤等传统能源的重要备选资源。

20世纪60年代，国际上开始对"可燃冰"进行勘探研究。1998年12月，以新一轮国土资源大调查为契机，中国地质调查局广州海洋地质调查局率先提出开展《南海北部陆坡甲烷水合物资源调查与评价》项目，开始在南海寻找"可燃冰"。

1999年,广州海洋局派出的"奋斗五号"船开启了我国海域水合物调查的序幕。在南海北部陆坡西沙海域首次发现了水合物存在的重要标志——似海底反射(BSR)。

2007年4月至6月,广州海洋地质调查局在南海北部神狐海域成功实施了8个站位钻探,其中3个站位获得了"天然气水合物"实物样品,样品甲烷含量高达99.7%以上,点火即可燃烧。这一发现是我国首次在南海海域获取天然气水合物实物样品,证实了南海存在良好的天然气水合物资源前景。

2015年3月至5月,我国使用自主研制的"海马"号4 500米级非载人遥控潜水器,在珠江口盆地西部海域发现了海底巨型活动性"冷泉",被命名为"海马冷泉"。随后,通过大型重力活塞取样器直接在"海马冷泉"区海底浅表层采获天然气水合物实物样品,凸显了我国科技创新的强大实力。

2017年2月13日,中国建造的"蓝鲸一号"勘测船交付使用,该船可以在水深3 658米的海域工作,最大钻井深度达到15 240米。"蓝鲸一号"不仅代表了当今世界海洋钻井平台的最高水平,也为我国海底油气资源开发提供了重要支持。2017年3月28日,"蓝鲸一号"在神狐海域,向水深1 266米的海底打下第一口钻井。5月10日14时52分,"蓝鲸一号"上的巨大火炬燃起熊熊烈火!5月18日,我国南海神狐海域天然气水合物试采实现连续187个小时的稳定产气!

2019年10月,我国正式启动第二轮"可燃冰"试采海上作业。2020年2月17日试采点火成功,持续至3月18日,圆满完成了预定目标任务。2020年3月26日,自然资源部宣布我国海域可燃冰第二轮试采圆满成功。

2021年,我国在南海1 758米水深预定海域进行第三次试采"可燃冰"。同年12月,中国科学院李小森团队研制出了全球首套大尺度、全尺寸开采井天然气水合物三维综合试验开采系统。

2023年5月22日,广州海洋实验室主任张偲在大湾区科学论坛海洋科学分论坛上表示:在天然气水合物开发领域,我国已从"跟跑"变成"并跑",并实现了"局部领跑",走在天然气水合物的开发前沿。世界能源格局正被中国改写,一个全新领域已然开启!

思政资源与知识讲解的融合: 烷烃是有机化学这门课程的首章首节,是学生学习有机化学时最早接触的一类有机物。学生刚接触有机化学,还未形成有机化学的学习和思维方式,加之高中阶段涉及的有机化学知识较少,若直接讲解烷烃内容,学生会对有机化学相对抽象且生疏的内容感到难以理解。但从学习习惯及规律的角度来看，学生只有牢固掌握烷烃的结构、性质及用途，才能为后续内容的学习打好基础。

在讲解烷烃有关内容前，首先让学生了解可燃冰的主要成分——甲烷，这是一种结构最简单的烷烃，进而引申到本章的主题——烷烃的结构与性质。通过将党和国家事业发展取得的重大成就与知识点巧妙结合，拉近学生与化学的距离，增加他们对化学的学习兴趣，从而更易理解和掌握专业知识。这些贴近时代发展的案例，不仅展示了化学的魅力，也让学生感受到我国科学技术的突破和快速发展，进而提升学生的民族自信和民族自豪感。

思政元素：民族自信；民族自豪感。

案例剖析：民族自信，是指一个民族对自身国家治理能力和发展前景的高度认同与信任。一个自信的民族，往往背后有一个繁荣强大的国家作为支撑。而民族自豪感，则源于一个民族对自己生活的自然环境、取得的伟大成就、历史文化和语言传统的热爱，这种热爱转化为一种光荣感，以及对美好未来的坚定信念。历史与现实共同证明，一个国家与民族取得的成就越大，其民族认同感就越强，内部的凝聚力和对民众的吸引力也就越强。习近平总书记在多个场合都强调要增强民族自信和民族自豪感。在庆祝中国共产党成立95周年大会上的讲话中，他指出："当今世界，要说哪个政党、哪个国家、哪个民族能够自信的话，那中国共产党、中华人民共和国、中华民族是最有理由自信的。"在庆祝中国共产党成立100周年的大会上，他再次强调："中华民族是具有强烈民族自豪感和自信心的民族。"

在学习烷烃相关内容时，通过引入我国南海神狐海域实现"可燃冰"连续开采的实例，可以让学生深刻体会到，经过多年的不懈努力，我们的国家已经实现了"可上九天揽月，可下五洋采'冰'"的壮举。神狐海域的"可燃冰"开采，不仅点亮了新能源时代的曙光，更显示了我国在相关领域从无到有、从"跟跑"到"并跑"、再到"局部领跑"的跨越式发展。这一实例，无疑会极大地激发学生的民族自信和民族自豪感。同时，通过将社会工业生产、国家建设和发展与化学知识有机结合，不仅能够加深学生对知识的记忆，更能激发和强化他们学习化学的兴趣。

参考资料：

[1] 王一端，闫建文，李中，等. "蓝鲸1号"与可燃冰试采[J]. 石油知识，2021（6）：8-10.

[2] 史丹，刘佳骏. 我国海洋能源开发现状与政策建议[J]. 中国能源，2013，35(9)：6-11.

[3] 吴凤鸣. 二十一世纪的新能源——可燃冰[J]. 科学新闻, 2003 (5): 32-33.

[4] 袁振东, 冯诗诒. 天然气水合物及其应用[J]. 化学教学, 2023 (5): 85-90.

[5] 孙始财, 樊栓狮. "可燃冰": 未来的新能源[J]. 科学世界, 2004 (5): 29-33.

典型案例 三

教学内容：不饱和烃。

思政资源：我国合成橡胶工业的科技前沿。

我国是世界上橡胶和轮胎的第一产销大国，但在该领域的发展却大而不强。以 2017 年为例，当年我国合成橡胶产量达到 355 万吨，占全球产量的 23.6%，但产品主要集中在中低端领域，高端产品主要以进口为主，年进口量高达 136.5 万吨。

20 世纪 70 年代初是我国轮胎橡胶产业发展的重要节点。当时，中国科学院兰州化学物理研究所的周望岳等，在各类丁烯氧化脱氢用催化剂的基础上，成功开发出丁烯氧化脱氢制备丁二烯及与之配套的顺丁橡胶生产工艺。这一生产工艺的成功开发，为我国合成橡胶工业的快速发展注入了强大动力。

2017 年 10 月 30 日，"高性能合成橡胶产业化关键技术"项目启动会暨实施方案咨询审议会在北京召开，标志着国内合成橡胶及轮胎产业链转型跨越进入新的阶段。发展国产高端橡胶产业是一项大工程，中国石油科技管理部将这项艰巨的任务交给了石油化工研究院兰州化工研究中心，由龚光碧主任负责。龚光碧对国内合成橡胶和轮胎产业的研发力量进行了整合，联合清华大学、中国科学院长春应用化学研究所等 7 家国内橡胶领域的一流高校、研究院所和企业，依托高分子物理与化学国家重点实验室、国家橡胶与轮胎工程技术研究中心等 5 个国家级平台，建立起一个覆盖整个产业链的创新团队。

龚光碧带领团队骨干制定了完善的管理制度和检查考核标准，同时督促合作单位按照项目要求逐项自查、落实。

在"星型支化丁基/溴化丁基橡胶技术和关键设备"课题立项前，中国石油公司在这一领域处于无基础状态。在技术带头人魏绪玲、燕鹏华与北京石油化工学院的伍一波老师的带领下，团队从基础研究做起，通过理论创新，采用阴离子聚合方法，开发了支化位点可控、软段—硬段相合、淤浆稳定可行的支化剂，攻克了"原位接枝"法制备星型支化丁基橡胶的技术难题。

针对丁基橡胶溴化过程"高黏度、大混合比、强腐蚀性"的特点,清华大学骆广生教授带领团队系统研究了微通道内"高黏度—大流量比"混合体系的基本规律,设计并优化了十字形和微筛孔混合结构,提出了微混合单元一维几何放大和二维数量集成的设计方法,成功创制了安全可靠且维护成本低的丁基橡胶溴化工业微反应器。

近年来,汽车产业转型对轮胎基础材料提出了新的要求,对官能化溶聚丁苯橡胶的需求也大大提升,而该产品几乎全部依赖进口。为了尽快实现该产品的自主可控,"官能化溶聚丁苯橡胶"课题组建立了官能化溶聚丁苯橡胶合成方法平台。2019年9月,该课题组在独山子石化公司进行中试。经过共同努力,课题组开发出官能化引发剂制备核心技术,并在中国石油独山子石化溶聚丁苯橡胶生产装置上完成了官能化溶聚丁苯橡胶的工业试验,生产出107吨工业产品,填补了国内空白。

"窄分布支化稀土顺丁橡胶"是项目需要开发的另一个高端产品。2018年5月,课题组在独山子石化开展了中试研究。中国科学院长春应化所的毕吉福研究员、张学全研究员和胡雁鸣研究员共同奔赴新疆,奋战在科研一线。经过长春应化所、独山子石化、石化院团队的共同努力,课题组成功开发了羧酸钕类单一活性中心稀土催化剂,使催化剂活性提高了20%以上,聚合转化率提升至99%,并实现了窄分布支化稀土顺丁橡胶3.2万吨/年的生产示范。

"双B级轮胎及长寿命胶囊的产业化示范"课题组组长李波与怡维怡橡胶研究院和赛轮集团的同事合作,共同研究官能化溶聚丁苯橡胶、稀土顺丁橡胶及白炭黑对滚动阻力性能和抗湿滑性能的影响规律,提出了高性能轮胎胎面胶的配方设计基本方案。结合课题团队开发的湿法混炼、低温一次法混炼、电子辐照预硫化等一系列轮胎制造工艺,实现了对轮胎抗湿滑性能和滚动阻力的有效调控。同时,开发了3个胶种在高性能轮胎中的集成应用技术,所制备的轮胎滚动阻力/抗湿滑性能达到欧盟轮胎标签法的A/B级标准,相比国内现有轮胎提升了2~3个等级。

"高性能合成橡胶产业化关键技术"项目的完成,取得了4项理论创新与突破,3项关键技术突破,完成了6个创新产品,获得了3项关键装备创新,申请了32件国家发明专利,发表了26篇论文,制、修订了6项标准(其中国家标准3项),极大地推动了我国合成橡胶及轮胎产业的创新能力与水平的提升。

思政资源与专业知识的融合：我们可以将不饱和烃作为学习有机化学的入门知识点。不饱和烃的化学性质及反应是学习有机化学基本原理的基础。在讲授"共轭二烯烃"的性质时，可以引入我国合成橡胶工业的前沿热点、应用及发展现状，将科研动态和最新研究成果的应用带入课堂。通过介绍周望岳团队如何紧跟国家战略、进行多方协作、自主创新并开发出顺丁橡胶生产工艺的案例，让学生在掌握共轭二烯聚合机理的同时，了解学科发展动态，明确课程内容及知识体系。这不仅能激发学生的学习热情，还能培养他们的爱国情怀，坚定他们为实现国家科技自立自强、勇攀科技高峰的信念和责任感。

思政元素：四个面向；团队协作。

案例剖析：2020年9月11日，习近平总书记在科学家座谈会上，对科学家和广大科技工作者提出明确要求："坚持面向世界科技前沿、面向经济主战场、面向国家重大需求、面向人民生命健康，不断向科学技术广度和深度进军。""四个面向"赋予了科技战线在新发展阶段的历史使命，为"十四五"时期以及更长一个时期实现高水平科技自立自强提供了行动指南，擘画了我国科技创新发展的清晰路径。学习不饱和烃时，可以从共轭二烯的聚合反应及机理出发，引入我国橡胶工业的发展现状和周望岳团队的协作创新精神。通过这样的案例剖析，帮助学生拓宽视野、增长知识，并让他们对我国合成橡胶工业的发展有更清晰的认识。同时，通过科学家们的自主创新精神和科技突破事迹，激励学生为国家的振兴和民族的强盛而努力学习、奋斗终身。此外，还应引导学生重视专业知识的学习，鼓励他们为解决行业问题、促进专业发展而努力，积极投身国家重大战略需求中去，将"四个面向"内化于心，为中华民族伟大复兴的事业贡献力量。

参考资料：

[1] 贾球锋，李丽芳. 课程思政元素融入有机化学书院教学的探索[J]. 广东化工，2023，50(8)：221-222.

[2] 李晶，仇国贤. 高端合成橡胶材料实现"中国造"——"高性能合成橡胶产业化关键技术"攻坚纪实[J]. 中国石油和化工，2023(1)：60-62.

[3] 侯桂香.《高分子材料》课程思政融合的设计与探索[J]. 高分子通报，2021，34(12)：104-108.

[4] 马衍坤，刘静，唐明云，等. 立足"四个面向"的基础课程思政元素挖掘方法与应用——以"传热学"课程为例[J]. 中国地质教育，2022，31(1)：57-61.

典型案例 四

教学内容：对映异构。

思政资源："反应停"事件——对映异构。

(R)-thalidomide (sleep-inducing)　　**(S)-thalidomide (teratogenic)**

沙利度胺的分子结构

1957年，沙利度胺（Thalidomide）以商品名"反应停"上市，它被用作镇静剂和止痛剂来治疗妊娠反应。然而，在1960年，人们发现沙利度胺会导致新生儿出现海豹样畸形。

1953年，瑞士一家名为Ciba的制药厂首次合成了沙利度胺，但初步药理实验显示其无抑菌活性，因此停止了研发。后来，Chemie Gruenethal公司发现其具有镇静催眠效果，对恶心、呕吐等早孕反应有明显抑制作用，并且在动物实验中未发现明显副作用。

1957年10月1日，Chemie Gruenethal公司将沙利度胺以商品名"反应停"推向欧洲市场，宣称该药物安全无毒副作用。在不到一年的时间里，"反应停"风靡全球，陆续在46个国家上市。

然而，在1959年12月，儿科医生魏登巴赫（Weidenbach）报告了一例罕见的女婴畸形病例，该婴儿没有手臂和腿，手和脚直接连接在身体上。这种病症在1836年被法国解剖学家圣提雷尔（Étienne Geoffroy Saint-Hilaire）命名为"海豹肢症"。

1961年10月,在西德妇科学术会议上,三位医师分别报告发现了数千名新生儿畸形病例。这些畸形婴儿没有手臂和腿,手和脚直接长在躯干上,形状类似于海豹的肢体,被称为"海豹儿"。同年11月16日,西德汉堡大学从事遗传病研究的儿科医生维杜金德·伦茨(Widukind Lenz)在 Word on Sunday 上发表了一篇文章,描述了150名出生时伴有严重罕见缺陷的婴儿。其中50%畸形婴儿的母亲在怀孕早期服用过沙利度胺,他认为婴儿的先天缺陷与母亲在孕期服用沙利度胺有关。与此同时,澳大利亚悉尼市皇冠大街妇产医院的威廉·麦克布莱德(William Mcbride)医生也发现了3例"海豹肢畸形"患儿,他怀疑这与他们的母亲在孕期服用过"反应停"有关,并将自己的发现和怀疑以信件形式发表在权威医学杂志上。

因此,Chemie Gruenethal 公司在1961年11月底召回了市场上所有的沙利度胺。这种曾用于缓解妊娠反应的药物导致了成千上万的畸形胎儿,波及世界各地,成为20世纪最大的药物导致先天畸形的灾难性事件。

经过研究,人们发现沙利度胺是一种手性药物,其分子结构中有一个手性中心,因此存在R和S两种构型的旋光异构体。由于当时手性药物的制备和分离技术尚不成熟,Chemie Gruenethal 公司推向市场的沙利度胺实际上是由R和S两种构型异构体组成的混合物。这意味着孕妇服用的"反应停"包含两种成分:一种是沙利度胺的R构型异构体,它具有良好的镇静和安眠作用,可以缓解恶心、呕吐等早孕反应;另一种是沙利度胺的S构型异构体,它具有强烈的致畸性,对胎儿产生致畸作用。

然而,在1964年,以色列医生雅各布·谢斯金(Jacob Sheskin)发现沙利度胺可以有效地改善麻风性结节性红斑患者的皮损情况。在1969年和1971年,通过随机对照双盲临床试验进一步证实了沙利度胺对麻风性结节性红斑的疗效。到了1997年,美国食品和药物管理局(FDA)批准了沙利度胺在美国上市用于治疗麻风性结节性红斑。

2006年,沙利度胺又被批准用于多发性骨髓瘤的治疗。目前,沙利度胺已被广泛用于治疗麻风、结节红斑、多发性骨髓瘤、黏膜溃疡、前列腺癌、肾细胞癌等多种疾病。甚至还被用于晚期艾滋病病人的安慰治疗。目前,90%的沙利度胺被用于癌症的治疗,其在美国的年销售额约为两亿美元,并且仍在持续增长。

思政资源与知识讲解的融合:对映异构这一章节的内容较为抽象,学生往往因其难度而产生畏难情绪,导致学习兴趣不高。为提高教学效果,我们采用以下

教学策略：首先，以任务驱动法为前提，布置课前预习任务，并通过微课进行课前引导；课程伊始，我们结合讨论与讲授，复习同分异构的种类，进而自然引出新课内容——对映异构，并展示乳酸的球棍模型，让学生从感性上理解对映异构；随后，播放"反应停"事件的相关视频，借助自主探究与合作学习的方式，使学生深刻理解学习对映异构对人类生活的重要性；再通过分析沙利度胺的致畸原因，详细讲解其分子结构以及对映异构体的差异，进一步引出旋光性、旋光度、消旋体、对映异构体等概念，以及分子手性的判断和对映异构体的分离方法。

思政元素：科学的双刃剑理念。

案例剖析：对映异构（又称旋光异构或光学异构）描述的是分子式、构造式相同，但构型式不同且存在镜像对映关系的立体异构现象。值得注意的是，一对对映异构体尽管理化性质相似，但其生理活性可能截然不同。例如，手性药物沙利多胺的R构型异构体具有镇静催眠作用，而其S构型异构体则具有致畸性。这恰恰体现了科学的双刃剑特性：一方面，科学在医疗、交通、社会发展等多个领域带来的进步，极大地便利了人类生活；另一方面，科学的不当应用也可能引发潜在的危害。

在课程中引入"反应停"事件，不仅让化学课程更加生动有趣，还能将抽象难懂的专业知识形象化、具体化。通过详细介绍手性药物"沙利度胺"的发展历程，我们旨在加深学生对本章内容重要性和必要性的理解，培养他们的辩证思维能力以及严谨认真的科研态度。更重要的是，我们希望通过这样的教学方式，引导学生树立科学的双刃剑理念，认识到科学技术的发展是一个持续迭代和完善的过程。在面对科技的进步时，我们希望学生能够形成开放、包容但审慎的价值观，既能看到科技的积极影响，也能警惕其可能带来的负面影响，从而把握科技发展的正确方向，确保其更好地服务于人类社会的进步。

参考资料：

[1] DONOVAN K A, AN J, NOWAK R P, et al. Thalidomide promotes degradation of SALL4, a transcription factor implicated in Duane Radial Ray syndrome [J]. Elife, 2018, 7: e38430.

[2] 章伟光, 张仕林, 郭栋, 等. 关注手性药物：从"反应停事件"说起 [J]. 大学化学, 2019, 34(9): 1-12.

[3] 田添禾, 刘峰, 冯丽恒, 等. 基于有机化学专业课程培养本科生成就动机的形成——以"对映异构"教学设计为例 [J]. 大学化学, 2020, 35(12): 174-

179.

[4] 吴璐璐，杨国玉，谢黎霞，等.化学课程思政在农林专业教学中的探索与实践——以"旋光异构"为例［J］.安徽化工，2022，48(1)：144-146.

[5] 王强，陈新兵，邓字巍.高校有机化学课程思政教学实践［J］.大学教育，2023（2）：30-32＋42.

[6] 佘能芳，张金兰，任瑞，等.有机化学专业课中开展课程思政的探索与实践［J］.大学化学，2021，36(3)：159-163.

[7] 王大猷.沙利度胺的50年［J］.中国处方药，2012，10(2)：23-25.

[8] 寿松涛，墨文.高血压孕妇应知道药物对胎儿的损伤［J］.开卷有益（求医问药），2008（12）：7.

[9] 朱兰.沙利度胺的故事［J］.中国食品药品监管，2019(9)：110-113.

[10] Druin Burch.药物简史［M］.梁余音，译.北京：中信出版社，2019.

典型案例 五

教学内容:卤代烃—格氏试剂的发现与应用。
思政资源:格氏试剂的发现。

弗朗索瓦·奥古斯特·维克多·格林尼亚

弗朗索瓦·奥古斯特·维克多·格林尼亚(Francois Auguste Victor Grignard),法国化学家,因发明格氏试剂而荣获1912年诺贝尔化学奖。

格林尼亚,1871年5月6日诞生于法国瑟堡,高中时期便对数学情有独钟,曾立志成为一名数学老师。然而,在1894年12月,经好友路易斯·鲁塞(Louis Rousset)的劝说,他改变初衷,加入里昂大学,并成为布渥(Louis Bouveault)化学实验室的一名初级实验室助理。

1898年,27岁的格林尼亚顺利获得硕士学位,并同年晋升为"金属有机化学之父"菲利普·巴比耶(Philippe Barbier)的高级指导员。1887年,扎伊采夫的学生发现了雷福尔马茨基(Sergei Nikolayevich Reformatsky)反应,这是一种醛或酮与α—卤代酸酯和锌之间的反应。此类含锌中间体是那个时代为数不多的金属原子与碳原子直接相连的金属有机化合物。尽管这一发现在当时被视为重大突破,但由于实验条件限制,其反应结果并不稳定,且重现性较差。在扎伊采夫之后,虽有德国化学家尝试用镁替代锌,但效果仍不理想,反应结果依旧不稳定,效率低,且大部分有机镁中间体不溶于惰性溶剂。巴比耶曾试图在混合有机物前不加入金属镁,以解决反应稳定性和有机镁试剂溶解度的问题,但未能取得满意成果。1899 年,他将相关研究整理成论文发表,并将此课题交予格林尼亚继续探索。

格林尼亚首先重复了巴比耶的实验,使用碘甲烷、镁、甲基庚烯酮来制备对应的醇,但遇到了与老师相同的问题。经过大量文献查阅和实验尝试,他首先制备了二甲基镁,然而这种中间体仍然难以溶于常见惰性溶剂,且反应活性过高,甚至在空气中就能自燃。后来,格林尼亚受到 19 世纪化学家弗兰克兰和詹姆斯·翁克林(James Uonklin)的启发,他们在无水乙醚存在下加热有机化合物与锌的混合物来制备有机锌化合物。借鉴这一方法,格林尼亚将卤代烷和金属镁共同放入乙醚溶液中。他观察到,溶液先变浑浊,随后开始沸腾,最终金属镁完全溶解,形成了一种新的溶液。实验证实,这是烷基卤化镁的溶液,不仅解决了有机镁试剂遇空气自燃的问题,还省去了分离有机镁试剂的步骤,使反应能在溶液中连续进行。1900 年 5 月 14 日,格林尼亚在巴黎科学院会议上公布了这一重大发现。这一成果后来被人们命名为格氏试剂与格氏反应,成为 20 世纪初有机化学的重大发现之一,也是目前最有用、最多能的有机合成中间体之一。格氏试剂作为有机合成领域的重要试剂,极大地推动了有机化学的发展。

1901 年,30 岁的格林尼亚凭借格氏试剂反应的研究获得了博士学位。但他并未止步,而是继续深入研究,致力于拓展格氏试剂的应用领域。同时,他积极撰写论文,在短短 5 年内发表了 200 余篇有机化学领域的高质量论文。1906 年,他主编了经典书籍《有机化学大全》。鉴于格氏试剂的发明对有机化学发展的深远影响,1912 年瑞典皇家科学院授予格林尼亚诺贝尔化学奖。在随后的岁月里,他屡获科学界殊荣,并出版了《有机化学总论》一书。1926 年,格林尼亚当选为法国科学院院士。1935 年,格林尼亚在里昂逝世,享年 64 岁。

思政资源与专业知识的深度融合: 卤代烃在有机化学中占据着举足轻重的地位。特别是卤代烃与金属镁反应所生成的格氏试剂,其性质极为活泼,能触发偶联、加成、取代等多种反应,因而在有机合成领域具有显著的应用价值,被视为有机化学中至关重要的合成试剂。在这一重要试剂的发现与应用过程中,格林尼亚先生作出了不可磨灭的贡献。在讲授卤代烃的化学反应时,我们以化学家格林尼亚的励志故事及其重大科研成果作为引人入胜的切入点,将这一典型案例与教学内容紧密结合,旨在点燃学生的学习热情,激发他们的学习动力。通过这样的教学方式,我们期望学生在掌握专业知识的同时,能从科学家追求真理的历程中汲取灵感,深刻理解科学研究没有捷径可走,唯有通过不懈地勤奋学习和深入的钻研,方能取得真正的成就。

思政元素:勤学奋斗、刻苦钻研。

案例剖析:习近平总书记曾深刻指出:"为学之要贵在勤奋、贵在钻研、贵在有恒。"他多次引用王国维的"治学三境界"来激励党员干部坚持不懈地学习,强调理论学习应怀有"望尽天涯路"的高远志向,要能够忍受"昨夜西风凋碧树"的孤寂和"独上高楼"的冷清,静下心来深入研读;同时,也要付出实实在在的努力,进行深入的钻研,即使过程中"衣带渐宽"也"终不悔",哪怕"人憔悴"也心甘情愿。在介绍卤代烃的化学性质时,我们引入了格林尼亚成功合成格氏试剂的典型案例。让学生了解到,在前期探索并不顺利的情况下,格林尼亚并未选择放弃。他积极查阅相关文献,不断创新研究思路,并通过设计各种实验来验证自己的猜想。他在有机镁试剂领域坚持不懈地努力,最终取得了丰硕的成果。他创造性地将有机锌化合物的合成方法应用于有机镁试剂的合成,从而发现了现在广泛应用于有机合成领域的"格氏试剂"。通过这一案例,我们鼓励学生要刻苦学习,坚信只要付出努力和坚持,就一定会获得回报。同时,也帮助学生树立起刻苦钻研、勤学奋斗、坚持不懈的科学精神。

参考资料:

[1] 李楚玉,王泽华,方志强等.卤代烃教学中课程思政的探索与实践[J].大学化学,2021,36(3):206-210.

[2] 郭玲香,杨洪,赵红等.有机化学课程思政的教学设计与探索[J].华工高等教育,2021,38(4):65-67+151.

[3] 赵小红,李金芳,万茂生.有机化学课程思政探索与实践[J].大学教育,2021(10):121-124.

[4] 焦雷.有机镁化合物应用的开创者——著名有机化学家维克多·格林尼亚[J].大学化学,2004,19(5):57-60.

典型案例 六

教学内容：醇、酚、醚。
思政资源：百年"神药"阿司匹林。

公元前 1534 年，古埃及医学文献《埃伯斯纸草文稿》记载了柳树具有消炎镇痛的功效。我国古代著名药学家李时珍在《本草纲目》中也有柳树叶具有消炎功效的文字记载。

公元 1758 年，英国的爱德华·斯通(Edward Stone)尝试使用柳树皮来治疗疟疾引发的发热、肌痛和头痛症状。五年后，伦敦皇家学会的出版物《自然科学会报》发表了爱德华·斯通的文章《关于柳树皮成功治疗疟疾的记述》。

1828 年，意大利化学家约翰·毕希纳(Johann Buchner)从柳树皮中提取出了一种相对纯净的黄色物质，它具有退烧和镇静的作用。科学家们推测，这可能就是柳树皮中的活性物质，于是将其命名为"水杨苷"。

1838 年，意大利化学家拉斐尔·皮利亚(Raffaele Piria)成功地将水杨苷水解为葡萄糖和水杨醇，随后又将水杨醇氧化成为羧酸，并将其命名为"水杨酸"。自此，"水杨酸"被广泛用于退烧和止痛，这标志着阿司匹林发明的起点。

1852 年，法国化学家查理斯·戈哈特(Charles Gerhart)首次揭示了水杨酸的分子结构，并首次通过化学方法合成了水杨酸。然而，由于合成的化合物不纯且稳定性较差，这一发现最终未能引起广泛关注。

当时，德国化学家费利克斯·霍夫曼(Felix Hoffmann)的父亲患有严重的风湿性关节炎，需要长期服用水杨酸以控制病情，但同时也饱受该药物对胃肠道的刺激之苦。为此，霍夫曼下定决心为父亲研发一种效果稳定且副作用较小的止痛药物。

阿司匹林分子结构

霍夫曼在翻阅了大量化学文献后,产生了一个大胆的想法:由于水杨酸酸性较强,对胃黏膜有刺激性,那么,通过对其化学结构进行修饰以降低水杨酸的酸性,所获得的类似药物可能仍具有相似的药用功效。在这一思路的指导下,霍夫曼于1899年成功合成了水杨酸的一种替代品——乙酰水杨酸,即我们现在所熟知的阿司匹林(Aspirin)。

1899年3月6日,阿司匹林成功通过了发明专利的申请,同年,其临床试验也取得了成功。拜耳公司以"阿司匹林"(Aspirin)的名字对此药进行了注册,阿司匹林自此正式问世,并逐渐成为世界上应用最广泛的解热、镇痛和抗炎药。

除了具有解热镇痛消炎等药效外,1971年,英国药理学家约翰·文(John Vane)发现阿司匹林还具有抗血小板过度凝集的作用。因此,他在1982年获得了诺贝尔生理学或医学奖。1988年,一项涉及美国2万多名男性医师的研究表明,阿司匹林可以降低首次心肌梗死的发生率达44%,这为阿司匹林在预防冠心病、脑梗死方面的应用揭开了新的篇章。

作为世界三大经典药物之一,阿司匹林至今已有100多年的辉煌历史,且仍然是风靡全球的常备药物。纵观阿司匹林的发现史,我们会发现科学的发展总是一脉相承的。任何一种经典药品的成功发现,都是在无数前人的研究基础上,通过改良和创新而形成的。这是一个持续的动态过程,需要我们悉心观察、勤于思考、认真探索以及大胆创新。阿司匹林的成功制备,正是众多科学家在几十年间去粗取精、不懈努力的结果。

思政资源与专业知识的融合:本章要求学生重点掌握的内容是醇、酚、醚的化学性质,其中的难点在于理解醇羟基、酚羟基的化学反应。通过融入"阿司匹林的传奇经历"这一思政元素,我们以学生为主体,教师为主导,进一步调动学生的求知欲望。接着,通过讲解阿司匹林的合成路径,引出醇、酚、醚的学习内容,使得学生在学习相关知识的同时,能感受到有机化学的实际应用价值,从而激发他们对有机化学的学习热情。

思政元素:积极探索、勇于创新。

案例剖析:2013 年 10 月 21 日,习近平总书记在欧美同学会成立 100 周年庆祝大会上明确指出:"创新是民族进步的灵魂,是一个国家兴旺发达的不竭动力,也是中华民族最深沉的民族禀赋。在激烈的国际竞争中,唯创新者进,唯创新者强,唯创新者胜。"在 2023 年 2 月 7 日的新进中央委员会委员、候补委员和省部级主要领导干部学习贯彻习近平新时代中国特色社会主义思想和党的二十大精神研讨班的开年第一课上,习近平总书记又多次强调"探索"和"创新"的重要性。创新是推动民族进步的灵魂,也是国家文明发展的不竭动力。将科学的探索和创新精神深植于学生心中,是科技创新教育的核心目标。

从水杨酸的提取到阿司匹林的合成,人类成功地将一个天然产物转化为一种强大且安全的药物。在学习醇、酚、醚的过程中,通过引入"百年神药"阿司匹林这一案例,可以让学生深刻理解到阿司匹林的发明和发展是几代科学家持续努力的结果。这背后的每一项成果都源于科学家们细致的科研思维、勤奋踏实的工作作风以及积极探索、勇于创新的科研精神。科尔贝在水杨酸合成过程中的独到而深刻的思考,能够激发学生的创新意识,并使他们深切体会到坚持不懈探索的价值以及勇于创新的力量,从而更加深刻地感受到化学的魅力。

参考资料:

[1] 毛华茂. 阿司匹林漫谈 [J]. 化学教学,2006(2):28-30.

[2] 蒲琳. 阿司匹林为什么是医药界的"神药"? [J]. 新民周刊,2023(8):44-45.

[3] 海霞. 漫谈人类医药史上的老朋友——阿司匹林 [J]. 时代教育,2015(12):220.

典型案例 七

教学内容:醇的化学性质。

思政资源:从炸药到医药——反常孕育创新。

三硝酸甘油酯,俗称硝化甘油,是一种黄色的油状透明液体。这种物质在受到震动时可能会发生爆炸,因此常被用作炸药。然而,在医药领域,硝化甘油被稀释后可制成0.3%的硝化甘油含片或气雾剂,这种制剂在治疗心绞痛方面具有重要价值,被视为一种救命药物。

硝化甘油的发现历程颇具传奇色彩。1847年,意大利化学家阿斯卡尼奥·索布雷洛成功合成出硝化甘油。然而,由于其强烈的爆炸性和不稳定性,使得它在贮存、运输和使用过程中都存在极大的安全隐患,因此未能在生产上得到广泛应用。同时,索布雷洛还注意到该物质能引发剧烈头痛,且难以治愈。

索布雷洛的研究引起了美国费城哈内曼医科大学赫里克教授的兴趣。经过反复试验,赫里克发现硝化甘油具有显著的血管扩张作用,因此考虑将其用于治疗心绞痛。心绞痛是由于冠状动脉狭窄导致心脏供血不足所引发的疾病。1853年,赫里克尝试将硝化甘油与酒精和砂糖混合后通过舌下含服的方式治疗心绞痛。然而,试验结果并不稳定,有时有效,有时无效,因此硝化甘油作为治疗心绞痛的药物并未得到广泛认可。

与此同时,瑞典发明家阿尔弗雷德·诺贝尔为解决硝化甘油作为炸药的安全应用问题进行了不懈努力。经过多次尝试,诺贝尔成功地在硝化甘油的基础上发明了安全炸药,并于1865年在瑞典斯德哥尔摩建立了世界上第一座硝化甘油炸药工厂。

在诺贝尔的炸药生产车间中,工人们发现了一个奇怪的现象:每当他们度完周末返回工厂时,总会感到脸上发烫并伴有严重头痛。然而,如果他们穿着工作服回家休息,那么周一返回工厂时的头痛症状就会明显减轻。这个现象被称为"周一病",并引起了药理学家的关注。德国医生赫林综合了索布雷洛的研究和

"周一病"现象后认为硝化甘油与这一症状密切相关。调查结果显示硝化甘油能够扩张血管,极小剂量的高纯度硝化甘油放在舌头上就会导致严重头痛且持续数小时。工人们在充满硝化甘油的环境中工作导致血管扩张从而引发头痛、脸发烫等"周一病"的症状。当工人们离开工作环境度周末时症状消失,而返回工作环境时症状又重新出现。

1878年英国医生威廉·梅瑞尔发现低剂量的硝化甘油可以极大地缓解心绞痛且疗效稳定。1879年梅瑞尔在 Lancet 杂志上发表了他的研究成果标志着硝化甘油的首次临床应用。有趣的是在1896年12月患有心绞痛的诺贝尔在去世前曾留言给他的同事说:"医生给我开的药竟是硝化甘油这难道不是对我一生巨大的讽刺吗?"在诺贝尔逝世百年之后硝化甘油开始从兵工厂走进制药厂并逐渐为医药界所接受。

硝化甘油缓解心绞痛的作用机制得益于穆拉德、佛契哥特和伊格纳罗三位药理学家的杰出研究。他们发现硝化甘油及其他有机硝化脂类能够通过分解释放一氧化氮气体来舒张血管平滑肌进而扩张血管。凭借这一发现穆拉德、佛契哥特和伊格纳罗荣获了1998年诺贝尔生理学或医学奖。至今硝化甘油仍被广泛用于治疗冠心病急性发作时的有效药物。

思政资源与专业知识的融合:"醇、酚、醚"一章是《有机化学》的核心内容。在讲解这一章节时,关键在于帮助学生深入理解醇与各类化合物之间的反应机理,并全面掌握生成物的特性。为了激发学生的学习兴趣,我们在教授醇与含氧无机酸的反应时,巧妙地引入了硝化甘油的故事。

想象一下,当学生们听到威力巨大的炸药竟能转化为治病救人的良药时,他们的好奇心和求知欲瞬间被点燃。学生们纷纷提出疑问:"为何炸药能用于医疗救治?"在这种强烈的探索欲望驱动下,学生们全神贯注地投入学习中,注意力显著提升。

接下来,我们从硝化甘油的疗效自然过渡到其化学结构的讲解。通过这一过渡,学生们能够更直观地理解醇与各类含氧无机酸的化学反应,以及生成物的结构特点和实际应用。这种教学方式不仅让学生们对所学知识印象深刻,更有助于他们牢固掌握相关知识点。

此外,通过分享科学家们发现硝化甘油能治疗心绞痛的过程,我们鼓励学生在日常学习和科研中注重细节,培养精准思考的习惯。这个故事传递出一个深刻的道理:只有敢于探索反常现象背后的原因,勇于尝试新鲜事物,才能在科学研究的道路上走得更远。

思政元素：天下大事，必作于细。

案例剖析：习近平总书记强调："要从细节处着手，养成习惯。如果对工作、对事业仅仅满足于一般化、过得去，大呼隆抓，眉毛胡子一把抓，那么问题就会被掩盖。"任何一项重大决策部署都需要一步步推进，在进程中任何一个细节的失误，都有可能导致前功尽弃。正所谓"世间事，作于细，成于严"，在落实各项工作中，我们要认真抓好关键环节和重要细节，确保细致入微。

在讲授醇与无机含氧酸的化学反应时，我们借助硝化甘油从炸药到医药应用的故事，让学生了解科学家们在发现硝化甘油能治疗心绞痛的过程中，如何从"周一病"的发作时间节点以及实验过程中品尝产品带来的细微感受中，发现了背后蕴藏的创新机遇，并由此推动了科学的进步。此案例向学生阐明了注重细节的重要性，有助于学生树立勇于创新、敢于尝试的意识。同时，通过讲述硝化甘油从兵工厂走进制药厂的历程，帮助学生认识到化学对人类社会进步的重要作用，进而增强学生的专业认同感。

参考资料：

[1] 吴祺. 诺贝尔与硝化甘油 [J]. 中学化学教学参考，1982 (5)：22-24.

[2] 汪继来. "火药大王"——诺贝尔 [J]. 安徽消防，1998 (4)：36.

[3] 吴祺. 硝化甘油与抗心绞痛 [J]. 化学教学，2000 (9)：13-14.

[4] 郑炜平，李峰，江芸. 百年沧桑话硝甘——浅析硝酸甘油的历史变迁 [J]. 创伤与急诊电子杂志，2013，1(4)：52.

[5] 李骥成，张维芬，张剑，等. 浅析实证主义在医学发展中的主导作用——以硝酸甘油为例 [J]. 青岛医药卫生，2023，55(1)：78-80.

[6] 周祺，沈伟义. 他们解开了硝化甘油治疗心绞痛之谜 [J]. 世界科学，1998 (11)：7.

典型案例　八

教学内容：醛、酮羰基的还原。
思政资源：有机化学人名反应——Wolff-Kishner-黄鸣龙反应

黄鸣龙

　　1911年，俄国化学家吉尔聂尔（Nikolai Matveevich Kishner）发现，在真空环境下，醛、酮的腙与氢氧化钾及金属铂一起加热，会分解放出氮气，生成相应的烃类。然而，该反应需使用贵金属铂，且需通过干馏才能得到烃，因此难以作为常规方法普及。

　　1912年，美国化学家沃尔夫（Ludwig Wolf）发现，在无水条件下，将缩氨基脲、腙或醛、酮与无水肼、乙醇、金属钠一同置于封管中，并在200 ℃下长时间加热，可制备烃。但该方法需使用金属钠及难以制备的有毒试剂无水肼，且反应条件苛刻、安全性差。后来，人们将以上两种反应方法统称为Wolff-Kishner还原法。自1935年以来，虽有多人对Wolff-Kishner还原方法进行了改良，但效果均不理想。

　　1946年，黄鸣龙在哈佛大学费塞（Louise Fieser）教授的实验室对Wolff-Kishner还原反应进行了改良：他将醛或酮、金属钠、无水肼及过量的三甘醇回流100小时，反应容器与冷凝器以软木塞相连。某次实验中，黄鸣龙因事外出，便请法瓦兹(George Fawaz)博士帮忙照看。黄鸣龙回来时,发现反应溶液已浓缩成漆黑一团。他并未放弃,而是认真处理,意外发现反应产率异常高。黄鸣龙随后将软木塞替换为磨口玻璃仪器作为反应装置,并立即重复实验,但产率却降至48%。经过仔细分析,黄鸣龙推测第一次实验的成功可能源于塞子的松动,这使得反应生成的水和过量肼被蒸出,同时蒸馏时的温度已达到腙的分解温度。

通过不断调整反应条件,并经过多次尝试和摸索,黄鸣龙终于对Wolff-Kishner反应做出了重大改进:他使用醛或酮、易得的水合肼、氢氧化钾(或氢氧化钠)于三甘醇或二甘醇等高沸点溶剂中加热回流,将羰基化合物转化成腙(约1小时),然后加热除去反应生成的水及过量的原料水合肼。最后,将温度升至180℃~200℃,回流2~3小时使腙分解,从而完成了由醛、酮羰基到烃的还原。这一改进显著缩短了反应时间,从原来的3~4天减少至2~3个小时,而且无须使用昂贵的无水肼和活泼金属钠,可在常压条件下进行。产率也从40%提高到了90%。这一成果在化学领域产生了深远而广泛的影响,大幅降低了化工、有机合成、医药等领域涉及Wolff-Kishner还原应用的成本。

1963年,第58卷《化学文摘》(Chemical Abstract,CA)首次出现了检索词"黄鸣龙还原法"(Huang Minlon Reduction)。同时,该还原法也陆续被载入世界各国有机化学教科书中。黄鸣龙还原法成为首个以中国科学家命名的有机化学反应。

在有机化学的发展历程中,已有成千上万的化学反应被发现。其中,许多重要的化学反应都以人名命名,以纪念首次发现或对该反应做出深入研究并取得突出成就的科学家。迄今为止,已有上千个化学反应被冠以科学家的名字,但以中国科学家命名的反应却并不多见。广为人知的有陆熙炎[3+2]环化、史一安不对称环氧化、Roskamp-冯小明反应和张绪穆烯炔环异构化等。这些科学家的名字在国际科学界占有一席之地,而这些以中国人命名的有机化学反应也在世界各国的教科书中展现了中国学者的智慧。

1952年10月,黄鸣龙终于回到了他日思夜想的祖国。回国后,他将全部精力投入到了祖国的科学和教育事业中。作为我国甾体激素药物工业的奠基人,黄鸣龙利用成本低廉且易得的薯蓣皂素为原料,成功合成了"可的松"等甾体激素药物,填补了国内甾体工业的空白。此外,他还牵头研制了口服避孕药"甲地孕酮",这是中国自主研制的第一种口服避孕药。黄鸣龙先生不仅在治学方面有着卓越的成就,同时也在育人方面有着独到的方法,为祖国培养了一批甾体化学的专业人才。

思政资源与专业知识的融合：醛、酮作为有机化学的核心章节，其羰基的还原特性尤为重要。特别值得一提的是，在碱性条件下还原羰基的 Wolff-Kishner-黄鸣龙反应，这是首次以中国科学家名字命名的有机化学反应。在讲授此反应时，我们穿插介绍了黄先生的生平和为祖国科研及教育事业所做的卓越贡献。通过主题讨论，学生们深入了解了黄鸣龙先生的成就。将课堂教学与科学家精彩且励志的故事相结合，不仅为教学内容增添了趣味性，还极大地提升了学生的学习积极性。同时，这种教学方式也降低了本章内容的学习难度，有助于学生更好地理解和掌握知识点。黄鸣龙先生在科研和教育方面的奉献精神，更在无形中激励着学生，培养他们的科研探索精神，以及对国家的深情厚谊和责任担当。

思政元素：家国情怀。

案例剖析：自党的十八大以来，爱国主义教育受到了以习近平同志为核心的党中央的高度重视。这不仅是对民族精神的固本培元，也是对国民心灵的凝心铸魂。习近平总书记在南开大学考察时强调，爱国主义是中华民族的民族心、民族魂，培养社会主义建设者和接班人，首先要培养学生的爱国情怀。《新时代爱国主义教育实施纲要》也明确指出，要把青少年作为爱国教育的重中之重，将爱国主义精神贯穿于学校教育全过程。

对于新时代的中国青年而言，热爱祖国不仅是立身之本、成才之基，更是立德之源、立功之本。习近平总书记曾深刻指出，科技人员的首要品质就是强烈的爱国情怀。因此，将科技成果应用于国家现代化建设，将个人理想与民族复兴紧密相连，是每一位科技工作者的使命与责任。

大学生作为接受高等教育的优秀青年群体，是祖国未来的希望，他们的爱国情怀直接关系到国家的兴衰。因此，加强大学生的爱国主义教育至关重要。近年来，中国科学家精神主题展等活动的举办，正是为了弘扬科学家们的爱国精神、求实精神与创新精神，以此激励广大学子。

在讲授 Wolff-Kishner-黄鸣龙反应时，我们特意将黄先生的故事融入其中。通过讲述他的先进事迹和实践成就，不仅活跃了课堂气氛、提升了学生的学习兴趣，还让学生在学习专业知识的同时，深刻感受到了科学家们胸怀祖国、服务人民的崇高精神。这种教学方式既启智又润心，为培养学生的爱国情怀和科研精神奠定了坚实基础。

参考资料：

[1] 韩广甸，金善炜，吴毓林. 黄鸣龙——我国有机化学的一位先驱[J]. 化学进展，2012，24(7)：1229-1235.

[2] 周维善，徐锦文. 缅怀著名的有机化学家黄鸣龙教授[J]. 化学通报，1980(1)：54-63.

[3] 韩广甸，马兆扬. 黄鸣龙还原法[J]. 有机化学，2009，27(7)：1001-1017.

[4] FIESER L F, FIESER M. Topics in organic chemistry[M]. New York：Reinhold Pub. Corp.，1963.

典型案例 九

教学内容：糖类。

思政资源：季羡林与《糖史》。

季羡林在哥廷根大学留学时，发现"糖"这个字在西欧各国的语言中都是外来语，且都源自梵文的"sarkara"。例如，英文中的"sugar"，德文中的"zucker"，法文中的"sucre"，以及俄文中的"caxap"。这一现象从侧面反映出，糖在欧洲原本是不存在的，而印度则有糖的存在。实物与其名称的共同传播，给季羡林留下了深刻的印象，引发了他对这一文化交流现象的关注，并开始搜集相关资料。

1981年，一个偶然的机会，季羡林获得了法国学者伯希和从敦煌藏经洞取走的一张编号为P3303的残卷，其背面记载了有关印度的制糖技术。在研究过程中，季羡林发现"煞割令"一词难以解释。经过大量文献的查阅，他推断"煞割令"即梵文的"sarkara"。这一关键点的突破，使得其他问题都迎刃而解。季羡林随即解读了其他部分，并撰写了《一张有关印度制糖法传入中国的敦煌残卷》一文。

季羡林坚信"写历史，必须有材料，论从史出"。在当时关于糖的文献并不丰富的情况下，他只能在浩如烟海的书籍中寻找关于"糖"的史料。幸运的是，不久之后，他又撰写了《蔗糖的制造在中国始于何时》的论文。

1982年，季羡林完成了《对〈一张有关印度制糖法传入中国的敦煌残卷〉的一点补充》。1983年，他撰写了题为《古代印度砂糖的制造和使用》的论文。随后，他利用汉译佛典中的资料，进一步充实了我们对古代印度制糖技术的了解。

1987年，季羡林发表了《cīnī问题——中印文化交流的一个例证》和《唐太宗与摩揭陀——唐代印度制糖术传入中国的问题》两篇文章，其中系统、深入、详尽地阐述了中国白砂糖传入印度的过程。

当时，关于糖的专著并不多见，知名的有冯·利普曼的德文版《糖史》、迪艾之的英文版《糖史》以及中国学者李治寰的《中国食糖史稿》。其中，前两部作品相对完整，但英文版本在引用中国资料时存在较多错误，显示出作者对中国及其资料的陌生。因此,季羡林决定将自己之前的文章进行整理,编纂成一部完整的《糖史》。

为了编写《糖史》,季羡林需要搜集大量资料。在1993年初至1994年末的两年时间里,他面对浩如烟海的书籍,练就了快速阅读的能力,甚至能"一目一页"。他自己也不清楚究竟翻阅了多少书籍,估计有几十万页。

经过17年的深入研究,1998年,87岁高龄的季羡林完成了80多万字的巨著《糖史》。该书中的大量引证来源于中国古代的正史、农书、医书、科技书、地理书、游记、方志、类书、笔记、杂著、诗文集以及外国人的游记和著作,几乎囊括了与糖史相关的所有资料。该书以糖为切入点,探讨了糖的传播过程,并揭示了这一过程背后所体现的不同文化间的交流与传播轨迹,堪称一部世界文化交流史。

2009年,季羡林逝世,享年98岁。尽管他已经离世,但他所创作的《糖史》仍然让我们深刻认识到:人类是相互依存、共同进步的。无论是大事还是小事,世界文化都是由世界各国和各民族共同创造的,而非孤立存在。

思政资源与专业知识相融合: 课程导入环节对于激发学生的学习兴趣和求知欲望至关重要。在"糖类化合物"这一章节的教学中,我们采用情景教学法进行课程导入,通过展示学生日常生活中熟悉的含糖类化合物的食品、化妆品和药品等,引导学生对"糖"的起源进行深入思考。此时,引入季羡林先生的《糖史》便显得顺理成章。

讲述季羡林先生从70岁开始,历经17年艰辛撰写《糖史》的感人故事,不仅以事实教育学生文化素养对科学与研究的重要推动作用,更在无形中培养了学生的人文素养。同时,结合《糖史》中关于糖的知识及其传播历程的介绍,以糖的发展史为线索,帮助学生更好地学习、掌握糖的结构、性质以及化学合成的发展与应用。

通过这一教学过程,学生们能够深刻领会到文化交流是推动人类社会发展的主要动力之一,加强文化交流不仅有利于本国的发展,更对世界的进步具有积极意义。

思政元素: 交流互鉴与人类命运共同体意识的培养。

案例剖析: 2013年3月23日,国家主席习近平在莫斯科国际关系学院发表演讲时,首次提出了人类命运共同体的理念。他强调,在全球化背景下,各国相互联系、相互依存的程度空前加深,人类越来越成为你中有我、我中有你的命运共同体。同年9月,习近平主席进一步提出共建"一带一路"倡议,为构建人类命运共同体打造了实践平台。

经过多年的努力,"一带一路"倡议已从愿景变为现实,成为当今世界范围最广、规模最大的国际合作平台。2017年1月18日,习近平总书记在瑞士日内瓦万国宫详细阐释了人类命运共同体理念的提出动因、愿景与实施路径。而在2023年3月15日的中国共产党与世界政党高层对话会上,习近平总书记再次强调要尊重世界文明多样性,加强国际人文交流合作,共同推动人类文明发展进步。

在糖类化合物章节的教学中引入《糖史》的创作实例,不仅让学生看到了这一平常之物背后所隐藏的复杂而又生动的文化交流历史,更让学生深刻认识到"文化交流是促进人类社会前进的主要动力之一"。通过这一教学案例,我们成功地培养了学生的交流互鉴意识和人类命运共同体意识,使他们更加重视不同地域和种族之间的文化交流,更加坚信这是人类文明发展的规律和大势所趋。

参考资料:

[1] 季羡林.《糖史》自序 [J]. 社会科学战线,1995(4):253-256.

[2] 梁志刚. 我的老师季羡林 [M]. 北京:团结出版社,2017.

[3] 蔡德贵. 学界泰斗季羡林大师的传奇人生(二)[J]. 公关世界,2008(5):37-38.

[4] 梁志刚. 季羡林:大师顽皮少年时 [J]. 同舟共进,2022(4):14-18.

[5] 季羡林. 我的学术人生 [M]. 北京:作家出版社,2020.

[6] 魏甡生. 勤奋的季羡林 [J]. 知识就是力量,2009(9):48-51.

[7] 黄宝生. 季羡林先生的治学精神 [J],国外文学. 2009(4):3-5.

[8] 周峰岩,赵玉亮,张文志,等. 有机化学糖类化合物教学的思政案例设计与实践 [J]. 大学化学,2021,36(3):1-9.

[9] 葛维钧. 穷搜百代 不世之功——读季羡林先生新著蔗糖史 [J]. 南亚研究,1998(1):89-91.

典型案例 十

教学内容：氨基酸、多肽、蛋白质。
思政资源：三聚氰胺事件——蛋白质含量测定。

2008年6月28日，甘肃兰州解放军第一医院的泌尿外科主任张伟治疗了一位仅十个月大的肾结石患者。他发现短短数月内接诊的多名婴儿都呈现了相同的肾脏中毒症状，而这些婴儿都食用了三鹿奶粉。张伟紧急向医院汇报此事，引起了医院的高度重视。

2008年9月8日晚，张伟给《南方周末》写了一封信，标题为《想找一名对结石宝宝事件感兴趣的记者》，揭露了三鹿奶粉导致婴幼儿患上肾结石的事实。9月9日，《兰州晨报》发表报道《14名婴儿同患"肾结石"》。中国人民解放军第一医院泌尿科已收治了14名患有相同疾病且均不满周岁的婴儿，他们都长期食用了同一品牌的奶粉。报道一经刊出，全国哗然。

2008年9月11日，新华社首次披露了三鹿奶粉含有三聚氰胺的消息。当晚，三鹿集团发布了产品召回声明。2008年9月13日，中国国务院启动了国家安全事故 I 级响应机制以应对"三鹿奶粉污染"事件。

那么，三鹿集团为何要在婴幼儿奶粉中添加三聚氰胺呢？三聚氰胺，学名三氨三嗪，分子式为 $C_3H_6N_6$，是一种三嗪类含氮杂环化合物，严禁用于食品加工或作为食品添加物。2017年10月，世界卫生组织国际癌症研究机构公布的致癌物清单中，三聚氰胺被列为2B类致癌物。

乳及乳制品的主要成分是蛋白质，且蛋白质含量是衡量乳及乳制品质量的关键指标。乳制品中蛋白质含量的测定方法有多种，我国最常用的方法是凯氏定氮法：将食品与硫酸及催化剂共同加热消化，使蛋白质分解，生成的氨与硫酸结合形成硫酸铵。然后，通过碱化蒸馏释放氨，用硼酸吸收后再用硫酸或盐酸标准溶液进行滴定。根据酸的消耗量乘以换算系数，即可得出蛋白质含量。但此方法并不直接检测蛋白质含量，而是通过测定总含氮量来推算蛋白质含量。因此，凯氏定氮法的局限性在于它无法区分氮元素是来源于蛋白质还是乳制品中的其他含氮物质。一些不法商贩利用国内乳制品中蛋白含量测定方法的这一漏洞,向奶粉中添加低成本、高含氮量的物质,以提升乳制品中蛋白质的测量值。三聚氰胺的含氮量高达66.63%,无味且难以被察觉,因此成为提高蛋白质含量测量值的理想掺假物质。

然而,这种通过添加三聚氰胺来提升蛋白含量测量值的有毒奶粉对婴幼儿的健康造成了严重损害,极易导致婴幼儿患上肾结石。据文献报道,长期摄入三聚氰胺可能会损害生殖能力,导致膀胱或肾结石以及膀胱癌等疾病。

值得注意的是,三聚氰胺本身的毒性并不高,其进入人体后完全水解的产物三聚氰酸的毒性也不高。但是,在水解过程中,三聚氰胺与三聚氰酸可以通过大量氢键的匹配形成一种稳定的层状超分子复合物,并从体液中沉淀下来。这种复合物的毒性相对较高,被认为是三聚氰胺引发肾结石的主要原因。

三聚氰胺事件曝光后,国家标准化管理委员会迅速启动了标准制定程序。在《乳与乳制品中非蛋白氮含量的测定》《植物源产品中三聚氰胺的测定》等现有国家标准的基础上,并参考了美国FDA和美国食品化学品法典中的三聚氰胺检测方法,制定了《原料乳与乳制品中三聚氰胺检测方法》的国家标准。该标准规定了利用色谱技术检测原料乳、乳制品及含乳制品中三聚氰胺的方法及其检测定量限。目前,已经实现了无接触、无破坏的同时监测乳制品中的蛋白质含量和三聚氰胺浓度。

思政资源与专业知识的融合:思政资源与专业知识的完美融合,可以在课前播放"三聚氰胺毒奶粉"事件造成的患病婴幼儿视频来实现。这不仅能促进学生的直观认知,更能通过这一食品安全的热点案例,提升学生对即将学习的内容的兴趣。接着,以问题为导向,自然地引入课程教学内容:蛋白质是由哪些元素构成的呢?凯氏定氮法测定蛋白质含量的原理是怎样的?为何添加三聚氰胺会"增加"蛋白质含量?从这个令人震惊的案例中,你又能得到哪些深刻的启示?通过将这些社会热点问题与有机化学知识紧密结合,逐步深入地讲解蛋白质的相关内容,从而实现有机化学理论知识与实践的完美结合。

此外,通过详细介绍当前奶制品中蛋白含量以及三聚氰胺的先进检测方法,如高效液相色谱法、气相色谱——质谱法等,让学生及时了解科技发展的最新动态,认识先进的仪器设备,从而拓宽专业视野,进一步激发学生的科研热情。

思政元素:诚实守信;社会责任感。

案例剖析: 习近平总书记在《之江新语》中深刻指出:"人而无信,不知其可;企业无信,则难求发展;社会无信,则人人自危;政府无信,则权威不立。"诚信是中华民族的传统美德,也是社会主义核心价值观的基石。通过回顾2008年震惊全国的"三聚氰胺毒奶粉"事件,我们加强对学生的思政教育,帮助他们牢固树立正确的世界观,以社会主义核心价值观为行动指南,在未来的工作和科研中培养诚实守信的优秀品质。

社会责任感是个体对他人和社会的道德关怀与义务担当。它表现为从自我走向他我,展现出志气、骨气、底气以及大爱、大德、大情怀,承载着"天下兴亡,匹夫有责"的使命感。习近平总书记在纪念"五四"运动100周年大会上强调,新时代中国青年要勇于担当时代责任。对于当代大学生这一群体来说,强烈的责任意识是每个人必备的重要素质,这不仅关系到个人的成长发展,也深刻影响着社会和国家的未来。通过引入社会热点问题,我们旨在使学生在学习专业知识的同时,深刻认识到"三聚氰胺"事件背后不仅是食品安全问题,更暴露出商家过度追求经济利益、严重缺乏社会责任感的深层次问题,从而帮助学生树立起强烈的社会责任感。

从科技角度看,"三聚氰胺"事件的发生也与当时国内检测手段的局限性有关。因此,我们鼓励同学们广泛学习、拓宽视野。同时,通过介绍高效液相色谱法、液相色谱-质谱法、气相色谱-质谱法等新型化学检测方法在奶制品三聚氰胺检测中的应用,帮助学生增强专业认同感,进一步激发他们对化学学习的兴趣。

参考资料:

[1] 曹旺. 乳制品对人体健康的重要作用[J]. 中国乳业, 2021(2): 12-13.

[2] 张岩. 三聚氰胺事件10年后,你放心来杯国产奶吗?[J]. 中国报道, 2018(7): 58-59.

[3] 孔粼, 何庆节. 从三聚氰胺事件看我国食品安全监管[J]. 卫生软科学, 2009, 23(3): 248-250.

[4] 王虎. 浅谈"三聚氰胺"与"蛋白质"[J]. 上海计量测试, 2008, 35(6): 39-42.

典型案例 十一

教学内容：萜类化合物。
思政资源：一株济世草，一颗报国心——萜类化合物的分离提取。

屠呦呦

在 20 世纪 50 年代初至 60 年代初，中国的广大民众深受疟疾的困扰。为了应对这一严峻问题，1967 年 5 月，国家科委和中国人民解放军总后勤部在北京联合召开了"疟疾防治药物研究工作协作会议"（该项目的代号为"523"任务），旨在集中全国之力，推进疟疾防治药物的研究工作。

青蒿素分子结构

1969年,39岁的屠呦呦被任命为中医研究院"523"项目课题组组长。她勇敢地对疟疾发起了冲击,仅在短短三个月内,就带领团队从2000多种古药方中筛选出640种古医籍记载的可能治疗疟疾的草药,并成功提取出380多种物质,进而在小鼠身上进行了抗疟疾测试。

尽管反复进行制剂、提取、注射、解剖和观察,但失败接连不断。然而,屠呦呦坚信中草药中必定存在抗疟的"真金"。在阅读东晋葛洪的《肘后备急方治寒热诸疟方》时,她注意到"青蒿一握,以水二升渍,绞取汁,尽服之"这简短的15个字,从而意识到可能是高温水煎破坏了青蒿中的活性成分。于是,她尝试用冷水浸泡青蒿后榨汁,但发现抗疟原虫效果仅有6%。进而,她改用沸点较低的乙醇,并发现当温度控制在60℃以下时,对鼠疟的效果有所提升,温度过高则无效。

屠呦呦坚信低温处理的方法是正确的。经过上百次实验,终于在青蒿冷浸法的第191次实验中,利用乙醚从青蒿中成功提取出对疟原虫抑制率达到100%的"91号"药物——青蒿素。然而,在对一只猴子进行药物实验后,发现其转氨酶升高。为了验证"91号"药物的安全性,屠呦呦提出了一个惊人的建议——进行人体试服!林福、岳凤仙、章国镇、严述常、潘恒杰、赵爱华、方文贤7位专家主动申请与屠呦呦一同试药。1972年7月,试服成功,两轮实验均未出现任何毒副作用!

2006年1月,世界卫生组织宣布青蒿素类药物是未来全球遏制疟疾的希望。

2011年,屠呦呦荣获拉斯克临床医学研究奖,获奖理由是"发现青蒿素——一种治疗疟疾的药物,拯救了全球特别是发展中国家数百万人的生命"。

2015年,屠呦呦荣获诺贝尔生理学或医学奖。这个奖项凝聚了全世界因青蒿素而解脱痛苦的病人最真挚的感激与祝福,也是世界对屠呦呦及中国科学界的崇高敬意!

如今,屠呦呦团队继续深入探索青蒿素的奥秘。令人振奋的是,他们发现双氢青蒿素对红斑狼疮具有独特疗效。目前,国家市场监督管理总局已批准对"双氢青蒿素治疗红斑狼疮"进行临床验证。屠呦呦不仅为人类贡献了青蒿素,更铸就了一座知识的宝库和生命的丰碑!

思政资源与专业知识的融合:体现在对萜类和甾族化合物相关知识的讲解中。这部分知识属于有机化学课程的精华内容,其中萜类物质广泛存于植物、昆虫及微生物中,它们多数具有显著的生理活性,在有机化学与医学、药学的交汇点上占有举足轻重的地位。在讲授本章时,首先播放关于青蒿素研发者屠呦呦的故事视频,以此创设情境,帮助学生理解青蒿素的研究背景:在疟原虫对当时药物产生广泛抗性的情况下,为了保障中国军民的健康,中国开展了抗疟药物的深入研究。这体现了我国以人民为本的治国理念。接着,引导学生思考"青蒿素的来源是什么？如何有效地提取和分离青蒿素？"这样的问题,不仅让学生感受到古代劳动人民的智慧,还能自然地由青蒿素的低温提取法过渡到其结构特征,从而引出本章的核心内容——萜类化合物的结构、性质、分离方法及其应用领域。通过将诺贝尔奖得主屠呦呦的生平事迹及其对人类的卓越贡献融入教学,使学生深刻认识到有机化学知识对人类健康的巨大贡献,增强学生的专业自信,以及学好专业知识对于国家建设和发展的重要性。

思政元素:献身国家重大战略需求;以人民为中心。

案例剖析:习近平总书记在党的二十大报告中着重指出:"以国家战略需求为导向,集中力量进行原创性和引领性科技攻关,坚决打赢关键核心技术攻坚战。"在讲授萜类化合物时,我们引入"青蒿女神"屠呦呦的感人故事。通过讲述青蒿素如何治愈疟疾、挽救全球数百万人生命的事迹,让学生看到屠呦呦在面对国家重大战略需求时,是如何迅速响应并投身于新型抗疟药物的研发的。这旨在引导同学们,作为未来社会的中坚力量,应积极响应并适应国家的重大战略需求,努力提升自己的专业知识和技能,为国家重大战略服务,全身心投入时代潮流,为解决国家的"急难愁盼"问题贡献自己的力量。

在学习贯彻习近平新时代中国特色社会主义思想主题教育工作会议上,习近平总书记强调:"要教育引导广大党员、干部牢固树立以人民为中心的发展思想,坚持一切为了人民、一切依靠人民,自觉问计于民、问需于民,始终同人民同呼吸、共命运、心连心,通过做大'蛋糕'不断增进民生福祉,着力解决人民群众急难愁盼问题,把惠民生、暖民心、顺民意的工作做到群众心坎上,增强人民群众获得感、幸福感、安全感。"从"我是人民勤务员"到"我将无我,不负人民",这些都充分体现了人民至上的理念。在讲授萜类化合物相关内容时,我们将"青蒿女神"屠呦呦的故事与有机化学知识紧密结合。通过分享这些备受关注的我国科技巅峰案例,展示屠呦呦为了青蒿素的研发所付出的个人牺牲,以及她为了青蒿素能尽快上市而勇敢以身试药、心系患者的精神。这旨在告诫每一位同学要树立对国家、对人民负责的态度,在未来的工作岗位上都要为"以人民为中心"的伟大实践贡献自己的一份力量。

参考资料：

[1] 孙进军. 屠呦呦：一生倾情青蒿素[J]. 党建，2022（2）：67.

[2] 孟淼淼. 屠呦呦：青蒿素，中医药给世界的一份礼物[J]. 新世纪智能，2021（Z0）：93-97.

[3] 中国中医科学院青蒿素研究中心. 蒿草青青报春晖：全国优秀共产党员、共和国勋章获得者屠呦呦[J]. 环球中医药，2021，14(8)：1363-1365.

[4] 王路. 青蒿女神屠呦呦[M]. 郑州：海燕出版社，2019.

[5] 曾竟，李小娟，储向龙，等. 有机化学萜类化合物青蒿素的课程思政教学案例研究[J]. 新疆师范大学学报（自然科学版），2022，41(2)：90-96.

第三章 《分析化学》部分

课程性质：专业基础课。

课程简介：分析化学是化学学科的重要分支，是发展和应用各种方法、仪器和策略以获得有关物质在空间和时间方面组成和性质信息的一门科学。分析化学广泛应用于化学化工、生命科学、材料科学、医药科学、环境科学、食品科学、能源科学等领域。通过分析化学课程的学习，学生不仅可以掌握酸碱滴定、配位滴定、氧化还原滴定、沉淀滴定、重量分析等化学分析方法的基本原理及应用，还能了解光化学分析、电化学分析、色谱分析法等仪器分析方法的基本原理、仪器结构及其应用。学生可以掌握分析化学中误差处理的基本方法，了解分析化学中样品采集及处理方法，而且可以把理论知识同实践紧密结合起来，初步具备分析与检测并进行结果评价的能力。同时，培养严肃认真、实事求是的科学态度和精密细致地进行科学实验的技能技巧，为将来从事各项专业工作和科学研究工作打下良好的基础。

分析化学课程中蕴含丰富的思政元素，通过思政元素的挖掘，在课堂教学中融入爱国主义教育、职业道德教育、环境保护理念、哲学辩证思想、化学史等，使分析化学与思想政治教育同向同行，形成协同效应，有效引导学生树立科学正确的世界观、人生观、价值观，从而实现"立德树人"的人才培养目标。

典型案例 一

教学内容：分析化学发展史。

思政资源：中国科学家对分析化学发展的贡献。

分析化学拥有悠久的历史,它在科学史上曾是化学研究的先锋,对于化学元素的发现、相对原子质量的测定、定比定律和倍比定律等化学基础法则的确立,以及矿产资源的勘探利用等方面,都有着举足轻重的贡献。分析化学在 20 世纪初正式成为一门独立的学科,被称为经典分析化学。自 20 世纪以来,经典分析化学在不断完善的同时,仪器分析技术也取得了迅猛发展,在分析化学领域中占据了重要地位。随着计算科学、生命科学、医学、药学、环境科学、能源科学、材料科学以及安全卫生、资源综合利用等多个领域的发展需求,分析化学的重要性日益凸显。这些进步与成就,都离不开全球分析化学工作者的辛勤付出,其中也包括我国一些杰出的分析化学家。

丁绪贤

丁绪贤(1885～1978)是著名的分析化学家、化学教育家和化学史学家,他是中国半微量分析化学研究和世界化学通史研究的开拓者之一。他率先在大学开设这两门课程,并在长期的教学实践中培养了大批化学人才。

早在五四运动时期,丁绪贤就认识到研究自然科学史对于提倡科学和教学改进的重要性。他主要研究世界化学通史,是国内首位系统开展世界化学史研究的学者。1919 年,他在北京高等师范学校《理化杂志》的创刊号上发表了《化学家普力司莱传》一文,旨在宣扬五四运动所倡导的科学和民主理念。同年,他被时任北京大学校长蔡元培聘为化学系教授兼系主任。丁绪贤主张将科学史纳入大学教学内容,并高度评价了科学史在教学中的重要作用。在北京大学,他除了讲授化学课程外,还开设了化学史课程。在繁忙的教学和行政工作之余,他经常利用图书馆资源收集资料,编写化学史讲义。他的代表作《化学史通考》是中国首部具有学术价值的化学史专著。1925 年,在谈及研究化学史的意义时,他写道:"化学史的范围、性质和目的,是将整个化学领域综合起来,进行全面的审视。它旨在梳理上下五千年、纵横九万里的化学思想与观察的成功与失败、影响与趋势,揭示出一种条理、一种沿革、一种因果,使人们可以比较、批评、推测,并激发新的思考。回顾过去,展望未来,化学史的研究意义深远,难道我们能例外吗?"在他的引领下,国内多所高等院校也开始开设化学史课程。《化学史通考》逐渐成为化学界教学与研究以及自学的重要参考资料。

丁绪贤还是中国半微量分析化学的倡导者和改革者之一。过去,中国的科研、教学和生产部门主要采用传统的常量分析方法,这不仅耗时耗力,而且成本高昂,而当时国际上已经开始采用半微量分析新技术。为了使中国的分析化学能够迎头赶上国际先进水平,丁绪贤在国内率先倡导并推广了半微量定性分析方法。为了将这项技术引入中国,1948 年他让在美国留学的次子丁光生自费购买了一套半微量定性分析仪器和有机试剂共计 1 500 件,全部捐赠给了浙江大学化学系。他亲自使用这些仪器和试剂进行半微量定性分析实验,并培训年轻人掌握这项技术。在积累实际经验后,他向全国各地推广了这项技术。他在国内首次提出在硫化物制备定性分析中使用硫代乙酰胺替代硫化氢的建议,从而避免了使用有毒有害的硫化氢气体。他还发表了题为《硫代乙酰胺的制备及其在半微量分析中的应用》的论文。此后,该方法被各地广泛采用,并编入大专院校教材中。这一创新不仅提高了分析效率,还确保了实验安全。

丁绪贤在旧中国度过了漫长的岁月,深切体会到了国家贫弱和外族欺凌的辛酸。他为人正直,不阿谀奉承,具有坚定的民族气节。他一生清贫,不迎合权贵。在新中国成立后,他满怀激情地决心为国家做出更多贡献。自 1949 年起,他一直在浙江大学任教,讲授分析化学课程并致力于科学研究。1954 年,在他七十岁时曾赋诗《响应总理号召》一首:"一年容易又新春,争取同为百岁人。五十知非犹未晚，耋龄还待认前尘。"他还根据南宋词人辛弃疾的《破阵子》原韵填词道："俯首为牛莫笑，昂头跃马皆惊。但为国家天下事，怎管生前身后名？凭它白发生。"这位化学家以高尚的精神和卓越的贡献赢得了人们的敬仰。1978年9月20日，这位93岁高龄的化学家因病离世。在他的遗嘱中，他表达了将自己的遗体捐献给医学界进行研究的意愿，并希望将骨灰撒入钱塘江中。这是他最后一次为科学事业做出的贡献。他一生廉洁奉公，留给后世的宝贵财富是他的事业成就、学术著作以及更为珍贵的高尚精神。

梁树权（1912～2006），分析化学家。1933年毕业于燕京大学，1937年获得德国慕尼黑大学博士学位，1955年被选聘为中国科学院学部委员。他长期从事分析化学和环境保护领域的研究。研究内容包括铁原子量测定、稀土和稀有元素的化学分析与分离、钨和钼的化学分析、微量与痕量化学分析、殷商青铜成分分析、高炉废气中氟元素的测定等，开创了我国环境保护工作的先河。其博士论文《铁原子量修订》中的研究成果被国际原子量委员会采用。

梁树权

在分析化学领域，主要分为化学法与仪器法两种分析方法。梁树权坚信这两种方法是相辅相成、相得益彰的，而非相互排斥或对立。在原子量测定方面，主要有化学法和物理法两种方法。物理法利用质谱仪摄取元素的质谱图，通过图谱线的位置和强度来计算原子量。然而，在20世纪30年代，质谱仪的准确度还不如化学法。化学法是通过与硝酸银反应，测定卤化银的当量点，从而求得元素对银的当量，再通过过量硝酸银使卤化银沉淀，经过滤、称重，利用重量法求得元素与银的重量比。

梁树权精心制备并提纯了所需药品，通过反复测定，最终得出铁原子量为55.850（以氧原子量16.000为基准）。他的这一研究成果在次年被国际原子量委员会采用,并根据这个数值审定了铁原子量。这一数值沿用了多年,验证了梁树权实验结果的准确性和可靠性。值得一提的是,当时他仅仅25岁,就已经成为20世纪30年代取得重大成果的化学家之一。

作为教师,梁树权对学生要求极为严格,不仅在言传上用心教导,更在身教方面树立了榜样。他从文献查阅、课题确定、药品制备、实验操作到数据分析、实验报告撰写等各个环节,都对学生进行系统的训练。他经常去图书馆查阅最新文献,长年累月积累资料。在购置仪器和药品时,他总是精打细算,力求支付与收益的平衡。他教育学生要用最少的费用做出最好的成果,在科研过程中要自制并提纯药品。

梁树权倡导并坚持开展小组学术活动,认真听取每位学生的报告并积极参与讨论。他总是毫无保留地将自己的知识和经验传授给年轻一代。对于研究论文,他常常亲自撰写和反复修改,对学生提交的文稿逐字逐句推敲,甚至不放过不规范的字和错用的标点符号。他对化学名词的准确性有着极高的要求,对所引用的文献逐一查对,对实验结果逐条验算。这种一丝不苟的治学态度为青年人树立了最好的榜样。梁树权与合作者在国内外专业期刊上发表了120余篇论文。即使在晚年视力下降的情况下,他仍然孜孜不倦地工作,坚持每天到实验室指导科研、写作或与学生讨论问题。

思政资源与知识讲解的融合:作为大学教材的绪论,学科发展的历史是其中不可或缺的一部分。在这段历史中,中国化学家的杰出贡献不容忽视。

20世纪初期,中国正处于半殖民地半封建时期,而一些工业化国家,如欧洲诸国,已通过工业革命在科学技术领域遥遥领先。然而,随着新中国的诞生,中国的科学技术研究开始起步并迅速发展。在这一过程中,为满足社会发展的迫切需求,中国的分析化学在原先薄弱的基础上迅速崛起,并逐渐构建起符合国情的学科体系。全国各相关部门、实验室、研究所和高等院校都积极投身于科学研究,推动分析化学在理论方法和新技术、新仪器的研发方面不断创新,取得了举世瞩目的成就。这使得分析化学成为工、农、医、国防、环境等多个学科领域中最广泛应用的化学分支学科。

在中国分析化学的蓬勃发展背后,凝聚了众多中国分析化学家的心血和智慧。除了著名的化学家王琎外,还有丁绪贤、梁树权、陈国珍、高鸿、高晓霞、卢佩章、沈天慧、周同慧、陈耀祖、汪尔康等一大批杰出的科学家。他们怀着深厚的爱国情怀,不计个人得失,以谦虚谨慎、孜孜以求、精益求精的科学态度,为青年一代树立了光辉的榜样。

通过这一部分的阐述,我们希望学生能够深刻认识到中国科学家在分析化学发展中所做出的巨大贡献,领略老一辈科学家的崇高品格和奋斗精神,并理解中国科学事业正是在一代又一代人的不懈努力下不断前行。

思政元素:爱国主义情怀教育;文化自信。

案例剖析:文化自信是指对自身文化传统和价值观念的认同与自豪。文化作为国家和民族的精神支柱,对于个人而言同样具有重要意义。当代大学生肩负着民族文化建设的重任,提升他们的民族文化自信有助于增强其对民族文化的认同感,推动其道德素质和个人修养的提升,并构建积极的民族文化价值观。

作为大学教材的绪论部分,我们将学科发展历史作为核心内容之一,并特别融入了中国分析化学的发展史及杰出化学家的介绍。通过让学生了解我国老一辈科学家坚韧不拔、勇往直前的宝贵品质,我们期望能够培养学生的爱国情怀,增强他们的民族责任感和自豪感,进一步坚定文化自信。

参考资料:

[1] 潘吉星,柯桂华. 化学家、化学史家丁绪贤教授的一生 [J]. 化学通报,1979(6):67-72.

[2] 林信惠,陈艳荣. 梁树权:我国分析化学的先驱 [J]. 化学教育,2017,38(4):78-81.

[3] 梁树权. 分析化学过去、现在和展望 [J]. 分析试验室,1992,12(1):11-15.

典型案例　二

教学内容：t 分布函数。

思政资源：t 分布函数的发现。

在 20 世纪以前，统计学主要处理的是大量的、自然采集的数据，这个漫长的时期内，描述性统计占据着主导地位。描述性统计涉及收集大量数据，并进行简单的运算，例如求和、求平均值、求百分比等，同时用图表或表格来展示这些数据。中国古代就有对钱粮户的统计，而西方国家也多次进行了人口统计。此期间，还出现了一些至今仍常用的统计方法，例如直方图法。但更为重要的是，统计思想取得了重大进展：人们认识到数据来源于服从一定概率分布的总体，统计学的目标就是用这些数据去推断这个分布的未知方面。这一观点强调了推断的重要性，使统计学不再仅仅局限于描述，而是依据拉普拉斯中心极限定理，总是归结到正态分布，这标志着数理统计学的萌芽。由于高斯等人在误差研究方面的贡献，正态分布的性质和重要性受到了广泛重视。1900 年，卡尔·皮尔逊提出了检验拟合优度的 χ^2 统计量，并证明了其极限分布（在原假设成立时）是 χ^2 分布，这一成果是大样本统计的先驱性工作。然而，随着试验数据的有限性，数据与正态拟合不佳的情况逐渐受到关注，因此，依赖近似正态分布的传统方法开始受到质疑。进入 20 世纪后，人们开始研究在小样本情况下的统计方法。正是在这样的背景下，t 分布逐渐崭露头角。在概率论和统计学中，t 分布被用于根据小样本来估计呈正态分布且方差未知的总体的均值。在分析化学的数据处理过程中，针对有限次分析数据的统计处理，t 分布函数经常被使用。而谈及 t 分布的发现，我们不得不提及著名的统计学家、化学家威廉·西利·戈塞特。

戈塞特曾在牛津大学求学，专攻数学和化学。1899 年毕业后，他加入都柏林勒氏啤酒厂，担任啤酒酿造化学技师，从事统计与实验分析工作。他希望能运用自己的专业知识在工作岗位上取得成就。当时，啤酒厂正在进行啤酒试验改革，产生了庞大的数据量，而系统分析这些数据的任务就落在了数学基础扎实的戈塞特身上。为此,他自学了有关误差和最小二乘法的统计知识。然而,在应用统计学时,戈塞特发现研究条件与统计理论的要求存在差异。当时,统计学界的领军人物是戈塞特的老师皮尔逊,他主要研究进化论,所面临的数据量从几十到上千不等。为了确保结论的准确性,样本数量通常是越多越好。但在戈塞特工作的啤酒厂,皮尔逊的方法并不适用。因为影响啤酒质量的主要因素是麦子,而每批可供实验研究的麦子数量有限。在抽取的每批麦子与不同的其他因素及水平下,实验结果存在较大差异。在小样本条件下进行研究,与现有的统计方法基本要求不符。要获得准确的结论,通常需要进行大量的调查研究。但工厂条件仅允许抽取少量样本进行实验,那么这样的分析结果是否可靠呢?这个困惑为戈塞特提供了机会,去探索在小样本量条件下,小样本的均值、标准差以及两者之间的关系,尤其是它们之间的比值。基于这些数据,戈塞特绘制了分布图,并通过观察图表中的特征,凭经验发现这种分布符合皮尔逊分布族中的一种,即 t 分布。

如今,我们可以简洁地描述戈塞特发现 t 分布的工作,但在当时,没有计算机和专门的统计软件的辅助,所有数据都依赖实验获得,可以想象计算量有多大。尽管如此,戈塞特仍通过不懈努力,在长期的实验和数据分析中发现了 t 分布规律,并以"student"的笔名在《生物统计》杂志上发表了这一成果,从而开创了小样本统计理论研究的先河。在随后的 30 年里,戈塞特涉足了许多统计问题,特别是与酿酒相关的农业试验问题。尽管费舍尔的方差分析出现后,统计方法在农业中的应用才取得了较大的进展,但戈塞特无疑是将统计方法引入农业试验的先驱者。

然而,戈塞特在世时一直隐瞒自己就是"student"的身份,展现了他的谦逊品质。据说,不仅部分活跃于英国的统计学者不知道"student"的真实身份,就连在推断统计学初创时期有杰出表现的美国学者哈罗德·霍特林也回忆道:"20 年代末与'student'面谈时,一切准备工作都是在暗中进行,简直就像间谍小说描述的一样。"

思政资源与知识讲解的融合:在数据处理这一部分的学习中,由于涉及大量的公式,尤其是正态分布和 t 分布等更偏向数学的内容,学生往往会觉得枯燥乏味。然而,通过穿插故事讲解,我们可以将学生从枯燥的数字与公式中解脱出来。以 t 分布为例,这一对有限数据进行统计处理的重要理论基础,实际上是由年轻的化学家戈塞特在担任啤酒厂酿酒化学技师时,为解决实际问题而深入思考、不断探索后发现的。这充分展现了年轻人勇于探索和创新的精神。戈塞特在发现这一理论后,并未大肆宣扬,而是以"student"的笔名发表了这一成果,并持续进行深入研究,陆续发表了更多优秀的研究成果。他直至去世也没有透露自己的真实身份,这彰显了一个杰出科学家勤勉努力且淡泊名利的品质。

思政元素:谦虚谨慎的职业态度;创新探索的责任担当

案例剖析:青年是国家建设与社会发展的生力军。在国家创新驱动发展战略的引领下,越来越多的青年科技人才成为我们实现高水平科技自立自强的关键力量。习近平总书记曾指出,"当代中国青年生逢其时,施展才干的舞台无比广阔,实现梦想的前景无比光明"。新时代的中国青年应以实现中华民族伟大复兴为己任,增强民族自豪感和信心,坚持以人民为中心的发展思想,勇于到祖国和人民最需要的地方去奋斗。他们应该珍惜时光、奋发有为,以更加自信的态度和主动的精神,立足本职、奋力拼搏,用自己的双手开创美好未来。

在本部分的学习中,通过介绍23岁的戈塞特如何发现t分布的过程,我们将思想政治教育融入教学中。这不仅可以提升学生的学习兴趣,还可以通过化学家的事迹激励学生,鼓励他们珍惜青春岁月、勇于探索和创新。我们希望通过这样的引导,让学生领悟到学习的真谛——无论在何种岗位上,只要用心观察和思考,都有可能取得卓越的成果。

参考资料:

[1] 程小红,杨浩菊. 戈塞特及其小样本理论[J]. 西北大学学报(自然科学版),2015,(45)6:1017-1019.

典型案例 三

教学内容：分析化学中的误差。
思政资源：氩的发现与诺贝尔奖获得者瑞利；卢嘉锡院士与小数点。

1. 氩的发现——诺贝尔奖获得者瑞利

瑞利

瑞利(1842~1919)，原名约翰·威廉·斯特拉特(John William Strutt)，是一位英国物理学家。他一生科研成果丰硕，尤其在光学领域的瑞利散射和瑞利判据，以及物性学中的气体密度测量方面影响深远。因发现稀有元素"氩"以及对气体密度精确测量的杰出贡献，他荣获了1904年度诺贝尔物理学奖。

瑞利以严谨、广博、精深而著称。1882年，在测定氮气密度的实验中，他观察到了一个异常现象。当通过红热的装满铜粉的管子反复清除空气中的氧气后，所得到的氮气密度为 1.257 2 kg/m^3。然而，通过氧氨混合气与赤热的氧化铜反应获得的氮气密度为 1.250 5 kg/m^3。尽管两者之间的微小差异在实验误差范围内，但瑞利注意到这个"误差"总是表现为由空气提取的氮气比由氮化合物制得的氮气重。这个微小的但不对称的差异无法用传统理论解释，暗示了某种未知因素的影响。他将这一发现发表在英国的 Nature 杂志上，寻求解答，但一直未能得到回应。

为解决这一谜团，瑞利提出了几种假说。最初，他怀疑空气中的氮气可能残留了氧气,但很快否定了这一想法,因为氧气和氮气的密度相差无几,需要大量氧气才能造成观察到的密度差异。他也考虑了氨气中可能混杂的氢气,但经过详细检查,这一可能性也被排除。经过反复实验,他确信这不是实验误差。

随后,他提出了另一种可能性:氮气中可能含有一种同素异形体,类似于氧气和臭氧的关系。这种未知成分可能导致来源于空气的氮气与化学方法制得的纯净氮气之间的密度差异。他根据臭氧的化学符号 O_3,将这种未知成分命名为 N_3。1892 年,他在 Nature 杂志上发表了详细的研究论文,但当时并未引起广泛关注。

1894 年 4 月,瑞利在英国皇家学会上公布了他的研究成果。詹姆斯·杜瓦(James Dewar)教授向他反馈了一个多世纪前的观点,即空气中可能存在一种不与氧气反应的气体,占比不超过空气的 1/120。伦敦大学的化学家威廉·拉姆齐(William Ramsay)对此表示兴趣,并加入研究。他重复了瑞利的实验,并使用更高效的化学方法分离出了这种新成分,从而证实了瑞利的发现。然而,他们确定 N_3 并非氮的同素异形体,而是一种之前未被发现的不活泼单原子气体元素,其原子量为 39.95,在大气中约占 0.93%。他们将这种新元素命名为"氩",意为"不活泼"。就这样,第一个惰性气体元素被发现。

同年 8 月,瑞利和拉姆齐在牛津召开的自然科学家代表大会上宣布了这一重大发现。经过十多年的努力和大量工作,他们取得了这一具有历史意义的成果。此后,在瑞利的协助下,拉姆齐又发现了氦、氖和氪等其他几种惰性气体元素。两位科学家因这一发现分别获得了 1904 年的诺贝尔物理学奖和化学奖。

瑞利坚信"一切科学上的最伟大发现,几乎都源自精确的量度"。他一生发表了多篇学术论文,这些论文都以严谨的数学证明和精确的定量分析为特点。他逝世后,科学界人士参观了他的实验室,无不惊叹于那些虽然外观简朴但制造精密的仪器。正是这些仪器帮助瑞利完成了出色的定量分析。

2. 卢嘉锡院士与小数点的故事

卢嘉锡

卢嘉锡,祖籍福建省龙岩市,是我国杰出的物理化学家、教育家、社会活动家和科技组织领导者。

1930年,卢嘉锡考入厦门大学化学系。在大学期间的一次化学考试中,最后一道分析题难度极大,全系唯有卢嘉锡找到了解题思路。然而,在计算过程中,他不慎将小数点位置算错了一位。尽管他为此题找到了正确的解题思路,但他的老师区嘉炜教授仅给了他1/4的分数。原本为解出难题而欣喜的卢嘉锡对此感到愤懑,他认为自己的答案与标准答案相差无几。然而,区嘉炜教授严肃地指出:"在设计桥梁时,小数点位置的微小错误都可能导致严重后果。我今天扣你3/4的分数,就是为了提醒你小数点的重要性,给你敲响警钟。"卢嘉锡最终理解了老师的良苦用心。

"但是,如何才能避免小数点位置的错误呢?"卢嘉锡经过深思熟虑,终于找到了一个有效的方法:在得出最终答案之前,先进行大致的估算。此后,无论是在考试还是日常练习中,他总会先构建一个简单而合理的物理模型,以此估算答案的大致范围。如果自己的计算结果超出了这个范围,他就会立即检查整个计算过程。这种方法帮助卢嘉锡克服了因疏忽而导致的错误,使他的化学成绩迅速提高。

1939年,卢嘉锡进入美国加州理工学院深造,师从结构化学大师莱纳斯·卡尔·鲍林(Linus Carl Pauling)。在鲍林的指导下,他开始探索物质微观结构的奥秘。当时,结构化学的研究手段相对落后,科学家们通常需要花费大量时间和精力来确定某一物质的分子结构。然而,卢嘉锡注意到鲍林教授具有一种独特的直观判断能力:只需给出某种物质的化学式,他便能通过初步估算确定该物质的分子结构模型。善于总结学习方法的卢嘉锡开始思考老师的这种估算方法。

尽管卢嘉锡尝试运用鲍林教授的估算方法,但总是无法得心应手。经过反复思考,他逐渐领悟到科学上的估算不仅需要丰富的想象力,更需要扎实的基础知识和广泛的科研经验以及敏锐把握事物内在规律的智慧。如果不能洞悉事物的本质,那么估算很可能沦为"瞎猜"。自此以后,他变得更加勤奋和严谨,在估算时绝不含糊。

卢嘉锡凭借这种独特的技能不仅在科学研究的道路上勇往直前,还为中国科学院福建物质结构研究所指明了正确的研究方向,使中国在结构化学领域的研究始终保持国际领先地位。

思政资源与知识讲解的融合: 分析化学中,"量"的概念是其核心内容,同时数字的记录和计算在学习中也是不可或缺的环节。"误差与数据处理"涉及分析化学中的误差分析、有效数字运算规则、显著性检验、可疑数据的筛选以及回归分析等关键知识点。这些内容不仅构成了分析化学的重要基石,而且是科学研究不可或缺的基础。

在教授分析化学中的误差与数据处理时,通过介绍瑞利和拉姆齐发现氩气的历程以及卢嘉锡院士与小数点之间的故事,可以帮助学生深刻理解伟大的科学发现往往源自于精确的量度以及对庞大数据的敏锐洞察。这样的教学方法能够使学生更深刻地认识到"量"的概念的重要性,进而培养他们实事求是、严谨认真的科学态度和思维方式。

思政元素: 严谨细致、锲而不舍的科学精神。

案例剖析: 2021年9月,党中央批准了中央宣传部整理的首批纳入中国共产党人精神谱系的伟大精神,其中就包括科学家精神。这种精神体现为胸怀祖国、服务人民的爱国情怀,敢于挑战高峰、领先创新的勇气,追求真理、严谨治学的态度,淡泊名利、专注研究的奉献精神,团结协作、共同攻关的团队精神,以及甘于奉献、培育后人的教育精神。

"量"作为分析化学的核心,建立全面、精确的"量"概念,不仅是分析化学课程的首要教学目标,也是进行科学分析工作的必要条件,更是严谨务实科学精神的体现。学生学习分析化学后,能否建立起完整、准确的"量"概念,是检验分析化学教学效果的重要标准。许多学生在按照标准分析方法操作时,仍无法获得可靠的分析结果,其中一个重要原因就是没有真正建立起对"量"的理解,不能在实际工作中确保"量"的准确性。因此,在教学过程中引入科学家对待"量"的严谨细致态度、不懈努力和追求卓越的精神,将有助于培养学生严谨细致、坚持不懈的科学态度。

参考资料:

[1] 郭保章. 瑞利和氩元素的发现 [J]. 化学教育,1989 (1):59-61.

[2] 徐彩霞,王悦,吴泓毅,等. 分析化学教学中的课程思政设计与探索 [J]. 大学化学,2022,37(10):86-93.

[3] 屈玉福,钱政,樊尚春,等. 错误往往是正确的先导——"误差理论与数据处理"课程思政教学探索 [C]// 西北工业大学,中国航空学会,教育部高等学校航空航天类专业教育教学指导委员会. 第三届全国航空航天类课程思政教学改革论坛论文集. 北京:北京航空航天大学出版社,2022:306-311.

典型案例 四

教学内容：标准溶液的配制与分析天平。
思政资源：定量分析必备精密仪器——天平。

天平，作为最古老的称量工具，已经走过了 4 000 多年的历史。它经历了从简单到复杂、从单一功能到多样化、从低精度到高精度的演变过程。天平的发展历程实际上是人类不断精益求精、突破极限的缩影，同时也彰显了严谨的科学态度和精湛的工匠精神。

关于天平的最早记录可以追溯到公元前 2 500 年的埃及。当时，人们使用一根简单的石条作为横梁，中间悬吊，两端系绳，绳子末端挂上圆盘，一侧放置物体，一侧放置砝码，以此进行基本的称重。

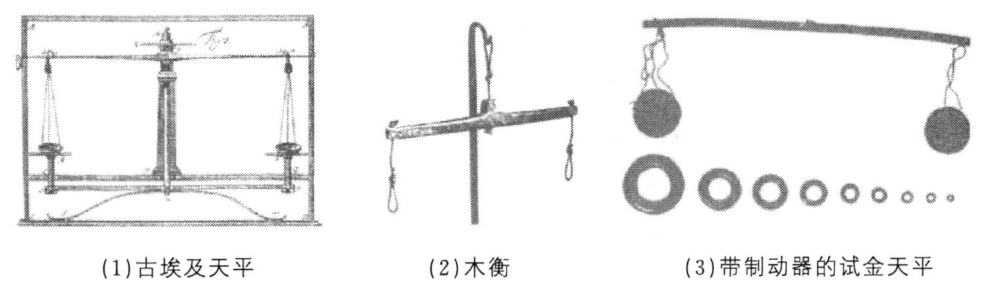

(1) 古埃及天平　　　(2) 木衡　　　(3) 带制动器的试金天平

早期天平

在我国，春秋末期就已出现了小型权衡器（木衡与铜环权）用于称量黄金，其制作精巧，最小的砝码仅为 0.2 克。至三国时期，杆秤的出现使得称重工具更加灵活，用可移动的秤砣替代了传统的砝码，为称重技术的发展作出了重要贡献。到了唐朝，我国的称重技术更是远播海外。随着时代的演进，天平在人们的日常生活中得到了不断地改进与发展。

14～15 世纪，随着欧洲资本主义工商业的兴起，特别是采矿业的发展，需要精确分析矿石中的金属含量，因此，带有保护罩和制动器的精密试金天平应运而生。18 世纪，天平的横梁开始采用金属刀口支承，显著提高了称量的精度。到了

19世纪中后期,天平经历了多次重要改进:1851年引入了骑码装置;1866年采用了短臂横梁设计;1872年首次使用铝作为横梁材料。进入20世纪,天平的发展更为迅速:1902年引入了机械加码装置;1915年使用了链条调零机构,并随后生产了内置砝码、光学读数和空气阻尼的分析天平,增设了微读装置。这些创新极大地提升了天平的计量性能。

随着科技的进步,现代天平的设计和制造都取得了显著的成就,种类繁多。在化学实验室中,常用的机械天平包括托盘天平和电光天平。托盘天平适用于对精确度要求不高或测定物料的大致质量。而电光天平则具有高灵敏度和快速稳定的特点,通过旋转刻度盘操作砝码,称量数值可直接通过投影刻度标尺读出。

自20世纪60年代以来,随着电子技术的飞速发展,电子天平崭露头角。与传统杠杆式机械天平不同,电子天平无需横梁和砝码,而是基于电磁力补偿原理工作。它通过放大电路调节通电线圈在恒磁铁气隙中产生的力,以与被称物体的重力达到平衡。电子天平采用大规模集成电路或微处理器,具备自动称重、连续去皮等功能,操作简便。如今,电子天平正逐渐取代机械天平,在各个领域都有广泛应用。

为满足不同需求,人们还开发出了特殊天平如质量比较仪、磁悬浮天平、热天平和真空天平等,用于在特定环境下测定质量或质量变化。同时,天平的外接设备也日益丰富,包括打印机、记录仪、计算机等附件。

值得注意的是,近年来国际先进天平企业如德国赛多利斯和瑞士梅特勒公司等在中国市场占据了重要地位。然而,通过全行业的不懈努力,我国科研人员在电子天平关键技术上取得了重要突破,特别是温度精确补偿技术、天平重复性和稳定性方面。令人骄傲的是,我国自主研发的电子分析天平已通过欧洲标准认证并开始出口。展望未来,我们有信心将质量计量的主导权牢牢掌握在自己手中。

思政资源与知识讲解的融合:在学习分析化学定量分析时,我们从准确称量这一基础步骤开始,而称量的关键工具就是天平。因此,天平的使用成为分析化学教学中的重要一环。电子天平作为定量分析中常用的精密仪器,其精确度对分析结果有着直接影响。在教授"标准溶液的配制"这一节内容时,我们以天平的发展历程作为教学切入点。从古埃及的简易天平,到中国古代的精巧天平,再到14世纪欧洲的试金天平,以及近代的高精度长臂天平,直至现代的光电天平和电子天平,这一发展历程充分展示了人类在精益求精中不断进步、突破自我的历史。通过这样的讲解,学生能够深刻感受到工匠精神的内涵,培养出严谨细致的科学态度,并领悟到严谨求实是科学发展的坚实基础。

思政元素:精益求精的工匠精神;自主创新的发展理念。

案例剖析:天平作为分析化学定量分析的基础仪器,其发展历程体现了从简单到复杂、从机械到电子的完善与进步。当前,分析天平的自主研发对我国企业在国际市场竞争中具有重要意义。缺乏自主研发能力意味着我们只能作为制造加工基地,需要用大量实物资源换取发达国家的知识和技术产品。这不仅降低了我国在国际贸易中的利润,还会消耗更多物质资源并可能对环境造成危害。因此,提升自主创新能力是企业提高综合实力、增强全球竞争力的关键。在教学过程中融入天平的发展历史及现状,有助于培养学生的工匠精神,并引导他们树立自主创新、科技强国的发展理念。

参考资料:

[1] 熊一凡,康天红,李述良. 国产电子天平行业现状及发展的几点看法[J]. 中国仪器仪表,2017(10):60-62.

[2] 王家龙,潘海津,周凌嵘. 论我国电子分析天平的发展和技术水平分析[J]. 中国仪器仪表,2012(S2):29-31.

[3] 骆钦华,骆英. 天平的发展演变[J]. 中国计量,2003(9):37-40.

[4] 骆钦华,骆英. 天平的发展演变(续)[J]. 中国计量,2003(10):45-48.

典型案例 五

教学内容：酸碱指示剂。

思政资源："分析化学之父"波义耳与酸碱指示剂。

罗伯特·波义耳(Robert Boyle,1627～1691),英国物理学家和化学家,被誉为化学科学的鼻祖和近代化学的奠基人。1661年,他撰写的《怀疑派化学家》出版,对化学发展产生了深远影响,这一年因此被化学史家称为近代化学的元年。革命导师马克思和恩格斯也盛赞波义耳为"把化学确立为科学"的人。

波义耳出身于爱尔兰的贵族家庭,但他并不看重这种世袭的荣耀。他对贵族的社交活动不感兴趣,却偏爱在宁静的环境中专注科学研究。他在自家的实验室里进行科学观察和实验。经过深思熟虑和反复实验,他坚信化学应该是一门重要的理性科学,而不仅仅是一种实用的工艺(如制药和冶金),更不是空洞的玄学(如炼金术)。波义耳一生致力于实践这些观点。他认为,观察和实验是形成科学思想的基础,他强调:"知识应从实验中来,实验是最好的老师,空谈和辩论都是徒劳的。"波义耳一生进行了大量实验,并在论文中详细描述了实验方法和结果,这在同时代的科学家中非常罕见。正是在这种严谨科学的实验基础上,波义耳在多个领域取得了显著成就。

酸碱指示剂是用于检测溶液酸碱性的常用化学试剂。与科学上的许多其他发现一样,酸碱指示剂的发现也源于波义耳善于观察、勤于思考和勇于探索的精神。300多年前的一个清晨,波义耳正准备去实验室时,一位花匠送来了一篮新鲜的紫罗兰。喜欢鲜花的波义耳随手拿了一朵带进实验室,放在实验桌上开始实验。当他从一个大瓶中倒出盐酸时,一股刺鼻的气体从瓶口逸出,淡黄色的液体冒出白雾,还有少许酸沫溅到了鲜花上。他心想:"真可惜,盐酸溅到鲜花上了。"为了清洗花上的酸沫,他将花放入水中,不一会儿发现紫罗兰的颜色变红了。波义耳既惊讶又兴奋,他推测可能是盐酸使紫罗兰变红了。为了验证这一现象,他立刻回到住处,取了几种已知的稀酸溶液,将紫罗兰花瓣分别放入这些稀酸中,结果都相同,紫罗兰都变成了红色。由此他推断,不仅盐酸,其他各种酸也能使紫罗兰变红。他意识到这一点非常重要,以后只需将紫罗兰花瓣放入溶液中,观察是否变红,就可以判断这种溶液是否为酸性。这个偶然的发现激发了波义耳的探索欲望。随后,他又用其他花瓣进行实验,并制作了花瓣的水或酒精浸液,用来检测酸性和碱性溶液,也发现了变色现象。

这位追求真理、不知疲倦的科学家为了获取丰富、准确的第一手资料,还采集了药草、牵牛花、苔藓、月季花、树皮和各种植物的根,泡制出多种不同颜色的浸液。有些浸液遇酸变色,有些遇碱变色。他从石蕊苔藓中提取的紫色浸液在酸性环境下会变红,在碱性环境下会变蓝,这就是最早的石蕊试液,波义耳称之为指示剂。为了方便使用,波义耳用一些浸液浸透纸张并烘干制成纸片。使用时只需将小纸片放入待检测的溶液中,纸片上的颜色就会发生变化,从而显示溶液的酸碱性。随着科学技术的进步和发展,其他科学家也相继发现了许多其他指示剂。如今我们使用的石蕊试纸、酚酞试纸和pH试纸都是基于波义耳的发现逐步发展而来的。

波义耳本人在《颜色的实验与观察》和《矿泉的博物学考察》等著作中,对酸碱指示剂的发现进行了更为科学的阐述。他描述了颜色变化的方法以及如何利用植物汁液作为指示剂来展示这类颜色变化的过程。例如,将优质的紫罗兰浆汁(即由这种花朵提取的染料液)滴在一张白纸上,再在上面滴上2~3滴酒精。当醋或其他酸性液体滴在这种浸有植物浆汁和酒精混合物的纸上时,会发现植物浆汁立即从蓝色变为红色。这种方法的优点在于实验时只需使用少量的植物浆汁就能使颜色变化非常明显。

罗伯特·波义耳之所以被后人誉为分析化学之父,并不仅仅是因为他发现了酸碱指示剂,还因为他是第一个引入并使用"化学分析"一词的人。他创立了许多定性检测盐类的方法,测定了许多固体和液体的比重。他是第一位真正的临床分析化学家,并最早发现血液中存在氯化钠和铁元素;他对磷光、生物发光、化学发光以及荧光现象进行了广泛的研究,是17世纪发光现象研究领域最杰出的实验家之一。此外,他还提出了检出极限的概念。这些成就都源于他孜孜不倦的探索和实践精神。

思政资源与知识讲解的融合:本章节主要讲述酸碱指示剂的作用原理及其应用,这一部分内容对学生而言,难度不大,但是相应的知识点,比如酸碱指示剂的变色原理会复习到之前讲过的物质在不同pH溶液中的存在形式,而指示剂的变色范围会贯穿后续酸碱滴定基本原理和方案设计的全过程,也在学生进行的滴定实验中广泛使用,所以是分析化学中很重要的一部分内容。

酸碱指示剂的发现源于一个偶然的现象,然而随着科学的不断发展,其应用变得越来越广泛。在教学过程中,我们应引导学生理解,在化学科学的发展历程中,许多化学物质和现象都是化学家在"不经意"间发现的,例如笑气、糖精、硝化纤维、安全炸药和X射线等。然而,这些"不经意"的发现并非真正的偶然,而是化学家们细心观察和不懈探索的必然结果。

思政元素:尊重事实探索未知的科学精神。

案例剖析:在《国务院关于全面加强基础科学研究的若干意见(国发〔2018〕4号)》中明确指出,科学研究具有灵感瞬间性、方式随意性和路径不确定性的特点。这鼓励科学家们自由畅想、大胆假设并认真求证,专注于探索未知的科学问题,勇攀科学高峰。

本案例中的酸碱指示剂是分析化学的重要组成部分。通过介绍酸碱指示剂的发现过程,我们可以激发学生的学习兴趣,并让他们了解"分析化学之父"波义耳对学科发展的巨大贡献。同时,这也有助于学生了解分析化学学科的发展历程,从而在学习中建立历史观。此外,通过这一案例,学生还能认识到实验对于分析化学这门应用性学科的重要性。我们应引导学生意识到,任何一个科学发现都是建立在严密科学的实验基础之上,是科学家善于观察、勤于思考和勇于实践的结果。这样,我们就能培养学生的尊重事实和勇于探索的科学精神。

参考资料:

[1] 盛根玉. 把化学确立为科学的波义耳 [J]. 化学教学, 2010 (11): 54-57.

[2] 张清建. 波义耳对分析化学的贡献 [J]. 化学教学, 2004 (9): 24-26.

典型案例 六

教学内容： 四大滴定分析方法。
思政资源： 四大滴定中的哲学思想。

1. 分析化学中的对立与统一

"事物的矛盾法则，即对立统一法则，是唯物辩证法的最根本法则。"对立统一法则在分析化学学科体系中有着普遍的体现，这包括方法理论、分析反应、分析试剂和仪器，以及整个分析过程。滴定分析法就是基于酸碱反应、配位反应、氧化还原反应和沉淀反应等四大反应平衡建立的分析方法，这些反应平衡中同样蕴含着对立统一的法则。

以酸碱反应为例，酸和碱构成一对矛盾。在反应过程中，酸释放质子，而碱则接收质子，酸碱反应的实质就是质子的传递过程，形成共轭酸碱对。再来看氧化还原反应，其中氧化剂和还原剂构成另一对矛盾。在这个反应中，还原剂释放电子，而氧化剂则争夺电子，其实质是电子的转移或电子对的偏移，形成氧化还原电对。这两组例子都体现了对立与统一的关系。比如在酸碱反应中，酸释放质子的同时，必然有碱接收质子；在氧化还原反应中，还原剂失去电子的同时，必然有氧化剂得到电子。质子和电子的得失是同时存在的，只有这样反应才能发生。这正如《毛泽东选集》中关于矛盾的论述所说："假如没有和它相对立的矛盾一方，它自己这一方就失去了存在的条件。"以氧化还原反应为例，在反应初期，正反应速度大于逆反应速度。随着反应的进行，到达某一时刻，在一定条件下，正逆反应速度会相等，此时矛盾双方势均力敌，达到平衡状态，即"矛盾的暂时相对统一"。但电子的争夺并未结束，表现出一种"动态平衡"。矛盾的统一性是相对的、有条件的。当条件改变时，原有的平衡会被打破，开始新的矛盾对立统一过程，并在新的条件下建立新的动态平衡。

在重量分析法中，沉淀的完全性和纯净性是基本问题。沉淀是否完全主要取决于沉淀的溶解度以及影响其溶解度的各种化学和物理因素。而沉淀的纯净性则主要取决于沉淀的类型以及影响沉淀纯净性的因素。通常情况下,完全沉淀的并不一定纯净,而纯净的沉淀往往存在不完全的问题。沉淀的完全性和纯净性构成一对矛盾,贯穿于重量分析方法的始终,在一定条件下达到相对的统一。根据实际沉淀形成过程的研究,在实际分析中,我们会针对不同的矛盾采取不同的解决方法。对于晶形沉淀,沉淀是否完全是主要矛盾,因此我们会选择在稀、热的溶液中进行沉淀,并在不断搅拌下慢慢加入沉淀剂和进行陈化等操作。而对于无定形沉淀,沉淀的纯净性成为主要问题,因此需要在浓溶液中进行沉淀,并且不能采用陈化的方法。再比如在重量分析的洗涤操作过程中,为了获得纯净的沉淀,需要多次洗涤。但每次洗涤都不可避免地会导致部分沉淀因溶解而损失。这时就需要我们把握矛盾的主次。在洗涤的初期阶段,沉淀的纯净性是主要矛盾;但如果洗涤次数过多,沉淀的完全性就会转化为主要矛盾。因此,只有适当洗涤,才能使矛盾达到相对的统一。

2 酸碱反应与平衡常数

酸和碱是矛盾的,对立的,相互排斥的。但酸和碱在相对立的同时,也是相统一的,主要表现在它们在概念上相互依存、不可分割的关系上。如果没有酸,也就没有碱,不谈酸也就无从谈碱,在质子理论中体现的更明显。酸给出质子后变为共轭碱,碱得到质子后变为共轭酸,即酸中有碱,碱可变酸,酸越强,其共轭碱越弱,反之亦然。这种关系(互为反比)可表示为强酸/弱碱和强碱/弱酸,这样酸碱的对立关系统一到了质子的传递上。

| 酸与碱、福与祸、难与易是与非、荣与辱、攻与守利与弊、虚与实、教与学 | → | 矛盾双方在一定条件下相互依存,一方的存在以另一方的存在为前提,双方共处于一个统一体中 |
| 天下事有难易乎?为之则难者亦易也;不为,则易者亦难也。 | → | 矛盾双方依据一定的条件相互转化 |

教学课件展示

2. 分析化学中的量变与质变思想

在分析化学研究过程中,除了对立统一思想,量变到质变的普遍规律也体现得淋漓尽致。滴定分析就是一个典型的例子,它展示了从量变到质变的过程。在强碱滴定强酸的过程中,起初溶液主要受剩余酸量的影响。随着滴定的进行,酸的量逐渐减少,pH值缓慢上升,这是一个量变的过程。然而,当达到化学计量点后,溶液的性质发生根本性变化,由酸性突然转变为碱性,这标志着质变的发生。这个转折点就是滴定的化学计量点。

类似地,在配位滴定和氧化还原滴定中,也可以观察到从量变到质变的相似情形。不过,由于物质矛盾性质的不同,所引起的质变也各有差异。

在滴定分析研究中,我们通常会将滴定过程中的量变到质变绘制成滴定曲线。通过利用这一规律,我们可以确定滴定突跃范围和化学计量点。此外,从滴定曲线中,我们还可以判断滴定的准确度,并选择合适的指示剂。

对于缓冲溶液来说,通过观察加入酸或碱后引起的变化,我们可以确定缓冲溶液的缓冲范围和缓冲容量。这一过程同样体现了从量变到质变的规律。

教学课件展示

思政资源与知识讲解的融合: 四大滴定分析中不仅蕴含着丰富的科学原理,还深刻体现了辩证唯物主义的哲学思想。学生在政治课上已对这些哲学原理有了初步了解,若在专业课中融入这些思想,将有助于他们更深入地理解自然科学的发展规律。

例如,在探讨酸碱滴定曲线时,通过分析强碱滴定强酸过程中的pH值变化,特别是滴定突跃现象,我们可以引导学生深刻领会量变到质变的哲学思想。这将使学生更加直观地认识到,事物的发展往往从微小的量变开始,这些量变是质变的必要准备,而质变则是量变的必然结果。

同时,在讲解多元酸的滴定过程时,我们还可以进一步阐释质变如何为新的量变铺平道路,推动事物在新的基础上继续发展。这样,学生就能更加清晰地理解事物发展是一个由量变到质变,再由新的量变到新的质变的循环往复过程。

此外,我们还可以将滴定曲线的概念与学生的实际生活相结合。比如,可以引导学生思考自己在学习过程中所付出的努力与最终取得的成绩之间的关系。这种关系就像滴定曲线一样,只有持之以恒地努力,才能实现显著的进步和突破,进而成就美好的未来。这样的类比旨在鼓励学生勇敢面对挑战,坚持不懈地追求自己的目标。在这个教学过程中,我们不仅传授了专业知识,还潜移默化地培养了学生的坚持不懈的奋斗精神和辩证唯物主义的哲学思想。

思政元素:坚持不懈奋斗精神;辩证唯物主义思想。

案例剖析:分析化学作为化学的一个重要分支,主要研究物质间的化学反应及其物理和化学性质,以此来揭示物质的组成、含量、结构和信息。尽管其基础理论中并未直接使用哲学术语,但整个知识体系却深刻体现了哲学的基本原理。因此,在分析化学的教学中融入哲学思想,不仅有助于学生更全面地掌握科学知识,还能帮助他们建立起辩证唯物主义的思想观和方法论,从而形成科学的世界观和人生观。

参考资料:

[1] 黄振泉. 分析化学中的哲学问题 [J]. 赣南师范学院学报,1981(S1):1-13.

[2] 李爱峰,王术皓,贾丽萍,等. 在分析化学实验中渗透马克思主义哲学思想的探讨 [J]. 大学化学,2018,33(6):53-59.

典型案例 七

教学内容： 工业纯碱总碱度测定。
思政资源： 中国制碱第一人——侯德榜。

侯德榜

"撒下一把碱粉，融化西方的坚冰"。在中国化学工业史上，杰出的科学家侯德榜为祖国的化工事业奋斗终身，以他独创的制碱工艺闻名世界。他如磐石般坚定，撑起了中国现代化学工业的大厦，被誉为"国宝"。20世纪20年代，他攻克了氨碱法制碱技术的难题，主持建成了亚洲首座纯碱厂；20世纪30年代，他又主持建立了我国首个同时生产合成氨、硝酸、硫酸和硫酸铵的联合企业；20世纪40至50年代，他发明了连续生产纯碱与氯化铵的联合制碱新工艺，以及碳化法合成氨流程制碳酸氢铵化肥新工艺，20世纪60年代实现了工业化并大面积推广。1926年，"红三角"牌纯碱在万国博览会上荣获金质奖章。作为侯氏制碱法的创始人，他还是我国重化学工业的开拓者、近代化学工业的奠基人之一，也是世界制碱业的权威。他积极传播科学技术，培育了大批科技人才，为科技和化学工业的发展做出了卓越贡献。

纯碱是众多工业品、食品和日用品的基本化工原料。最初，人们从盐碱地或盐湖中获取纯碱，但供不应求。1861年，比利时人索尔维发明了氨碱法，然而该技术长期被国外公司垄断,对市场进行封锁。此后,英、法、德、美等国相继建立了大规模纯碱厂,并成立索尔维工会,对会员国之外的国家实施技术封锁。

1919年,著名爱国实业家范旭东在天津塘沽筹建制碱厂,并邀请在美国攻读博士的侯德榜回国共创中国的制碱工业。1921年,侯德榜获得博士学位后回国,负责中国首个纯碱厂——永利碱厂的技术工作。当时,中国完全依赖进口碱,不具备自主制碱的技术和设备。国外最大的碱制造商英国卜内门公司的经理李特尔曾轻蔑地对范旭东说:"碱厂对你们国家确实重要,但办得太早了。用索尔维法制碱,日本都失败了,何况中国?就条件而言,再等30年也不迟!"这番话深深刺痛了侯德榜。为让永利碱厂尽快产出合格碱,侯德榜与技术人员共同攻克重重难关。至1926年6月,他们已解决各工序问题,完全掌握了氨碱法制碱技术,并在保留索尔维法优点的基础上进行了创新和改进,将原料利用率提升至96%,使这座亚洲领先的碱厂生产出了优质的"红三角"牌纯碱。同年8月,该纯碱在费城万国博览会上荣获金质奖章,被誉为"中国工业进步的象征"。

1933年,侯德榜公布了自己多年的制碱经验,撰写了英文著作《纯碱制造》,该书在纽约出版,并作为美国化学会丛书之一。此书的出版打破了氨碱法制碱技术的垄断和封锁,受到了学术界和工业界的高度重视,被誉为制碱工业的权威著作。美国著名化学家威尔逊教授称赞这是"中国化学家对世界文明的重大贡献"。随后,该书被译成多种文字,对世界制碱工业的发展产生了深远影响。

1949年初,当时侯德榜正在印度工作,看到友人转来的周恩来信件后,他冲破重重阻碍,于1949年7月回到祖国,全身心投入新中国化学工业的恢复与发展中。50年代后期,随着农业发展积极性的提高,化肥需求激增。化工部决定由侯德榜带领团队赴上海考察并设计化肥厂。当时已68岁高龄的侯德榜与团队成员同甘共苦,夜以继日地工作,终于在1958年5月1日在上海化工研究院建成了我国首个8 000吨县级小氮肥示范厂,并成功生产出第一批碳酸氢铵。示范厂投产后,生产中出现了氨和二氧化碳不平衡的问题。尽管有些专家认为平衡难以实现,但侯德榜在随后的6年里,不顾年事已高,8次前往丹阳化肥厂,与厂里的技术专家和职工共同改进生产工艺、操作和设备,最终解决了这一难题,使碳化法氮肥生产新工艺流程获得成功。侯德榜及时总结经验,并向全国化肥厂推广。

1965年10月,"碳化法合成氨流程制碳酸氢铵"新工艺被国家科委认定为重大发明,侯德榜作为首席发明人获得了发明证书。截至20世纪80年代中期,全国已有1 000多家中小型氮肥厂采用此工艺,小化肥厂产量占全国化肥总产量的一半,为农业发展做出了巨大贡献。

1973年11月,侯德榜向周恩来总理写信道:"德榜年迈,体弱多病,恐亦不久于人世。一生蒙党和国家栽培,送外国留学,至今无以为报,拟于百岁之后,将家中所存国内较少有的参考书籍贡献给国家。请总理指定届时移存北京图书馆或中国科学院图书馆。"

拓荒化工路,德炳华夏榜。侯德榜拼搏一生,只为报效祖国。他的奋斗历程,他在制碱、制造化肥等化学工业上创造的成就,为科学点亮星星之光;他身上奋发图强、百折不挠的精神,为后辈树立起科学的丰碑,指引着后辈学者的前行之路。

思政资源与知识讲解的融合:在介绍酸碱滴定法的重要应用——测定工业纯碱总碱度时,我们不仅会探讨纯碱的生产工艺、可能影响产品质量的杂质以及测定原理,还会向同学们介绍侯德榜先生的生平。重点将聚焦于他如何心怀祖国,放弃在美国的优渥生活,决心回国打破西方国家对纯碱市场的垄断。他成功为我国生产出了高品质的纯碱——永利"红三角"牌纯碱,并撰写了英文著作《纯碱制造》,从而结束了氨碱法制碱技术被垄断和封锁的历史,对全球制碱工业的发展产生了深远影响。此外,侯德榜先生还带领团队研发出碳化法制氮肥的生产流程,为我国农业生产做出了杰出贡献。通过回顾这段历史,我们希望能激发学生的民族自豪感,培养他们的爱国情怀,并鼓励他们承担起历史和时代的责任。

思政元素:爱国主义精神;科技创新精神。

案例剖析:侯氏制碱法是侯德榜先生对国内外制碱工业的重大贡献。他耗时近三十年,逐步摸索、整合并创新现有工艺,其中的艰辛可想而知。面对国外的技术壁垒,侯先生深入研究并掌握了传统氨碱法工艺的所有条件。同时,他勇于革新,经过近5 000次的试验,创造性地将制氨与制碱工艺相融合,最终发明了侯氏制碱法。在教学过程中,我们将通过介绍侯氏制碱法的诞生背景和侯德榜先生的爱国情怀及其对化工行业的卓越贡献,来激发学生的爱国心和民族自豪感,并引导他们树立科技报国的理想。

参考资料:

[1] 秦龙. 近代化学工业奠基人——侯德榜[J]. 国企管理, 2016(2): 72-73.

[2] 李树伟, 王川, 唐文炎, 等. "侯氏制碱法"与四川的化学工业——纪念侯德榜先生诞辰一百二十周年[J]. 四川化工, 2011, 14(1): 49-51.

[3] 冯晓蔚. 化学家侯德榜投身新中国建设[J]. 工会信息, 2021(12): 44-47.

典型案例 八

教学内容：滴定分析方法应用。

思政资源：分析化学中环境保护指标的测定。

在定量分析教学中，涉及众多化学污染物及环保检测指标的测定，这为融入环境保护教育提供了丰富的切入点。

1. 酸碱滴定法

水的酸、碱度测定：环境破坏不仅导致气候变化异常，更直接的是水体和食品污染对人类生活和健康的威胁。例如，北美死湖事件，即北美地区的酸雨增多导致湖泊酸化，水生生物大量死亡。酸雨对生态的破坏在水体中尤为明显，如溪流、湖泊等。当湖水 pH 值降至 5.0 时，水生生物的卵难以孵化；pH 值低于 5.0 时，部分成年水生生物会死亡。在教学中，让学生了解这些现象，并引导他们测定当地饮用水和排污水的酸碱度，以激发兴趣并提升环保意识。

水体中无机磷的测定：含磷物质的使用和排放导致水体"富营养化"，如 2021 年长江"牛奶水"事件，就是由于化工厂磷石膏库渗漏所致，造成大量鱼类死亡，严重影响居民生活。我们可以通过测定水体中的磷化合物含量来监测水污染程度，预防人为富营养化。在教学中，可将这些知识作为常识介绍，并指导学生分析市售洗涤剂中的含磷量，与生活实际相联系，倡导使用无磷洗涤剂，从而增强学生的环保意识。

2. 配位滴定法

水的硬度测定：我国《生活用水卫生标准》规定，水的总硬度不得超过 25 度，超标会影响人体健康。例如，用硬水烹调食物会降低营养价值，泡茶会影响茶的色香味。在教学中，可结合这些实例，带领学生检测当地生活用水的硬度，判断其是否适合特定用途，从而激发学生的学习兴趣并巩固教学内容。

水环境中重金属离子的测定：如浏阳河污染事件，河流被沿岸造纸、化工企业包围，年排废水 500 多万吨，水中重金属和有毒物质严重超标。此类事件可作为教学案例,让学生了解重金属污染的严重性。通过监测和分析水环境中的重金属离子含量,可以评估水污染状况并采取相应的治理措施。在教学中引入这些实际案例,有助于学生更直观地理解环境保护的重要性。教学中可以通过测定土壤、水体中的重金属离子的含量,让学生了解我们生活的环境,充分调动学生的积极性,使学生对所学知识记忆更加深刻。

3. 氧化还原滴定法

①化学耗氧量的测定。化学耗氧量 COD(Chemical Oxygen Demand)指水中能被强氧化剂氧化的物质(一般为有机物)的氧当量,是以化学方法测量水样中需要被氧化的还原性物质的量。在河流污染和工业废水性质的研究以及废水处理厂的运行管理中,它是一个重要的而且能较快测定的有机物污染参数。它的测定,可用重铬酸钾法,也可用高锰酸盐法。

②有机物含量的测定。许多食品中都含有醛、酯、酮,有些可以产生果汁香味,但有些则对人体有害;石油化工行业的废水中含有各种醛、酯、酮,排入河水造成大量水生动植物死亡,间接污染人类食品源,比如 2005 年的松花江重大水污染事件。2005 年 11 月 13 日,中石油吉林石化公司双苯厂苯胺车间发生爆炸,约 100 吨苯、苯胺和硝基苯等有机污染物流入松花江。由于苯类污染物对人体健康有害,导致松花江发生重大水污染事件。哈尔滨市政府随即决定,于 11 月 23 日零时起关闭松花江哈尔滨段取水口,停止向市区供水,对市民生活造成了严重影响。

在讲解有机物测定原理时,可以结合上述情况进行说明,提高学生的警惕性,加强学生对该类情况的进一步认识。

思政资源与知识讲解的融合:分析化学中有很多涉及化学污染物及环保检测指标的测定,如在讲述氧化还原滴定法的应用时,涉及化学耗氧量的测定以及重金属对环境的影响。通过向学生介绍什么是化学耗氧量,为什么要测定化学耗氧量,化学耗氧量对水体的影响等等,适时引入环境生态保护的概念,引入"绿水青山就是金山银山","碳达峰"与"碳中和"等一系列环境生态文明可持续发展理念。同时,结合食品中农药残留的检测、防腐剂或添加剂含量的检测、化学试剂的合规处置和回收使用等,逐步培养学生厉行节约、保护环境的品质和素养,提升学生的德育意识和社会责任感,使学生成长为新时代所需的全面发展的人才。

思政元素:环境保护及可持续发展意识。

案例剖析:习近平总书记强调:"生态环境保护是功在当代、利在千秋的事业。

要清醒认识保护生态环境、治理环境污染的紧迫性和艰巨性,清醒认识加强生态文明建设的重要性和必要性,以对人民群众、对子孙后代高度负责的态度和责任,真正下决心把环境污染治理好、把生态环境建设好,努力走向社会主义生态文明新时代,为人民创造良好生产生活环境。"

化学在创造美好生活的同时,一些化学品也给环境带来了一些副作用。课堂上对同学们进行环境生态保护的教育,不仅可以让学生了解分析化学的广泛应用,同时也能增强学生的社会责任感,使学生认识到环境污染问题的解决既需要有关部门利用分析化学的手段加强环境监测,建立完善的法律法规制度强化监管,更需要提高全民的社会责任与家国情怀,树立良好的环境保护意识。

参考资料:

[1] 关明,李桂新. 分析化学课程教学改革之环境教育渗透初探 [J]. 新疆师范大学学报(自然科学版),2013,32(9):75-78.

[2] 邓留,黄健涵,陈立妙,等. 分析化学实验教学中的思政教育——以络合滴定为例 [J]. 大学化学,2021,36(9):111-117.

典型案例　九

教学内容：质谱。

思政资源：质谱分析技术发展史。

如果说测序是一把尺子，能测量生命的密码，那么质谱便是一杆秤，可称量物质的质量。世间万物均有质量，它是物质最基本的性质之一。

为了称重，4000多年前，人类就已发明最古老的计量器具——天平。然而，若要称量微观世界的物质，从蛋白质大分子到代谢物组成，甚至小至某种化学元素、一个碱基位点，都可通过质谱分析技术实现。

那究竟何为质谱？简而言之，质谱即根据质量绘制出的谱线。质谱分析是先将物质离子化，按离子的质荷比分离，然后通过测量各种离子谱峰的强度来实现分析目的的一种分析方法。不同物质具有不同的分子量，在电场作用下带电后，会展现出不同的运动轨迹。最后，通过计算质荷比，可获得待测物的质谱峰。质谱不仅能对待测物进行定性分析（包含分子质量及结构信息），还可通过质谱峰强度进行定量分析。质谱分析技术是基于物理化学等基础科学发展而来的，这杆"质谱秤"可被誉为20世纪最高端的"秤"。它历经多次科学突破，如今已成为医学、科研、工业等多个领域所需的重要复杂仪器之一。

19世纪末，E·戈尔茨坦在低压放电实验中观察到正电荷粒子，随后维恩发现正电荷粒子束在磁场中会发生偏转。这些观察为质谱的诞生奠定了基础。

1919年，英国科学家弗朗西斯·威廉·阿斯顿基于前人研究，发现不同质荷比的离子在磁场中的回旋半径各异。他通过质量分离和排序离子，发明了世界上第一台质谱仪。随后，阿斯顿利用此装置发现了多种元素同位素，研究了53个非放射性元素，并首次证实了原子质量亏损。因此，阿斯顿荣获了1922年的诺贝尔化学奖。至20世纪80年代，随着快原子轰击、电喷雾和基质辅助激光解析等新型"软电离"技术的涌现，质谱分析技术获得了迅猛发展。

中国质谱的发展历程可分为三个阶段。起始于1960年，基于前苏联的

МИ1305技术，我们研发了国产ZhT1301同位素质谱仪，主要服务于国防事业。1965~1978年，中国的质谱技术明显落后于世界，当时主要依赖组装和引进外国技术，特别是在高端质谱仪器领域，几乎完全依赖进口。自1980年起，国家"十五"重大项目规划了质谱仪器的发展路线，中国质谱进入第三阶段。随着国内对质谱的需求持续增长，质谱的研发和产业化取得了显著突破。国家"十五"计划后期，科技部启动了《科学仪器研制与开发》国家科技支撑计划重大项目，明确了"突破关键技术，主攻小型质谱仪自主研发"的技术发展路线。2004年，海归学者周振怀揣"制造中国人的质谱仪器"梦想，在广州开发区创立了广州禾信分析仪器有限公司。在国家"863"计划、国家重大科学仪器设备开发专项、国家火炬计划等重点项目支持下，实现了质谱仪器的自主研发，并成功推出了在线单颗粒质谱检测系统、在线VOCs及恶臭气体质谱监测系统等，产品远销美国和德国，实现了历史性突破，成为"中国制造"的骄傲。2006年，东西分析仪器有限公司推出了首台国产商用四极杆气质联用仪（GC-MS3100）。随后，普析通用、舜禹恒平、聚光科技、禾信仪器、毅新质谱、天瑞仪器等一批国内企业纷纷加入中国质谱的大家庭。经过十多年的发展，中国质谱已经取得了显著的进步，这些企业如今已成为国产质谱仪器的主力军。2004~2009年，中国计量科学研究院联合清华大学、复旦大学等单位，共同开展了"质谱联用仪器的研制与开发"项目。2009年，该团队在BCEIA上发布了国内首套便携式质谱仪。

2011年，科技部和国家基金委启动了《国家重大科学仪器设备开发专项》和《国家重大科研仪器设备研制专项》。在国家的大力支持和科技工作者的努力下，国产质谱仪器日益精细，整机与关键部件均得到了稳步提升。因此，我们有理由对中国质谱充满信心，相信在不久的将来，中国质谱仪器必将迎来更大的发展。

思政资源与知识讲解的融合：质谱，作为当今分析检测的重要手段之一，在分析化学教学中占据着举足轻重的地位。本案例在阐述质谱分析技术时，以质谱分析技术的发展为切入点，进一步引申至我国当前高端仪器的发展状况，旨在让学生深刻领会科学研究中"继承与创新"的重要性。这不仅能够向学生传达科学精神，培育学生的创新思维，更能让学生了解我国质谱分析技术的最新进展，从而激发学生的责任担当意识和科技报国的爱国情怀。

思政元素：创新精神；科技报国情怀。

案例剖析：《中共中央关于党的百年奋斗重大成就和历史经验的决议》明确指出，"党坚持实施创新驱动发展战略，将科技自立自强作为国家发展的战略支撑，健全新型举国体制,强化国家战略科技力量,加强基础研究,推进关键核心技术攻关和自主创新,加强知识产权的创造、保护、运用,加快建设创新型国家和世界科技强国。"

质谱技术自20世纪70年代起便作为一项重要的检测技术不断发展,其应用范围也从早期的地质同位素分析、材料分析,扩展至生命、医疗、环境等多个领域。尽管中国的质谱研究起步晚于国外,但国产质谱已经能够实现离子阱、飞行时间、四极杆等质量分析器的制造,标志着我们从单纯的质谱购买者转变为质谱研发者。本案例中关于中国质谱发展的介绍,旨在让学生深刻感受到中国质谱研究团队的艰辛奋斗与不懈努力,并激发他们的科技报国情怀和责任担当。

参考资料:

[1] 尹烨. 质谱技术产业发展史及人类如何称量万物 [EB/OL]. (2022-08-04)[2004-7-13]. https://www.163.com/dy/article/HDTLGFIN0514CPMF.html.

[2] 杜振霞,杨屹,苏萍,等. 在仪器分析课程教学中融入课程思政案例的探讨[J]. 化学教育(中英文),2022,43(4):39-42.

典型案例 十

教学内容：色谱分析。
思政资源：卢佩章院士与我国的国防事业。

卢佩章

卢佩章（1925～2017），1980年当选为中国科学院学部委员，曾任中国色谱学会理事长。卢佩章是中国色谱分析的先驱者和奠基人之一，在色谱基础理论及方法发展、智能色谱、色谱仪器研制等方面卓有建树，在我国色谱研究基地的建设，色谱技术的推广应用，色谱领域的国内外学术交流，以及色谱为国民经济和国防建设服务、人才培养等方面作出了杰出的贡献。

色谱，是一种快速、高效、灵敏的分析分离技术。一滴石油通过它，几十分钟内就能分离出100多种成分来。一个西红柿上如果带有百万分之一的微量残毒，利用色谱技术也可迅速检测出来。这种现代分离分析手段在工农业生产、国防、科研、医学等方面有着十分重要的应用。然而，在新中国成立的时候，我国的气相色谱还是一项空白。随着我国工业建设开始，特别是石油业的兴起，色谱分析摆在面前。一天，卢佩章在查阅外国资料的时候，一条捷克运用色谱分析石油的简短信息吸引了他的注意，但是，却找不到更详细的简介材料。时不我待，卢佩章和他的研究小组,在一台20世纪30年代的奥氏分析仪上装上一小段玻璃管,装上吸附剂,用简单得不能再简单的办法开始了色谱分析试验,经过了无数次的艰难探索,终于研制出了我国第一台"体积谱仪"。用这台仪器分离一个样品的速度由原来的30多个小时,缩短为不到1个小时,而且所用样品量不到原来的千分之一。这一成果立即引起了全国分析化学界的注意。1956年,刚满30岁的卢佩章在中国科学院学部委员会成立大会上作了"气相色谱研究"的学术报告,它标志着中国色谱学科已跃居世界领先地位。傅鹰先生在1963年高度评价卢佩章等"所做的气体色谱研究是近年来我国化学研究中最出色的成就之一"。

20世纪60年代,由于国家需要,卢佩章的研究方向转向国防工业,与沈阳金属厂合作建立了真空熔融气相色谱法,用于测定金属铀中痕量氢的含量;1963年,受二机部委托,在卢先生的领导下,与中国科学院化学所等部门合作,先后组织了40多名研究技术人员深入现场调查和实验,克服重重困难,完成了"六氟化铀生产中UF_6、F_2、HF、N_2组分"的分析方法和仪器。几乎是在同时,卢佩章接受了我国第一艘核动力潜水艇79号密闭舱气体分析的国防科研紧急任务。卢佩章和他科研组的同志们,经过艰苦努力,终于把色谱技术应用到密闭舱中,解决了密闭舱中的气体净化问题,确保了潜艇人员在水下长期作业的生活需要和生命安全。

火箭升空要靠液氢燃料,制造液氢燃料,必须把气态的氢变成液态的氢,前提是制取超纯氢,否则,即便氢中含有百万分之一的杂质,氧气、氮气将变成固体,不但会堵塞管路,还会形成氢氧爆炸物,因而必须将杂质测准并且除去。为此,卢佩章和他课题组的同事们先后进行了20多年的探索,终于解决了这一难题,并马不停蹄地投入火箭药柱的剖析研究工作。20世纪80年代初期,中国运载火箭实现了燃料的更新换代,发射能力和有效载荷获得了成倍增长,使我国原来落后于发达国家20年的航天技术,一下子可以和欧美并驾齐驱了。1999年,卢佩章参加了中央召开的为表彰研制"两弹一星"作出突出贡献的科技专家代表的会议,受到国家领导人的亲切接见。卢佩章经常语重心长地对年轻人讲"要在国家重大项目中发挥关键作用,就要有一个坚强的集体,最多时可达一百人以上,我只能是集体中的一员,一个小兵,一个负责任的小兵"。

卢佩章一直把为祖国培养人才视为己任。从20世纪50年代开始,卢佩章在承担科研任务的同时,培养了新中国的第一批色谱科研人员,并于1959年举办了第一届全国色谱学习班,培养了一批基层的色谱工作人员。值得一提的是,卢佩章在培养年轻一代时,不仅注重严谨的学术思想和创新精神的培养,还时刻教诲年轻人要热爱祖国、热爱科学。卢佩章在接受电视台采访时强调,"中国的科学家应该有一颗热爱祖国、热爱科学的心,我不相信一个只追求个人名利的人,能在科学上作出更大的贡献"。

卢佩章曾说:"我一生经历了许多重大事件,又迎来了改革开放和科学的春天,而重要的是看到了中华民族的崛起,使我这位老人万分兴奋、喜悦。"这是他对自己人生的高度概括,也是对后世科研工作的深切期盼,他胸怀祖国、服务人民的爱国精神,勇攀高峰、敢为人先的创新精神,甘为人梯、奖掖后学的育人精神将激励着一代代人奋勇前行。

思政资源与知识讲解的融合:在讲述色谱发展的历史时,结合我国色谱分析的先驱者卢佩章先生为我国科技事业,尤其是国防事业做出的重大贡献,让学生从卢佩章先生身上体会到严谨的学术态度和创新精神,以及老一辈科学家热爱祖国、热爱科学,祖国哪里需要就去哪里的家国情怀,激励学生树立科技报国远大理想。

思政元素:科技强国;科技报国。

案例剖析:科技在军事发展中起着最活跃、最具革命性的作用。在推进军事强大的战略布局中,科技强军是关键动力,科学技术对于战斗力的提升起着基础性作用。在新的征程上,我们必须进一步强化创新驱动,采取更有力的措施推动高水平的科技自立自强。习近平总书记明确指出,"自主创新这口气一定要争,这场仗一定要打赢"。因此,我们需要以时代精神、创新勇气和坚定决心,直面挑战、迎难而上,努力改变关键核心技术受制于人的现状,加速构建国防科技创新体系,提升自主创新能力,增强核心基础产品和国防关键技术的自主可控能力。我们要将迅速增强的科技实力和创新能力转化为实际的军事实力,把科技优势转化为作战优势和能力优势。

本案例通过详细介绍我国色谱技术的领军人物卢佩章先生在色谱技术领域,特别是对国防事业的杰出贡献,旨在培养学生的爱国主义精神,引导他们树立科技报国、科技强国的理念,从而更加坚定地走向中华民族伟大复兴的道路。

参考资料:

[1] 王璐,邹汉法. 祝贺卢佩章先生九十华诞[J]. 分析化学,2015(10):1431-1432.

[2] 宋协和. 谁执彩练当空舞——记中国色谱学科创始人卢佩章[J]. 科学与文化,1997(2):19.

典型案例 十一

教学内容：波谱分析的应用实例。
思政资源：青蒿素的结构分析。

1960年，黄鸣龙(左二)和周维善(左三)在捷克科学院有机和生化研究所前合影

疟疾是危害人类最大的疾病之一，而对付疟疾最有力的两种药物，均源于植物提取物：一是19世纪初法国科学家从金鸡纳树皮中提取的奎宁，二是我国科学家屠呦呦在20世纪70年代从青蒿中提取的青蒿素。2001年，世界卫生组织推荐所有恶性疟疾流行的国家采用以青蒿素为基础的联合疗法。

20世纪60年代，为寻找新型抗疟药物，我国启动了"523项目"。在屠呦呦等科学家的努力下，青蒿素备受瞩目。然而，要将其大规模应用于临床，除了发现青蒿素，还需测定其分子结构并实现人工全合成，这一任务由中国科学院上海有机化学研究所的周维善承担。

为实现化合物的合成，必须了解其结构，这就需测定分子式和分子量。"当时我们缺乏高分辨率质谱仪，只有60M的核磁共振仪和红外光谱，因此只能采用最古老的樟脑冰点降低法来测定分子量。"周维善回忆道，"后来，我们借助北京某部的高分辨质谱仪，才确定了分子量，结合碳氢分析数据，最终确定了分子式，这是一个由 15 个碳原子、22 个氢原子和 5 个氧原子组成的倍半萜类化合物。"

结构测定不仅需要技术,更需要"想象力"。面对庞大的光谱数据,化学家需拼凑出各个结构单元,即凭借大脑想象出 42 个原子的结构。问题是,这 42 个原子能组成多种可能的结构,哪种才是正确的呢?在研究过程中,团队遇到了一个特殊的碎片峰 M+32,表明分子中存在两个连在一起的氧原子,但连接方式却是个谜。"为分析这个 M+32 峰,我们费尽心思,查资料、讨论,无时无刻不在思考。"周维善说。此时,有机所甾体组的吴毓林也对青蒿素产生了兴趣,他与其在中国科学院上海药物研究所工作的妻子李英共同参与了"523 项目"。

1975 年 4 月,李英在成都参加全国"523 项目"中医中药座谈会时,得知鹰爪素结构中也存在一个 M+32 峰值,代表一个过氧基团。她将这一信息告诉吴毓林和周维善,他们立刻意识到青蒿素中的这个峰也应是一个过氧基团,并立即开始实验验证。

经过一系列复杂的氧化和还原反应,周维善小组成功测定了青蒿素的结构,这是一种罕见的含有过氧基团的倍半萜内酯结构。该药物分子中不含氮,打破了 60 多年来西方学者"抗疟化学结构不含氮(原子)就无效"的观念。青蒿素的结构被写入有机化学合成的教科书,为青蒿素及其衍生物的合成奠定了基础。

结构测定工作于 1976 年基本完成。由于卫生部的保密要求,相关论文《青蒿素的结构和反应》直到 1979 年 5 月才在《化学学报》上发表。当时中国没有专利制度,因此没有申请专利。

青蒿素结构测定完成后,北京大学的有机化学家邢其毅教授对周维善说:"你的结构虽然做出来了,但我还不能完全相信。你需要将它合成出来,并且合成物质与天然产品一致,我才能确信你的结构是正确的。"实际上,在青蒿素结构测定完成时,周维善就已考虑到了它的合成。他说:"这个结构是根据光谱数据解读和证明的,还是一个相对构型。究竟对不对,还需通过实验全合成来证明。"

1978 年,全国科技大会的科技规划中提出了青蒿素的全合成任务。作为结构测定的主持单位,中国科学院上海有机化学研究所承担了该项目。1979 年初,周维善、许杏祥等组成攻关小组,开始了为期 5 年的探索。

青蒿素合成初期,正值中国改革开放。瑞士罗华制药到中国考察并访问了上海有机所。周维善向他们详细介绍了青蒿素的结构。不久后,周维善的小组得知瑞士也在进行青蒿素的全合成研究。

许杏祥说:"青蒿素是一个含过氧基团的倍半萜内酯化合物,分子式

$C_{15}H_{22}O_5$,其中 15 个碳中有 7 个是手性碳,罕见的过氧基团以内型方式固定在两个四级碳上形成'桥'。这一奇特结构的全合成极具挑战性,尤其是过氧桥的构建和手性碳的构建都相当困难。"

1982 年,年近花甲的周维善对组里同志说:"如果青蒿素不全合成成功,我决不退休!"在青蒿素的全合成设计中,最关键的一步是如何加入过氧基团。在尝试多种方法后,许杏祥提出以青蒿酸代替香草醛作为合成的起始物。

"这是一个非常重要的建议!"周维善说,"经过组里同志,特别是许杏祥和朱杰的细心努力,我们终于实现了青蒿素的合成。合成的青蒿素与天然青蒿素完全一致。那天是 1983 年 1 月 6 日,全组同志都无比高兴。但我们的工作还没有完成,我们需要继续完成双氢青蒿酸的全合成,这样才能真正称得上是青蒿素的全合成。"

1984 年初,他们成功实现了青蒿素的全合成,其研究成果《青蒿素及其一类物结构和合成的研究》也在当年发表在第 42 期的《化学学报》上。

1977 年,青蒿素项目在全国科学大会上获得重大成果奖;1987 年,青蒿素全合成成果荣获国家自然科学奖二等奖。

科学的方法可以提高青蒿素的产量。2005 年 10 月,周维善联合洪孟民、金国章等 7 位中国科学院院士,联名致信中国科学院,呼吁加强青蒿素衍生物合成及其化学结构优化合成的研究。他们写道:"中国企业要参与国际青蒿素类药物的竞争,唯一的办法是创新技术,通过申请专利来保护自己的知识产权,确保自己在国际市场上的优势,争取与国际制药企业同台竞争的地位。"

同时,他们还呼吁加强中药青蒿、青蒿素及其衍生物的科学技术研究,在资源、化学、新用途和复方抗疟药等方面不断创新,以保持国际领先地位。他们还希望推进青蒿素类药物科技成果的产业化、国际化发展,使青蒿素产品在较短时间内重新夺回我国青蒿素在国际市场上应有的地位,为中医药事业的发展作出贡献。

思政资源与知识讲解的融合:在讲述化合物的谱图解析内容时,可以通过实例分析来引导学生理解如何正确推导未知物的结构。这要求学生充分运用辩证唯物主义中的物质观、联系观、发展观和全面观。其本质在于,根据化合物的不同展现形式,通过理论逻辑思维推导来揭示其真实面貌,展示物质的本质。

思政元素:辩证统一的认识论和方法论;科研报国的使命感和责任感

案例剖析:通过青蒿素结构鉴定的全过程进行案例剖析,可以引导学生归纳和总结每种波谱方法在分子结构解析中的优势和不足。这将有助于学生体会其中蕴含的共性与个性的哲学观点,并理解如何充分运用辩证唯物主义中的物质观、联系观、发展观和全面观来正确推导未知物的结构。这样的教学过程有利于培养学生辩证统一的认识论和方法论,激发他们对专业的热爱,并树立科研报国的使命感和责任感。

参考资料:

[1] 田向荣,高保卫,冯俊涛. 课程思政在"有机结构分析"中的实践探索[J]. 高教论坛,2020(4):59-60,96.

第四章 《物理化学》部分

课程性质:专业必修课。

课程简介:物理化学是一门从物理学角度分析物质体系化学行为的原理、规律和方法的学科。该学科广泛采用了物理学的理论和实验方法,从研究化学变化与物理变化的相互联系入手,探求化学变化中普遍和本质的内在规律性。《物理化学》课程主要涵盖化学热力学、化学动力学、电化学、界面现象、胶体化学等知识内容。化学热力学研究反应进行的方向和最大限度以及外界条件对平衡的影响;化学动力学研究反应进行的速率和反应的机理;电化学研究电能和化学能之间的互相转化以及转化过程中的相关规律;界面现象和胶体则讨论物质在高度分散时的性质和规律。

物理化学的形成与发展使人们对化学变化的认识与研究从定性阶段发展到定量阶段,从经验性、描述性为主向推理性、理论预见性增强的方向发展。因此,物理化学是各化学分支学科的理论与方法的基础,是化学各相关专业学生必修的一门基础理论课。

典型案例 一

教学内容：状态方程。

思政资源：范德瓦耳斯方程与1910年诺贝尔物理学奖。

18世纪，瑞士物理学家丹尼尔·伯努利提出了气体分子的刚球模型，该模型考虑到分子体积的影响，因此将气体状态方程修改为 $p(V-b)=RT$ 的形式。1847年，法国化学家和物理学家亨利·维克托·勒尼奥进行了大量实验，结果发现，除了氢气之外，没有其他气体严格遵守玻意耳定律，即在恒温条件下，气体的压强与体积并不严格成反比。随着实验精度的提升，人们发现实际气体的特性与理想气体有所不同，例如体积变化时内能也会随之改变，存在相变的临界温度等。这些差异主要源于实际气体分子间的作用力。即使在没有碰撞的情况下，分子间依然存在相互作用，这使得其状态变化与理想气体状态方程产生偏离。在低压强下，理想气体状态方程尚能较好地描述实际气体的性质，但随着气体密度的增大，两者之间的偏离也越来越显著。

范德瓦耳斯

1873年，荷兰物理学家范德瓦耳斯提出了一种新的实际气体状态方程，即范德瓦耳斯方程。他假设气体分子是具有相互吸引力的刚球，且作用力范围的半径超过分子半径。该方程改进了理想气体状态方程,主要考虑了被理想气体模型忽略的两个因素:气体分子的大小和分子间的相互作用力。这样一来,方程便能更准确地描述气体的宏观物理性质。范德瓦耳斯方程能够很好地反映高压强下实际气体的状态变化,而且经过推广,还可以近似地应用于液体状态。这一方程在众多近似方程中最为简洁、易用。由于这一杰出贡献,范德瓦耳斯在1910年荣获了诺贝尔物理学奖。

范德瓦耳斯的人生经历充满曲折。1837年11月23日,他出生于荷兰莱顿一个贫困的木工家庭。他的早期教育仅限于阅读、写作和基础算术,很少有机会接触自然科学。15岁时,他便离开学校成为一名小学教师,24岁时晋升为小学校长。然而,他渴望获取更多知识,因此在业余时间于当地的莱顿大学学习数学、物理和天文学课程。由于当时必须通过拉丁语考试才能获得入学资格,他多次被大学拒绝注册为全日制学生。后来,荷兰进行了全面的教育改革,推行了中学教育制度。范德瓦耳斯因此成为一名中学老师,并开始了十多年的物理教学生涯。随着荷兰教育政策的进一步改革,高考取消了拉丁语考试的要求,这为范德瓦耳斯打开了新的大门。他很快通过了莱顿大学的物理和数学资格考试,正式入学。1873年,36岁的他获得了博士学位。正是在他的博士论文《关于气体和液体状态的连续性》中,他提出了范德瓦耳斯方程,为热力学的发展做出了重要贡献。

1880年,范德瓦耳斯还发现了"对应态定律"。该定律指出,如果将压强、体积和温度分别表示为临界压强、临界体积和临界温度的单调函数,就可以得到适用于所有物质的普遍物态方程。这一理论预测了气体液化所需的条件,对于所谓"永久"气体的液化具有重要的指导作用。正是在这个定律的指导下,苏格兰物理学家、化学家詹姆斯·杜瓦在1898年成功制得了液态氢,而荷兰低温物理学家海克·卡末林·昂尼斯在1908年制得了液态氦。昂尼斯因研究低温和制成液态氦而荣获1910年的诺贝尔物理学奖。他曾表示:"我们一直将范德瓦尔斯的研究视为实验成功的关键,莱顿的低温实验室正是在他的理论影响下发展起来的。"这足以彰显范德瓦尔斯成就的重要性。

思政资源与知识讲解的融合:在讲解状态方程时,向学生介绍状态方程的研究历程以及诺奖得主范德瓦耳斯的生平和他在热力学方面的杰出贡献,具有双重意义。一方面,这能使学生深刻认识到范德瓦耳斯方程的重要性,进而加深对知识的理解;另一方面,这也是一次思政教育的契机,可以启迪学生学习范德瓦耳斯出身贫寒却积极进取的人生态度。他的人生轨迹——从当小学老师、中学教师到获得博士学位,再到荣获诺贝尔奖——充满了曲折,但他凭借着坚持不懈、努力奋斗的精神,最终取得了辉煌的成功。就这种精神,正是他获得成功的关键。

范德瓦耳斯的故事告诉我们,机会总是青睐那些有准备的人。正是因为他始终保持着对未知的好奇心,对科学研究充满热忱,通过自学和旁听大学课程来汲取物理知识,所以当机会来临时,他能够紧紧抓住,进入大学深造并最终获得博士学位。这无疑会激发学生的学习热情,培养他们终身学习的态度和意识。只有这样,当机遇降临时,他们才能牢牢把握,借此获得成功。

此外,通过介绍杜瓦和昂尼斯在范德瓦耳斯"对应态定律"的基础上分别制得液态氢和氦的成就,以及他们对范德瓦耳斯研究成果的肯定和高度评价,可以让学生深刻体会到科学家们之间那种传承与发展、相互尊重的科学精神。

思政元素:积极进取的人生态度;传承与发展的科学精神;终身学习的态度和意识

案例剖析:在讲授状态方程这一知识点时,通过引入状态方程的发展历程和科学家范德瓦耳斯的个人经历,可以引导学生从范德瓦耳斯的人生历程中感悟到积极进取的人生态度和终身学习的理念。这对于学生树立远大理想,保持学习热情,成为积极向上、勇于进取的新时代青年具有重要意义。

此外,通过这个思政案例的引入,还可以让学生认识到传承与发展的科学精神在人类社会进步中的重要性。传承是指将历史和文化遗产传递给后代,并确保其得以延续和发展;而发展则是根据当前的需求和条件进行不断创新和进步以实现社会和个人的共同发展。英国物理学家杜瓦和荷兰物理学家昂尼斯正是在范德瓦耳斯"对应态定律"的理论指导下进行传承与发展,成功实现了氢气和氦气的液化技术突破,推动了低温实验技术的发展并建立了低温实验室。

参考资料:

[1] 党力,周万崧,王帅,等. 化工热力学课程思政体系构建与实践[J]. 化工管理,2023(12):15-18.

[2] 潘营利. 遵从推广的范德瓦尔斯方程的气体热力学性质研究[J]. 渭南师范学院学报,2016,31(16):19-23.

[3] 张莹,侯新杰,许海波. 关于范德瓦尔斯方程修正项的新探索[J]. 河南师范大学学报(自然科学版),1999,27(3):32-34.

典型案例　二

教学内容：热力学第一定律。
思政资源：第一类"永动机"幻想的产生与破灭。

机器与能源堪称工业时代的两大支柱，而机器的运行离不开能源的动力支持。自机器诞生之初，人类便怀揣着一个梦想：创造一种无需外界能量输入，便能持续对外做功的机器，即所谓的"第一类永动机"。然而，这一理想虽美好，却难以实现。事实上，第一类永动机无法制造成功，这一结论在当今已成为共识，其构想被热力学第一定律所否定。而在热力学第一定律出现之前，历史上仍有无数人追求过这一美妙的幻想。

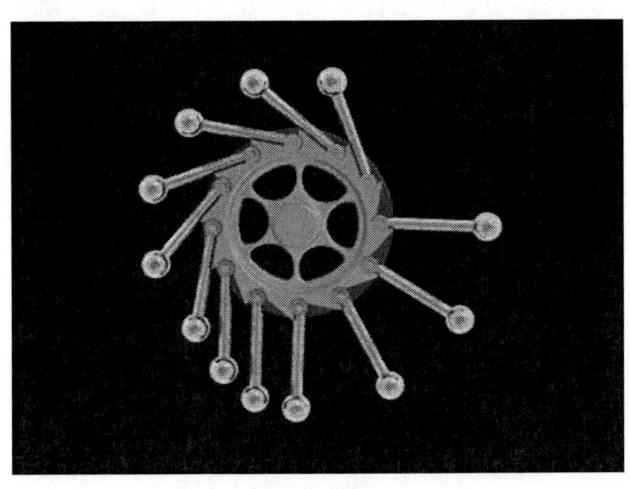

"魔轮永动机"

据历史记载，最著名的第一类永动机设想来自13世纪的法国人亨内考，他提出的"魔轮"可谓是永动机的鼻祖。他在轮子的边缘等距安装了12根活动短杆，每根短杆的一端都装有一个铁球。轮子中央设有一转动轴，无论轮子如何转动，右侧的重球总比左侧的重球离轴心更远。亨内考认为，下行悬臂在重力作用下会下落并远离转轮中心，增加下行方向的力矩；而上行悬臂则在重力作用下靠近转轮中心，减小力矩。这种力矩的不平衡将驱动"魔轮"旋转。尽管该设计被多次复制,但从未实现永不停歇的转动,轮子在转动几圈后便会停下。经分析发现,虽然下行方向的球产生的力矩较大,但数量较少;而上行方向的球产生的力矩虽小,数量却多。最终,两边达到平衡状态,因此轮子即使最初被推动,最终也会在阻力的作用下慢慢停止转动。所以,轮子不会持续转动并对外做功,只会摆动几下后停止。

随后,在文艺复兴时期,著名的意大利科学家和艺术家列奥纳多·达·芬奇设计了"滚珠永动机"。他利用特殊形状的格板,使一侧的重球滚到另一侧距离轮心较远的位置。达·芬奇认为,由于右侧的重球比左侧的重球离轮心更远,这种不平衡将使轮子持续向某一方向转动。1570年,意大利的泰斯尼尔斯提出了"磁石永动机",试图利用磁石的吸力实现永动。而在16世纪70年代,意大利机械师斯特尔则提出了"浮力永动机",希望通过水槽流出的水冲击水轮转动来对外做功。欧洲宫廷中曾聚集了众多设计师,他们试图通过这种虚幻的发明来谋取财富,甚至其中混杂了不少骗子。然而,这些方案都以失败告终。

实际上,在所有永动机的设计方案中,我们总能找到一个平衡位置。在这个位置上,各个力相互抵消,不再产生任何推动力。因此,所有永动机最终都会在这个平衡位置上静止下来,变成不动机。

经过不断的实践和失败的尝试,人们逐渐认识到:任何机器要对外界做功,都需要消耗能量。直到19世纪中叶,热力学第一定律即能量守恒定律的提出,人们才彻底明白:自然界的一切物质都具有能量,这些能量可以以不同的形式存在并相互转化、传递。在转化和传递过程中,能量的总量保持不变。因此,不消耗能量而能持续对外做功的"第一类永动机"违反了能量守恒定律,是不可能实现的。

思政资源与知识讲解的融合: 尽管永动机的设计方案层出不穷,但都在现实的严格检验下破灭,无人能真正创造出不需消耗能量的永动机。永动机的失败实际上验证了热力学第一定律的准确性。能量不会凭空产生,只能在形式间转化或在物体间转移,且总量恒定。热力学第一定律是热力学的重要组成部分,在讲授此知识点时,巧妙融入第一类永动机的历史背景,能有效吸引学生的注意力,激发他们的学习兴趣。同时,这也传达了一个深刻的道理:不劳而获是不切实际的,只有在正确方向的引导下,通过不懈努力才能实现理想和目标。这有助于学生树立自力更生、勤奋努力的价值观。此外,通过这一案例,我们还可以培养学生逆向思考的能力——虽然永动机的尝试失败了,但科学家们并未因此而气馁。他们从永动机的失败中进行反思,进而发现了能量守恒与转化定律。这鼓励学生从失败中汲取教训,坚持不懈,从而达到思政教育的目的。

思政元素:自力更生、勤奋努力的价值观;逆向思考的能力。

案例剖析:自力更生和勤奋努力是共产党人的核心品质,是国家建立的基石,也是每个人成就事业的基础。习近平总书记强调,无论未来物质生活如何丰富,我们都不能丢失自力更生和勤奋努力的精神。只有脚踏实地、勤勉工作,我们才能专注于自身的发展。这种价值观对于培养合格的社会主义建设者和接班人具有深远的现实意义和时代价值。永动机的失败告诉我们,任何不劳而获、期待天上掉馅饼的想法都是不切实际的,只有自力更生、勤奋努力才是成功的关键。当然,我们的努力和坚持也必须在正确的道路上进行。永动机的失败提醒我们,必须遵循自然规律,任何违背规律的行为都是徒劳的。这启示我们在行动前,应首先判断其背后的逻辑是否符合科学规律,并在正确的世界观、人生观和价值观的指引下,选择正确的发展方向。只有在正确的道路上,我们才有可能取得成功。

逆向思维,也称为反向思维,是对那些习以为常、已有定论的事物或观点进行反向思考的方式。它鼓励我们"反其道而思之",从不同的角度审视问题,可能会带来惊人的发现和意外的收获。正是永动机的多次失败尝试,引发了人们的深刻反思。科学家们从永动机的失败中汲取灵感,通过逆向思考,最终发现了能量转化与守恒定律。这鼓励学生勇于探索,面对失败时要深入反思原因,不要轻易放弃。只有找到失败的根本原因,我们才能重新找到正确的方向,更快地前行。

参考资料:

[1] 张海慧. 为什么造不出来永动机 [J]. 中学生数理化(八年级物理)(配合人教社教材),2022,(6):20+31.

[2] 刘尧锟. 论第一类永动机幻梦的破灭 [J]. 高考,2016,(15):197.

[3] 邰浩. 从"永动机"的制造历史谈可再生能源的发展前景 [J]. 吉林省教育学院学报,2011,(5):146-148.

[4] 梁晋,卢瑞霞. 永动机探索历史概述 [J]. 科学技术创新,2018,(7):49-50.

典型案例 三

教学内容：相变焓。
思政资源：青藏铁路冻土治理——热棒技术。

青藏铁路上的"热棒"

青藏铁路，被誉为"神奇的天路"，是全球海拔最高的铁路。在建设过程中，高寒、缺氧和冻土是三大主要难题，而冻土问题尤为棘手。冬季水结冰导致地面隆起，夏季冰融化后水流动，都会使冻土上的铁路路基变形，引发事故。这一难题长期困扰着中国的科学家和铁路建设者。因此，青藏铁路穿越"千年冻土"区的关键，就是如何保持冻土在夏季高温下不受影响，确保路基的坚固与稳定。经过多年的连续观测和分析，科技工作者发现采用通风管、块石护坡、片石气冷、热棒等措施对冻土路基的保护效果显著，从而创新性地解决了"冻土保护"的难题，为青藏铁路的成功建设作出了重要贡献。

热棒，作为解决冻土问题的核心技术之一，又被称为无需用电的"冰箱"。在冻土区域，路基两侧插着的像护栏一样的金属棒就是"热棒"，它们间隔 2 米，高出路面 2 米，深入路基下 5 米。这些热棒是中空的，内灌液态氨，顶端装有散热片。当路基温度达到相变点时，液氨开始蒸发，此过程吸热，能带走冻土层的热量。到达顶端散热层后，氨通过相变释放热量并重新变为液态，回流到底部，如此循环保护路基。

热棒技术的成功研发与应用,凝聚了我国科技工作者的持续努力和坚持。为将热棒技术成功应用于青藏铁路路基保护,自 2001 年起,在清水河试验段进行了热棒冷却路基的实验研究。2002 年,在优化热棒结构后,安多段进行了对比试验。2003 年,北麓河进行了关于热棒施工、设计参数等方面的研究。潘卫东等人系统阐述了热棒的工作原理及其在寒冷地区工程中的应用潜力;李永强等人则探究了管径、蒸发段长度和埋设方式对热棒制冷量及降温效果的影响。中圣科技(江苏)有限公司与中国科学院南京冻土工程研究中心合作,研发出专利技术产品——"带中心测温管的低温热棒",并受原铁道部委托,主导制定了青藏铁路冻土治理低温热棒的技术标准。

自青藏铁路开工以来,经过 1 800 多个日夜,建设者们冒着严寒、风雪,战胜缺氧、冻土等困难,以惊人的毅力和勇气挑战极限,攻克了"高寒缺氧、多年冻土、生态脆弱"三大难题,书写了人类铁路建设史的辉煌篇章。青藏线穿越历史与未来,承载着梦想与期待。中国人民在雪域高原筑起了中国铁路建设的新里程碑,也铸就了挑战极限、追求卓越的"青藏铁路精神"。

思政资源与知识讲解的融合:"相变焓"是热力学第一定律的核心内容之一。焓,一个抽象概念,虽具有能量单位且为状态函数,却无明确物理意义,属衍生函数。但它在热力学中应用广泛,无论物理或化学变化,均可通过焓变阐释热力学性质与问题。使学生熟练掌握相变焓与其他热力学函数的关系及应用,是物理化学课程的重难点。

热棒技术恰是利用了"相变焓"的原理。将此案例引入课程,不仅可将抽象的相变理论转化为生动实例,便于学生理解,同时可融入思政元素进行教育。青藏铁路绕过可可西里生态保护区,选择挑战冻土区,彰显了我国生态保护的坚定决心,这有助于学生理解绿色发展的理念。此外,从案例中可感受到我国科研与工程技术人员面对世界难题时的勇敢挑战与创新精神,成功攻克冻土开发难题。最后,通过案例让学生领悟"挑战极限、勇创一流"的青藏铁路精神,培养爱国情怀,增强民族自豪感。

思政元素:绿色发展理念;青藏铁路精神

案例剖析:党的二十大报告强调:"推动绿色发展,促进人与自然和谐共生。""必须牢固树立和践行绿水青山就是金山银山的理念,站在人与自然和谐共生的高度谋划发展。"绿色发展对我国全局发展至关重要,是突破资源环境限制,转变发展方式,实现可持续发展的必然选择。青藏铁路的建设就体现了这一理念,它在不破坏可可西里生态环境的基础上,利用热棒等技术解决了冻土问题。

本案例将抽象的相变理论与实际应用相结合,增强了学生的直观理解。冻土问题的解决展现了科学家们的攻坚克难与创新精神。青藏铁路的成功不仅体现了绿色发展理念,更是"挑战极限、勇创一流"的青藏铁路精神的展现,同时也彰显了我国制度的优越性。通过此案例,我们鼓励学生扎实掌握基础知识,将理论与实际结合,传承精神,树立家国情怀,为科研与国家发展贡献力量。

参考资料:

[1] 田亚护,刘建坤,沈宇鹏. 青藏铁路多年冻土区热棒路基的冷却效果三维有限元分析 [J]. 岩土工程学报,2013,35(S2):113-119.

[2] 张晔. 他给青藏铁路冻土区装上"空调" [N]. 科技日报,2021-07-05(5).

[3] 杨永平,魏庆朝,周顺华,等. 热管技术及其在多年冻土工程中的应用研究 [J]. 岩土工程学报,2005,27(6):698-706.

[4] 潘卫东,赵肃菖,徐伟泽,等. 热棒技术加强高原冻土区路基热稳定性的应用研究 [J]. 冰川冻土,2003,25(4):433-438.

[5] 李永强,吴志坚,王引生,等. 青藏铁路冻土路基热棒应用效果试验研究 [J]. 中国铁道科学,2008,29(6):6-11.

典型案例　四

教学内容：热力学第二定律。

思政资源：卡诺热机与热力学第二定律的问世。

在 9 世纪初,蒸汽机的出现标志着人类找到了将热能转化为机械功的方法。蒸汽机通过燃烧燃料产生蒸汽,进而推动活塞做功。它在工业革命中扮演了关键角色,曾被用于驱动泵、火车头和现代轮船。如今,蒸汽涡轮发动机仍然在发电领域发挥着作用。尽管最初的蒸汽机热效率仅为 3%～5%,大量能量被浪费,但它的发明依然推动了欧洲的工业革命,加速了法国和英国的工业化进程。然而,当时人们对蒸汽机的理论了解有限,如何提高热机效率成为热机工程界追求的目标。

1824 年,法国年轻工程师兼热力学奠基人之一的尼古拉·莱昂纳尔·萨迪·卡诺设计出了一款理想的高效热机。卡诺兼具理论与实践才能,是首个将热与动力相联系的人,为热力学奠定了真正的理论基础。他创造性地通过"理想实验"提出了具有重要理论意义的热机循环——卡诺循环,该循环在准静态条件下可逆,与工作物质无关。他设计了一款理想的热机,即卡诺热机,并在论文《论"火"的动力和能发动这种动力的机器》中发表。论文中,卡诺指出该热机必须包含热源和冷源,并经历四个过程:恒温膨胀、绝热膨胀、恒温压缩和绝热压缩。卡诺热机在工作时,总会向冷源散热,不可避免地会带走部分热量 Q_c。热机做的功 W 与从热源吸收的热量 Q_h 之比,被定义为热机的效率。因此,实际生活中热机的效率无法达到 100%。通过对这种热机的研究,卡诺提出了著名的卡诺定理:"在两个不同温度($T_h > T_c$)热源之间工作的所有热机中,可逆热机的效率最高"。这从理论上指明了提高热机效率的途径,并证明了热与功的转换存在极限,即热机无法将吸收的全部热量转换为功,这为热力学第二定律的数学表达式奠定了基础。遗憾的是,这篇重要论文在当时并未引起广泛关注。1832 年 8 月 24 日,卡诺因霍乱病逝,年仅 36 岁。因霍乱病逝,他的大量手稿被销毁。卡诺离世后,他的工作很快被世人遗忘。

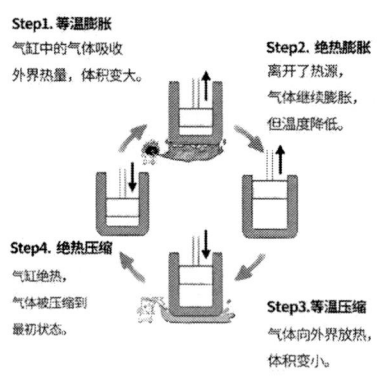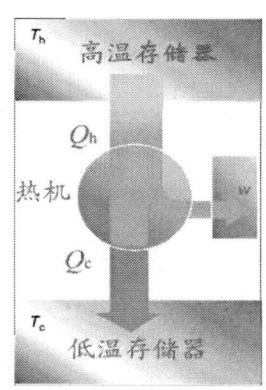

卡诺热机和卡诺循环示意图

1834年，卡诺的学弟克拉贝龙认真研读了这篇论文，视其为珍宝。克拉贝龙进一步发展了卡诺的理论，并在学院学报上发表了题为《论热的动力》的论文，利用 $p-V$ 曲线解释了卡诺循环，但同样未能引起人们的注意。直到19世纪中叶热力学第一定律建立后，克劳修斯和开尔文重新审视了卡诺定理，并据此分别提出了热力学第二定律的两种表述：1850年，克劳修斯表述为"热量不能自发地从低温物体传导到高温物体"；1851年，开尔文表述为"不可能从单一热源取热使之完全转换为功而不产生其他影响"，从而确立了卡诺定理的重要地位。随后，克劳修斯对卡诺热机进行了数学描述，并在1857年和1866年提出并定义了熵的概念，得出了热力学第二定律最普遍的数学表达式。1892年，德国物理化学家威廉·奥斯特瓦尔德将开尔文的表述简化为"第二类永动机是无法制造的"。所谓第二类永动机，是指能够从单一热源吸热并完全转化为功而不产生其他影响的机器，它虽然不违反热力学第一定律，但却违反了热力学第二定律。

思政资源与知识讲解的融合：从人们对蒸汽机热机效率的关注，到卡诺的"卡诺热机"模型与克拉贝龙的持续报道，再至克劳修斯和开尔文对卡诺定理的深入审视，热力学第二定律的轮廓逐渐清晰。这一系列事件不仅展现了科学家们的坚持与再创造，也让学生深刻感受到人类对科学探索的坚定与执着；卡诺、克劳修斯等人将复杂的理论通过图形和公式简洁表达，展现了科学符号的魅力，从而激发学生对科学学习的热情；而克拉贝龙通过阅读卡诺的遗留材料获得重大发现，这也启发学生要善于利用各类学习资源，关注研究成果，有效获取、评估和使用信息，或许能有所发现。

思政元素：坚持不懈的科学探索精神；科学符号之美；信息素养。

案例剖析： 在引入这些思政案例前，多数学生对卡诺热机与热力学第二定律的关系理解不深，仅视其为推导热功转换效率的工具，忽略了卡诺对热力学的贡献，这无疑是对学生人文和科学精神培养的缺失。通过介绍卡诺热机和热力学第二定律的演变，不仅能加深学生对知识的记忆，更能通过科学家的探索精神和学习态度，启迪学生的思维，使学科知识和思政理念深入学生内心。

信息素养作为传统文化素养的延伸，包括信息意识、信息伦理、信息知识及信息能力。其中，信息能力是核心，涉及信息的获取、分析和加工。提升信息素养，就是培养独立学习、批判思考和社会责任感的能力，以及捕捉、引申和创造新信息的能力。信息素养与我们的生活紧密相连，是终身学习的关键。具备信息素养的人，能够自我学习、探求知识、评价和分析问题。后来的科学家们正是通过深入研究卡诺的论文和手稿，重新审视卡诺定理，才发现了热力学第二定律。在知识经济时代，信息成为核心资源，对国家综合实力具有决定性影响。因此，在教学中培养学生的信息素养，是为国家培养创新人才的基础，应贯穿于教学的各个环节。在讲解热力学第二定律时，引入其发展历程，有助于培养学生的信息素养意识。

参考资料：

[1] 代雨航.《物理化学》课程思政的探究与实践——以热力学第二定律为例[J]. 化工设计通讯，2022，48(1)：131-133.

[2] 刘万强，刘奕，陈述，等. 物理化学在线课程教学设计与实践——以热力学第二定律与卡诺热机为例[J]. 化学教育(中英文)，2021，42(2)：17-23.

[3] 王旭珍，王新平，王新葵，等. 大道至简，润物无声——物理化学课程思政的实践[J]. 大学化学，2019，34(11)：77-81.

典型案例　五

教学内容：亨利定律。

思政资源：航天员出舱前吸氧排氮。

载人航天是人类在太空中进行探测、研究、试验及军事应用的活动,它融合了国家政治、军事和科技实力,是一项高难度的系统工程。中国载人航天工程,代号"921工程",始于1992年9月21日,是中国空间科学实验的重大战略项目。截至2023年5月30日,已有18位中国航天员飞入太空。从无人到载人,从短暂停留到长期驻留,从舱内到舱外,从单体飞行到组合体稳定飞行,三十余载的载人航天工程建设,不仅助力创新型国家和科技强国建设,更是实现中国梦、航天梦的具体行动。它在彰显国力、服务国家战略、推动科技创新及经济社会发展中扮演了关键角色。

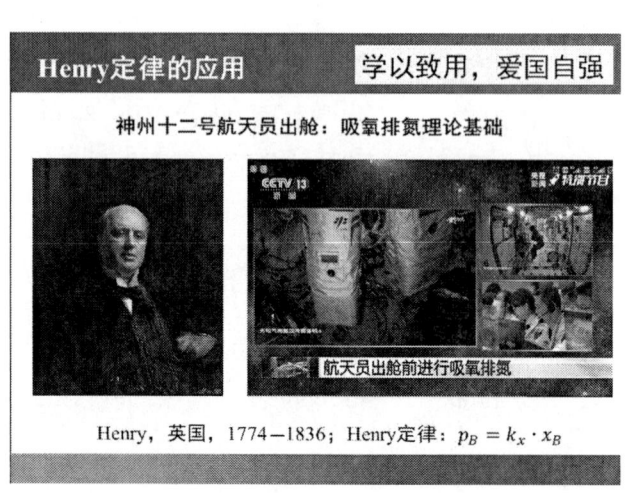

亨利定律讲解中融入思政资源的部分教学展示

航天工程要求极度精确,不容任何差错。地球表面大气压约为101 kPa,而现有空间站的气压与此相近,确保宇航员感觉舒适。然而,太空为真空环境,宇航员进行舱外活动必须穿特制航天服。目前航天服的气压维持在30～40 kPa之间,出舱时航天服会因内外气压差而膨胀。气压越高,膨胀越明显,不仅影响活动便利性，还可能导致缺氧，因此航天服内充入纯氧。

宇航员在进行舱外活动前，需进行"吸氧排氮"操作。若人体从标准大气压迅速进入低气压环境，血液中溶解的氮气会迅速释放，形成气泡，可能导致血管堵塞，引发减压病，症状从关节疼痛到中风偏瘫，甚至危及生命。为预防此病症，宇航员需在降压前排出溶解在血液中的氮气，方法即为吸入纯氧。血液中溶解氮气的原因是空气中氮气占78%。在纯氧环境中，血液中的氮气会随呼吸释放，从而降低其浓度。而血液对氧气的溶解能力较强，即使减压也不易形成气泡。出舱前，宇航员会经历大流量冲洗，即向航天服内持续输送氧气，以冲刷出氮气，确保航天服内为纯氧环境，此过程称为"吸氧排氮"。完成后，气闸舱会缓慢排气至真空状态，再打开舱门，确保宇航员安全进行舱外活动。针对我国航天条件，采用30分钟的"吸氧排氮"方案来预防减压病。

思政资源与知识讲解的融合： 亨利定律是物理化学的基本定律之一，是"多组分系统热力学及其在溶液中的应用"章节的重要内容，其表达式为：$p_B = k_x \cdot x_B$。1803年，英国科学家亨利（Henry）研究气体在液体中的溶解度规律时发现了该定律，并以其名字命名。根据亨利定律可以得出，气体的分压与气体在多组分系统中的含量成正比，这可以很好地解释"吸氧排氮"机理。空气中N_2的含量较O_2多，N_2的分压大，它会溶解在人体组织内，在遭遇低气压时，体内N_2的含量也会相应减少，从组织中析出，从而影响人体健康甚至威胁生命安全。因此，航天员在出舱前要吸入纯氧，使O_2在血液中的含量相应增加，N_2减少，而且O_2在人体溶解能力强，在这种情况下航天员进入到低压环境时，对人体的伤害将大大降低。

2008年9月27日，神舟七号航天员翟志刚在刘伯明、景海鹏的密切配合下，圆满完成了我国首次空间出舱任务，迈出了中国人舱外行走的第一步。此次出舱前的"吸氧排氮"操作，正是基于200多年前的亨利定律。这一实例生动地展示了如何运用基础原理解决新生和实际问题，让学生深刻感受到理论知识在航空航天领域的具体应用。载人航天工程是一个复杂且带有很大风险的系统性科技工程，而亨利定律只是其中应用的众多科学原理之一。实际上，这个工程的开发过程中运用了诸多类似原理，每个细节都力求精益求精，不容许任何差错。通过这个案例，学生可以深刻体会到学习基础知识的重要性，并感受到航天人"特别能吃苦、特别能战斗、特别能攻关、特别能奉献"的航天精神。正是这种精神，激励着一代又一代航天人将我国的航天事业推向新的高度。

思政元素： 理论指导实践；载人航天精神。

案例剖析:"小公式,大用途",亨利定律在载人航天工程中的重要作用,可以让学生们深刻体会到基础知识的重要应用。此案例有助于学生树立深入思考、学以致用的理念,体会理论对于实践的指导作用,并重视基础知识的储备和应用。同时,它还能激发学生的学习热情和探索欲望,培养他们自主发现问题、分析问题和解决问题的能力,让知识变得"活起来""动起来""用起来"。

2022年4月12日,习近平总书记在视察海南文昌航天发射场时的讲话中提到:"我们要大力弘扬'两弹一星'精神、载人航天精神,坚持面向世界航天发展前沿、面向国家航天重大战略需求,强化使命担当,勇于创新突破。"本案例正是响应党和国家号召,弘扬载人航天精神,激发青年学子对祖国的热爱、对科学的崇尚以及对未知的探索热情,是增强学生民族自豪感的典型范例。

参考资料:

[1] 郑晓慧. 高空低压缺氧生理防护的应用和基础研究 [J]. 航空军医, 2004, 32(5): 185-188.

[2] 彭远开, 肇海, 马婷, 等. 30 min 吸氧排氮对模拟出舱活动减压病发生率影响的研究 [J]. 载人航天, 2016, 22(3): 394-398.

[3] 刘伟波, 刘朝霞, 陈金盾, 等. 载人探月航天器大气压力制度选择 [J]. 载人航天, 2016, 22(6): 687-693.

[4] 林长春. 亨利定律的历史概观 [J]. 化学教育, 1994 (9): 46-48.

[5] 吴月华, 寇荷超. 传承载人航天精神培育社会主义核心价值观 [J]. 改革与开放, 2017 (17): 13-14.

典型案例　六

教学内容：水的相图。
思政资源：黄子卿精确测定水的三相点。

黄子卿

　　相图是描述物质的组分、物相与外界条件(如温度、压力等)在平衡状态下相互关系的几何表示。它能够为凝聚态物理、矿物学、冶金学和材料科学等领域提供重要工具,帮助找到实现相变或相形成的可行路径和条件。特别地,水的相图作为研究水相态变化的实验成果,对于分析和研究热力学过程,尤其是涉及水的相变和相平衡情况,具有关键作用。在工程领域的热力学计算和系统设计环节中,它的重要性不言而喻。值得一提的是,水的相图中存在一个独特的三相点,在这一点上,水的气、液、固三相可以共存,且此点的状态不会随温度或压力的变化而改变。这个三相点不仅是热力学温度的唯一基准点,还是 1990 年国际温标(ITs-90)中定义的最基本、极其重要的固定点。

　　1934 年,当黄子卿在麻省理工学院攻读博士学位时,他在著名热力学家贝蒂的指导下进行了水的三相点测定研究。这项工作极为复杂,但黄子卿凭借其严谨的科学态度和精密的实验设计,经过长达一年的反复测试,最终精确测定了水的三相点温度为 0.00980±0.00005 ℃。这一重要成果在 1945 年被美国华盛顿哲学会主席斯廷森高度评价，并于 1948 年被选作国际实用温标（IPTS-1948）的基准点参照数据。同年，因其在水三相点精确测定方面的贡献，黄子卿的名字被录入美国出版的《世界名人录》。他对热力学温度单位建立的贡献，是中国科学家对世界计量科技发展的重大贡献，值得我们永远铭记。

作为我国著名的物理化学家、化学教育家以及中国科学院学部委员，黄子卿的科研精神——严谨求实、一丝不苟、精益求精——为我们树立了典范。在长达 55 年的高等学校化学教育生涯中，他曾在西南联合大学、北京大学任教，主讲过物理化学、化学热力学、统计力学、电化学和溶液理论等课程，是我国物理化学领域的重要奠基人之一。他所撰写的《物理化学》一书于 1956 年出版，作为国内首部物理化学教科书，其"理论严谨，文字精练"的特点使其成为该领域的主要参考书。

黄子卿坚信授课和研究是报国的重要途径，对此他全心投入，而对其他事务则持淡然态度。他独特的教学风格——一丝不苟、立论严谨、循循善诱——使学生们印象深刻。在抗战期间，随西南联大辗转云南的黄子卿，即便在衣食不保的艰苦环境下，仍视教育事业为毕生追求。在给父亲的信中，他写道："教育界虽清苦，却是我尽责之所在。"

黄子卿的爱国心与科研热情同样令人敬佩，他的事迹激励并感动了几代人。1935 年，黄子卿在获得麻省理工学院博士学位后，因其卓越才华，受到了学院化学系主任及芝加哥大学原子能研究所领导的挽留。当时正值日本全面侵华战争前夕，他们劝说道："你的国家现在如同一只在风雨中飘摇的破船，哪里会有美国这样优越的研究条件？"黄子卿却坚定地回答："我的祖国正在遭受苦难，我愿与她共渡难关！"随后，他毫不犹豫地回到了祖国。1948 年，黄子卿再次赴美，于加州理工学院深造，师从诺贝尔化学奖得主莱纳斯·卡尔·鲍林。鲍林曾尝试劝说他留在美国专心研究，但黄子卿如同十几年前一样坚决拒绝："我是中国人，我的家在中国，我必须回去。"1949 年夏天，他回到祖国并继续投身于教育事业。1978 年，已近八旬的黄子卿仍不辞辛劳，以中国化学会副理事长的身份在中国化学会年会上发表演讲。面对大家的关心，他表示："我应该站出来讲话，为实现四个现代化，我将竭尽全力，在有生之年为中国化学事业贡献自己的力量。"黄子卿坚定不移的爱国信念、精益求精的科研精神以及矢志不渝的职业担当，是他留给我们后人的宝贵财富。

思政资源与知识讲解的融合：水的相图是"相平衡"章节的重要和难点内容。通过学习这一知识点，学生应熟练掌握相图的基本规律、特点、分析方法及应用，并能据此解析更复杂的相图。对于初学者而言，冰点与三相点容易混淆，因此学生需对二者进行明确区分，并深入理解三相点的意义。

通过引入黄子卿精确测定水三相点的案例，可以帮助学生清晰区分三相点与冰点，直观感受精确测定三相点的难度，了解三相点在确立热力学温标中的重要作用。这不仅能增加学生对精益求精的大国工匠精神的认识，还能培养他们严谨求实的学习态度。黄子卿对祖国的深情厚谊为学生培育爱国主义精神奠定了坚实基础。回国后，他积极投身于祖国的高等教育事业，通过教书育人、教材编撰和科研活动，以身作则，为国家培养了大批人才。他的事迹也能激发大学生投身教育事业的热情和责任感。

思政元素：严谨求实的治学态度；精益求精的大国工匠精神；坚贞不渝的爱国情怀。

案例剖析：化学作为一门实验科学，黄子卿精确测定水的三相点的实例，为学生提供了真切体验科研精神的生动教材。通过本案例的引入，学生可以深刻领会到精益求精的大国工匠精神，培养出严谨求实、认真钻研的学习和实验态度，并受到鼓励去尊重科学，努力进取。

虽然科学无国界，但科学家有祖国。爱国是"科学家精神"的首要原则。在攀登科技高峰的同时，科学家应将祖国放在心中，以科学家精神激发"以身许国，何事不可为"的勇敢担当。通过讲述黄子卿老先生积极投身于祖国高等教育事业的感人故事，学生能深受黄老先生教育情怀的感染，同时更深刻地理解"爱国、敬业"的社会主义核心价值观，从而实现思政教育的目标。

参考资料：

[1] 黄成新，赵匡华. 第一个精测水三相点的物理化学家黄子卿[J]. 中国计量杂志，2005（3）：47-48.

[2] 刘瑞麟，阮慎康. 我国著名的物理化学家黄子卿教授[J]. 化学通报，1980（11）：55-59.

[3] 黄志洵. 忆黄子卿教授[A]. 北京大学校友联络处，笳吹弦诵情弥切——国立西南联合大学五十周年纪念文集[M]. 北京：中国文史出版社，1988：247.

典型案例 七

教学内容：锂离子电池。

思政资源：划时代的贡献——走进2019年诺贝尔化学奖。

2019年诺贝尔化学奖授予了美国固体物理学家约翰·巴尼斯特·古迪纳夫(John B. Goodenough)、英国化学家斯坦利·威廷汉(M. Stanley Whittingham)和日本化学家吉野彰(Akira Yoshino)，以表彰他们在锂离子电池发展方面所做出的贡献。颁奖词中提到："他们创造了一个可充电的世界。"锂离子电池的出现彻底变革了能量存储技术，推动了移动革命的实现，使得无化石燃料的世界成为可能。

锂离子电池主要由阴极、阳极、电解液、隔膜、外电路等部分组成，它依靠锂离子在阴阳极之间的移动来产生电流，并可通过充放电过程进行多次循环利用。其优点包括：(1)电压高，单体电池工作电压达3.7 V，是镍铬电池、镍氢电池的三倍，铅酸电池的近两倍；(2)质量轻，比能量大。锂离子电池的比能量高达150 Wh/kg，是镍氢电池的两倍，铅酸电池的四倍，因此其重量仅为相同能量的铅酸电池的三分之一到四分之一；(3)体积小，锂离子电池体积比能量高达400 Wh/L，体积是铅酸电池的1/2～1/3；(4)使用寿命长，锂离子电池的循环次数可达1 000次，使用年限为3～5年，寿命约为铅酸电池的2～3倍。且随着技术的不断革新和设备的提升，其寿命会不断延长，性价比也会持续提高。

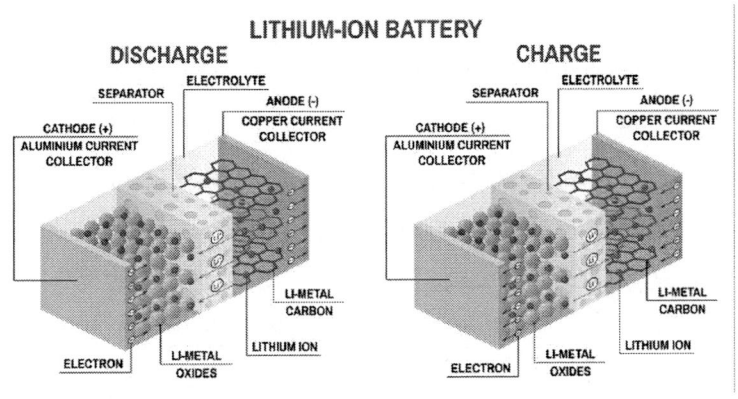

锂离子电池工作原理图

1. 锂离子电池的应用

自20世纪90年代起,锂离子电池开始广泛进入市场,被大量应用于各种便携式电子设备中,极大地便利了人们的通讯、工作和学习。近年来,它更成为备受关注的消毒机器人、送餐机器人、配药机器人等的动力电源系统。锂离子电池能够存储大量的太阳能和风能,为无化石燃料社会的实现提供了可能。电动汽车的"油箱"便采用了锂离子电池,这已成为新型清洁能源交通的核心技术。

2. 我国锂离子电池的发展——树立民族自信心

"世界锂电发展40年,而中国锂电发展了30年",虽然中国的锂离子电池产业起步晚于发达国家,但发展速度迅猛。我国在20世纪90年代初便开始了锂离子电池电极材料的研究,并于1996年成功研制出适用于移动电话和摄像机的18650型电池,其电池容量达到了日本索尼公司的水平。国家对于锂离子电池的发展给予了极大的支持,将其列入"863"计划和"九五"重点攻关项目,投入了大量的财力和物力,极大地推动了我国锂离子电池工业的发展,同时出口额也逐年攀升。据国家海关统计数据,2018年我国锂离子电池出口额达到108.25亿美元,而到了2019年则增长至130.3亿美元,同比增长了20.4%。2020年3月29日,比亚迪发布了具有自主知识产权的新锂电产品——"刀片电池"。与传统的电池包相比,"刀片电池"的体积利用率提高了50%以上,其能量密度与高能量密度的三元锂电池相当。中国科学院院士欧阳明高指出,"刀片电池"的设计在短路时产热较少且散热迅速,在"针刺试验"中展现出了出色的性能。

3. 锂离子电池技术未来的发展方向——确定奋斗目标

科研人员一直致力于提升电池性能。从铅酸电池、镍镉电池、镍氢电池到如今的锂离子电池,通过理论的突破和技术的创新,电池的能量密度在不断提高。随着锂电池生产规模的扩大和高镍化技术的应用,其价格也在不断降低。如今电池的价格已经降低到了原来的十分之一。尽管锂离子电池已经取得了显著的发展成果,但仍面临诸多挑战,例如:(1)有机液态电解液的易燃性在电化学器件中带来的安全隐患;(2)锂离子电池的充电速度受到一定限制,快速充电可能导致金属锂在石墨负极的不均匀沉积,进而形成枝晶并引发电池短路问题;(3)过度充电可能导致正极析出氧气,进而容易引发电池爆炸。此外还存在电池单元与电池组的匹配与监测问题以及大规模电池系统高昂的检测与制造成本问题。这些问题将成为未来锂离子电池研究人员的重要研究方向和奋斗目标。

思政资源与知识讲解的融合:锂离子电池是物理化学课程中可逆电池章节的重要内容。以锂离子电池为例,我们可以将抽象的课程知识变得具体而生动。作为当今动力电池研究的热点,锂离子动力电池正因其卓越性能,逐渐替代传统的铅酸电池。通过讲述诺贝尔奖背后的故事以及我国科研人员在锂离子电池研发上的辉煌成就,我们可以引导学生学习科学家们对科学的热爱、坚韧不拔、精益求精以及勇于攻坚克难的科学精神。同时,了解国内锂离子电池行业的飞速发展,不仅弘扬了民族自强不息的奋斗精神,更树立了学生的民族自信心,进一步激发学生的爱国情怀。

思政元素:民族自信;科技报国。

案例剖析:电化学主要研究电能与化学能之间的相互转化及其规律。这种能量的转换需要特定的条件(如特定的装置和介质)。例如,要将化学能转化为电能,就需通过原电池;而将电能转化为化学能,则需借助电解池。在物理化学课程中,我们重点探讨电化学的基本原理和共通规律。锂离子电池的出现,彻底革新了能量存储技术,推动了移动革命,为无化石燃料的世界铺平了道路。因此,将其引入课堂教学显得尤为重要。

将锂离子电池这一前沿科技成果带入课堂,不仅展现了教学内容的前沿性和时代性,而且结合思政元素,使得原本枯燥的理论知识变得融会贯通。这不仅加深了学生对知识的理解,还有助于培养学生解决复杂问题的综合能力和高级思维。同时,通过分享我国在锂离子电池领域的显著成就,进一步增强学生的民族自信心。此外,分析锂离子电池未来发展所面临的挑战,可以引导青年学生设定明确的奋斗目标,将爱国情感转化为实际的报国行动,成为祖国现代化建设的接班人。

参考资料：

[1] 张菊芳. 从 2019 年诺贝尔化学奖看锂离子电池的发展及前景 [J]. 化工设计通讯，2020，46(3)：237+258.

[2] 蔡民生. 我国锂离子电池行业的发展现状及趋势 [J]. 当代通信，2000(14)：18-21.

[3] 林虹，曹开颜. 2018 年我国锂离子电池市场现状与发展趋势 [J]. 电池工业，2019，23(4)：216-223.

[4] 余雪松. 我国锂离子电池产业国际竞争力明显提升[N]. 中国计算机报，2020-07-30.

典型案例 八

教学内容：动力学发展史。

思政资源：交叉分子束——诺贝尔奖获得者李远哲。

1986 年,李远哲与美国哈佛大学的赫希巴赫(D. Herschbach)教授及加拿大多伦多大学的波拉尼(John Charles Polanyi)教授共同获得诺贝尔化学奖。李远哲是第一位诺贝尔化学奖华人得主。他是"中研院"院长、美国科学院院士,也曾是复旦大学的荣誉教授,被称为"物理化学的莫扎特",是"世上最杰出、最有创意的物理化学家之一"。他的主要贡献是对自己所从事的化学动力学领域进行了深入的探讨,创造并发展了交叉分子束方法,为化学动力学的研究注入了新的生命。

李远哲

李远哲认真、坚持和拼命的态度为他在学习和科学研究上的成功奠定了坚实的基础。他从小就酷爱读书,在中学期间,就对化学表现出了浓厚的兴趣,无论是钻研化学原理还是做化学实验,往往一坐下就忘了时间。因为成绩优异,中学毕业就被保送到台湾大学医学院,但是他却放弃了,因为他的理想是在化学研究上有所建树。朋友都劝他:"你难道真的不管饭碗?不怕养不起家人,过清苦生活?"李远哲坚定地说:"出路是靠自己打开的。"1955 年,李远哲被保送上了台湾大学,1959 年考取了台湾"清华大学"的原子科学研究所,攻读硕士学位。1962 年赴美国伯克利加州大学,1965年获博士学位。后到哈佛大学化学系随赫希巴赫从事分子反应动力学的研究,当时赫希巴赫就称赞他是"惊人的实验天才"。1979年当选美国国家科学院院士,后返回台湾。

分子束是一门新学问,他用了近二十年时间才试验成功。交叉分子束方法是李远哲攻读博士学位后,与同时获诺贝尔化学奖的指导教授赫希巴赫共同研究创造的。他设计的"分子束碰撞器"和"离子束交叉仪器"能分析各种化学反应的每一阶段过程。目前,分子束已经在工业上发挥巨大作用。开发超大型集成电路时,借用分子束的技术,可以把极高纯度的半导体性原子积存在电脑板上,他的成功也推动了我国科学的发展。虽然在成功的背后,他经历了多次的失败,但他还是鼓足勇气,充满信心,勇敢地面对失败。为了吸取外国的最新科技成就,李远哲先后掌握了英、德、日、俄等多国语言。李远哲长期坚持不懈地从事交叉分子束方法的研究,以及化学物质相互反应的原理,取得了举世瞩目的成就,在化学动力学方面开辟了一个新的领域。

李远哲所取得的伟大成就,同他的锲而不舍的精神是分不开的。他认为,要做好科学研究,一定要有追根究底的精神,而这种精神是和认真严肃的工作态度分不开的。要在科研上取得成功,重要的是坚持,不能知难而退,要有锲而不舍的精神。他强调,科学研究不是个人的事情,要搞好科研,还要善于和别人进行交流合作,取长补短,否则不易成功。

思政资源与知识讲解的融合:交叉分子束是动力学发展中的重要发现,它为微观动力学注入了新的活力。这一技术能研究反应物分子碰撞前后的状态,从而深入探索化学反应的微观机理。"分子束碰撞器"与"离子束交叉仪器"的成功设计,使得人们能够详尽分析化学反应的各个阶段,在分子层面研究反应过程中的各种状态。这不仅为化学动力学开辟了新的研究领域,还为控制化学反应的方向和过程提供了广阔的前景。这一技术的成功,得益于李远哲的坚持不懈、深入探索的精神,其认真严谨的工作态度以及与同事的紧密合作也功不可没。在讲述动力学发展历程时,引入此案例能激发学生积极性,鼓励他们秉持坚持不懈、勇攀科学高峰的精神。

思政元素:坚持不懈、勇攀高峰;团结协作。

案例剖析:坚持到底即是胜利,李远哲的亲身经历传达了一个简单而深刻的道理。在成功的道路上,挫折与困难总是相伴相随。人生如同登山,目标虽远,但每一步都让我们离目标更近。不论个体如何平凡,只要付出真诚与努力,都能达到比预想更高的成就。人生无不可攀越的高峰,关键在于行动。认定目标后,脚踏实地前行,每一步都是人生的新高度。

通过李远哲发明交叉分子束的故事,我们可以启示学生:无论何事,唯有坚持不懈,方能成功,从而铸就与众不同的人生。历史上众多成功的科学家都离不开持之以恒的努力,我们的学习亦是如此。面对困难,不轻言放弃,要坚持不懈,成功便会渐行渐近。同时,我们也要让学生认识到,团结协作同样是通往成功的关键。

参考资料:

[1] 陈懿,楼南泉. 智慧·勤奋·谦虚·热诚——访1986年诺贝尔化学奖获得者李远哲教授 [J]. 大学化学,1987,2(2):1-4.

[2] 张汉如. 李远哲:第一位获诺贝尔化学奖的华人科学家[J]. 自然辩证法通讯,1997(6):65-78.

典型案例　九

教学内容：过渡态理论。

思政资源：过渡态学说创立过程中的突出贡献者——孙承谔。

孙承谔

反应速率过渡态理论是化学动力学乃至整个化学领域的重要理论。实践检验表明，该理论可以较好地解释为何化学反应需要活化能以及反应遵循的能量最低原理，并对阿伦尼乌斯经验式的指前因子做出理论说明，认为其与反应的活化熵有关。我国科学家孙承谔在该理论的建立中做出了突出贡献。

1918年，美国物理化学家路易斯采用硬球模型，从经典力学角度建立了碰撞理论。然而，由于这个理论忽视了分子内部结构和内部运动，因此在实践检验中只能解释部分实验事实。为了克服碰撞理论的不足，艾林、埃文斯和波兰尼等提出，参与反应的分子并不是通过简单的碰撞直接生成产物分子，而是在吸收一定的能量后，经过一个中间过渡态完成化学反应，从而提出了过渡态理论。在理论初创时期，孙承谔在艾林的指导下进行了大量的计算工作。他们与格希诺维茨合写的《均相原子反应的绝对反应速率》论文，于1935年发表在美国《化学物理杂志》上。这是一篇具有划时代意义的论文，其中提出了 $A+B+C \rightarrow AB+C$ 及 $AB \rightarrow A+B$ 反应速率常数的过渡态理论计算公式，并首次报道了 $3H \rightarrow H_2 +$

H反应的准确势能面,分析了上述体系平动能和振动能的转换问题,为确立过渡态理论(亦称绝对反应速率理论)做出了重要贡献。该论文的成果在1976年被美国化学会列为物理化学的百年成就之一。

孙承谔于1911年出生于山东省济南市,1923年考入清华学校,之后赴美留学,进入美国威斯康星大学化学系学习。他仅用四年时间就完成了大学本科和研究生的全部学业,并于1933年获得哲学博士学位。同年,他成为美国普林斯顿大学的研究助理。之后因日本侵略中国,他毅然回国,成为北京大学化学系教授,是当时国内最年轻的教授之一。他在教学和科研方面取得了卓越成就,为我国的科学教育事业培养了大量人才。新中国成立后,他历任北京大学理学院代理院长、化学系主任等职务,致力于教学改革和科学研究工作的开展。他的一生都奉献给了科学和教育事业,为祖国的科学和教育事业做出了巨大贡献。即使在晚年,他也依然关心祖国的未来,为祖国的统一大业尽自己的一份力量。他的精神风貌和高尚品质将永远值得我们学习和铭记。

思政资源与知识讲解的融合:过渡态理论是"化学动力学基础"章节的核心内容。在讲解此章节时,我们可以结合课堂介绍与学生课外网络调研,深入探讨我国物理化学家和教育工作者孙承谔的生平与贡献。

1935年,孙承谔与艾林共同撰写了名篇《均相原子反应的绝对速率》,为化学反应速率过渡态学说的建立作出了杰出贡献,这一成就被誉为化学领域近百年的重大突破。这不仅能激发学生的民族自豪感,更展现了科学家的家国情怀。在国家危难之际,孙承谔坚决拒绝了美国的优渥待遇,选择回国,用所学为祖国服务,以科技助力国家振兴。

从孙承谔的求学之路,我们可以看到他刻苦钻研、不懈努力的精神。即使在抗战的艰难时期,他仍坚持科学研究,努力发行科学杂志,这种发奋图强、艰苦奋斗的人生态度值得我们每一个人学习。他忠诚于党的教育事业,努力贯彻执行政策,团结教职工,推动教学改革,同时关心青年成长,展现了其克己奉公、廉洁自律的职业品质。

但我们也应明确,作为反应速率理论的一部分,过渡态理论并不能解释所有实验现象,它需要在实践中不断完善和发展。这也鼓励我们对科学持续探索、勇于创新,努力攀登科学的高峰。

思政元素:民族自豪感;坚韧不拔、科学探索的精神。

案例反思:民族自豪感是爱国主义的核心,它源于对本民族历史文化、精神传统等的深厚认同。在化学领域,尽管外国科学家贡献卓越,但孙承谔等中国科学家也为动力学理论的发展作出了不可磨灭的贡献。他的事迹不仅激发了我们的民族自豪感,更为我们树立了科学探索的典范。

习近平总书记在2021年的中央人才工作会议上强调:"广大人才要继承和发扬老一辈科学家胸怀祖国、服务人民的优秀品质,心怀'国之大者',为国分忧、为国解难、为国尽责。"孙承谔的故事正是这一精神的生动体现,他激励着我们不畏艰难,持续创新,为国家的现代化建设贡献自己的力量。让我们以孙承谔为榜样,将科学的追求融入日常学习与研究中,共同攀登科学的高峰。

孙承谔的事迹正是老一辈科学家精神的真实写照,对当代青年有着极大的启示意义:青年人要向孙承谔等科学家看齐,把自己对科学的追求融入日常的努力学习和科研任务中去,在学习过程中,要不畏艰难,敢于创新,勇攀科学高峰,把所学投入建设社会主义现代化国家的伟大事业中去,树立敢于创造的雄心壮志。

参考资料:

[1] 高盘良. 物理化学家孙承谔教授[J]. 化学通报,1992(11):54-55.

[2] 刘真,邵久书. 我国理论化学的两位先驱者——孙承谔与王守竞[J]. 化学通报,2009(10):949-952.

典型案例 十

教学内容:光化学反应。

思政资源:光催化技术在能源环境领域的应用。

光催化技术,即在催化剂的作用下,利用光子能量将原本需要在苛刻条件下发生的化学反应转化为在温和环境下进行,这是一项先进的技术。光催化作为一个新兴的学科领域,融合了半导体物理、光电化学、催化化学、材料科学、纳米技术等多个学科,它在能源、环境、健康等人类面临的重大问题上都有广阔的应用前景,因此成为前沿科学技术领域的研究热点之一。

1972年,日本科学家藤岛昭教授在 Nature 杂志上发表了一篇重要论文,揭示了近紫外光照射下,二氧化钛电极能够分解水产生氢气,并指出利用太阳能进行光催化分解水是最佳的制氢途径之一。当时,全球正经历石油危机,氢能作为一种清洁、可替代石油的未来能源,受到了世界各国的广泛关注。这篇论文立刻引起了全球轰动,也开启了光催化研究的序幕。

到了20世纪90年代初,环境污染问题变得日益突出。光催化技术因其能利用半导体材料在光照下产生电子—空穴对,通过电子和空穴在溶液中传递并参与氧化还原反应,从而将有机物质分解为无害物质。这一技术因其高效且无二次污染的特点,被视为一种理想的环境污染治理手段。

光催化技术的实施需要光催化剂的辅助。目前已知具有光催化活性的物质主要是一些半导体材料,例如 TiO_2、ZnO、$\alpha\text{-}Fe_2O_3$ 等。其中,TiO_2 因其廉价、易获取、无毒、化学性质稳定且可重复使用等优点,成为光催化剂的代表。在适宜波长的光照激发下,这些半导体光催化剂能产生电子和空穴,进而与吸附在催化剂表面的污染物发生氧化还原反应,最终将其分解为无毒、无害的小分子物质,如二氧化碳、水和其他无机离子,既高效又环保。

光催化技术对细菌的杀灭作用也备受关注。在光催化过程中产生的活性自由基能穿透细菌细胞壁,破坏其内部结构,从而有效杀灭细菌并抑制异味产生。

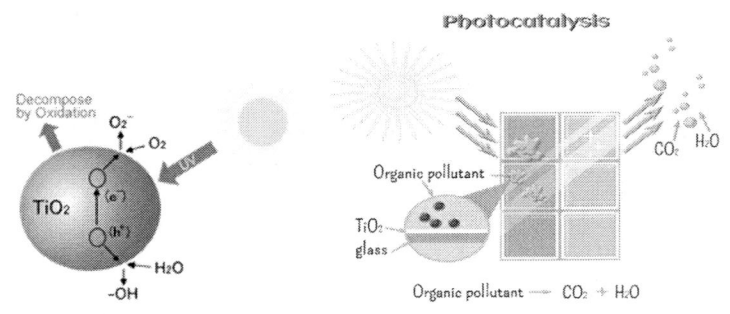

二氧化钛光催化剂消除污染物的作用原理

此外,利用 TiO_2 的光催化活性结合紫外光还可以杀灭癌细胞,这一发现为癌症治疗提供了新的可能。同时,含有二氧化钛光催化剂的建筑材料还具备了杀菌和消毒功能。

随着化石燃料的枯竭和温室效应的加剧,寻找绿色可持续能源、降低 CO_2 排放并转化为高价值化学品已成为全球紧迫的任务。我国已明确提出了"碳达峰"和"碳中和"的目标。光催化技术在这方面展现出了巨大潜力,它不仅能利用太阳能分解水制氢,还能模拟植物光合作用将 CO_2 转化为有用的有机化合物,如甲烷、甲醇等,同时减少大气污染并缓解温室效应。

思政资源与知识讲解的融合:光化学反应,指的是在光的作用下能够进行的化学反应,或因化学反应产生的激发态粒子在回到基态时放出光辐射的反应。而光催化技术,便是在光的触发下,借助光催化剂,将苛刻条件下的化学反应转化为能温和环境下进行的先进技术。这一技术在环境治理与能源危机解决方面展现了广阔的应用前景。

当前,全球面临的环境污染和能源危机已对人类生存构成严重威胁。因此,降低环境污染,寻找新的绿色能源,缓解温室效应已成为全球紧迫的任务。

在讲授光化学反应时,向学生介绍当前的环境污染和能源危机,同时引入光催化技术及其优势,可以帮助学生认识到两点:(1)随着我国经济社会的快速发展,我们生活的环境已受到一定程度的污染,生态环境问题频发。这有助于学生树立生态文明和环保意识,引导他们在日常生活中注重环保、避免能源浪费。(2)科学技术对人类社会发展的重要性。科学技术源于人类实践,又深刻影响着社会发展。在科技与生活紧密相连的今天,科技的作用日益凸显。光催化技术正是利用太阳能和光催化剂解决环境问题和缓解能源危机的典范,从而让学生深刻体会到科技的力量。

思政元素:生态文明;科学技术对人类社会进步的推动作用。

案例剖析：生态文明建设关乎民族未来和人民福祉，是实现中国梦的重要组成部分。习近平总书记强调："我们既要绿水青山，也要金山银山。宁要绿水青山，不要金山银山，而且绿水青山就是金山银山。"同时，总书记还指出："我们要像保护眼睛一样保护生态环境，像对待生命一样对待生态环境。"这体现了政府对生态文明建设的坚定决心。通过本案例，不仅可以帮助学生理解光催化技术，还能培养他们的环保理念。

科技是社会进步的核心驱动力。人类历史的每一步进步都伴随着科技的发展。科技的飞速进步不仅推动经济发展，还助力生态环境保护。例如，光催化技术的合理应用就能有效缓解环境污染和能源危机。通过这一案例，学生将更加深刻地认识到科技的重要性。此外，该案例对学生的学术研究和未来职业规划也具有重要的指导意义。

参考资料：

[1] FUJISHIMA A, HONDA K. Electrochemical photolysis of water at a semiconductor electrode [J]. Nature, 1972, 238: 37-38.

[2] 祖庸，雷闯盈，李晓娥，等. 纳米 TiO_2——一种新型的无机抗菌剂 [J]. 现代化工，1999，19(8)：46-48.

[3] 张钟宪. 环境与绿色化学 [M]. 北京：清华大学出版社，2005.

[4] 韩世同，习海玲，史瑞雪，等. 半导体光催化研究进展与展望 [J]. 化学物理学报，2003，16(5)：339-349.

典型案例 十一

教学内容：表面现象。
思政资源："莲花效应"。

1000多年前，北宋诗人周敦颐在《爱莲说》中描述荷花"出淤泥而不染，濯清涟而不妖"，率先揭示了自然界的超浸润现象。200多年前，英国物理学家托马斯·杨（Thomas Young）提出杨氏方程，首次定义了接触角，开启了浸润研究的新篇章。20多年前，我国科学家江雷院士深入揭示了"莲花效应"的本质，并通过模仿其独特的微纳米结构及表面化学性质，成功制备了多种超疏水、自清洁材料。自此，以我国为首，仿生超浸润领域的研究在全球范围内蓬勃发展。

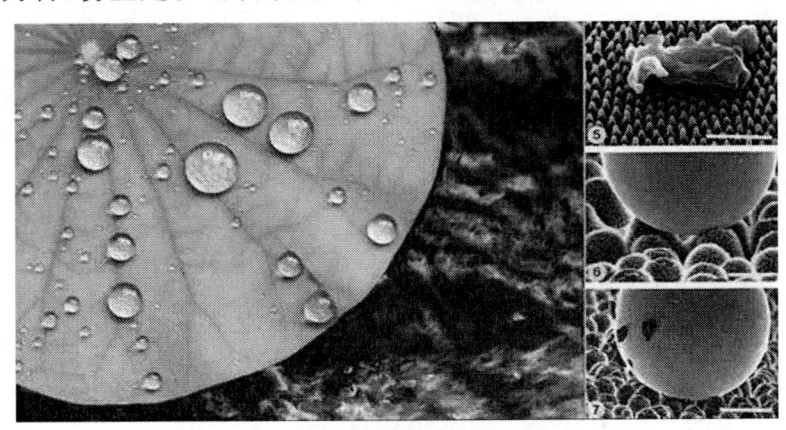

荷叶表面扫描图

"莲花效应"指的是莲叶表面所展现的超疏水及自清洁特性，这一直是科学家们关注的焦点。20世纪90年代，德国波恩大学的植物学家巴斯洛特首次揭示了荷叶的自清洁效应，他将其归因于荷叶表面微米级的乳突结构，然而这一解释并不够精确。直到21世纪，中国科学院的江雷院士团队才深刻揭示了"莲花效应"的本质：荷叶表面存在着复杂而精细的多重纳米和微米级的超微结构。

江雷院士领衔的团队通过深入研究自然，探索了荷叶、蝴蝶翅膀、水黾腿、蚊子复眼、鱼鳞、红玫瑰花瓣、蜘蛛丝、壁虎脚、贻贝等生物体系的微观结构与超疏水、超亲水特性的关系。他们不仅建立了完善的超浸润界面材料及界面化学体系,还成功地将基础研究成果转化为实际应用产品。除了油水体系外,他们还将超浸润体系的应用扩展到了其他液体体系,如离子液体、有机液体、乳液、生物流体以及液态金属等。在油水分离、自清洁、医用抗生物黏附/抗菌、金属抗腐蚀、轮船减阻、防覆冰、不粘锅防油污涂层以及能量转换(如纳米发电机、电池)等领域,仿生超浸润界面的应用均显示出巨大的潜力和广阔的前景。江雷院士因其在仿生领域的卓越贡献荣获第21届"日经亚洲奖"科技奖。他研发的一系列超浸润功能材料已在全球700多艘船舶上得到广泛应用,为世界产业作出了显著贡献,其研究成果极大地推动了胶体与界面化学的复兴。

思政资源与知识讲解的融合:表面物理化学,作为物理化学的核心内容,深刻体现了理论与实践、基础与前沿的紧密联系。在阐释"表面吸附"这一知识点时,我们可以巧妙地以"莲花效应"的发现与发展为引子,结合丰富的文献资料,帮助学生全面理解"莲花效应"的内涵、本质及其相关仿生材料的应用。进一步地,将先进的防水、防油、防污纳米材料与市面上的"三防"登山服面料相联系,让学生真切感受到科技的无处不在,体会到科学源于生活并服务于生活的真谛。

在授课过程中,利用思维导图的方式,可以引导学生对表面结构与性质之间的关系进行发散性思考。同时,鼓励学生主动收集并整理日常生活中的表面现象,运用所学知识进行初步分析,再结合科学文献深入探索其机理与本质。这样不仅能扩展学生的知识面,还能增加他们的表面物理化学知识储备,并让他们接触学科前沿。本思政案例巧妙结合了江雷院士的"观察荷叶"与"拔莲秆取丝"的生动故事,实现了寓教于乐、由浅入深的教学效果,有助于学生系统地学习表面性质的知识点。

思政元素:向自然学习;学以致用。

案例剖析:学生在学习过程中,从千古名句"出淤泥而不染,濯清涟而不妖"中提炼出科学问题,结合江雷院士团队的研究成果,从物理化学的角度深刻理解莲叶的自清洁功能。这不仅激发了学生对表面化学的兴趣,还让他们了解到我国科学家在生物仿生材料领域的杰出贡献。周敦颐的《爱莲说》与江雷院士的"莲花效应"研究,不仅体现了中华文化的传承,更展现了一场跨越千年的对话。江雷院士的细致观察和创新思维,激励着学生们善于观察、深入研究。本案例的教学有助于培养学生细致观察、积极思考、开拓创新、学以致用的学科素养和科研精神。

参考资料：

[1] LIU K S, JIANG L. Bio-inspired design of multiscale structures for function integration [J]. Nano Today, 2011, 6(2): 155-175.

[2] GAO X F, JIANG L. Water-repellent legs of water striders [J]. Nature, 2004, 432(7013): 36.

[3] LI M, LI C, BLACKMAN B R K, et al. Mimicking nature to control bio-material surface wetting and adhesion [J]. International Materials Reviews, 2022, 67(6): 658-681.

典型案例 十二

教学内容：胶体。
思政资源：中国胶体科学的主要奠基人——傅鹰。

傅鹰

傅鹰是我国著名的物理化学家和化学教育家，是中国科学院的首批院士之一。他在胶体与表面化学领域有深厚的研究，取得了多项科研成果，创建了中国首个胶体化学教研室，被誉为胶体和表面化学的奠基人。

1902年，傅鹰出生于北京。自青年时期，他就对我国古代陶器制造、纸墨发明、面食加工等早期胶体应用产生了浓厚兴趣。1919年，他进入燕京大学化学系学习，期间深受五四运动和《新青年》杂志的影响，立志通过科学救国。1922年，傅鹰赴美国密执安大学化学系深造，师从巴特尔教授，主要研究表面现象和吸附作用，同时涉猎多种胶体体系。

1928年，年仅26岁的傅鹰获得科学博士学位，在读博期间取得了系统且具开创性的成果。他通过实验发现，硅胶自水溶液中吸附脂肪酸的量随碳链增长而减少，这一发现与著名的特劳贝规则截然相反，引起了国际学术界的关注。完成博士论文后，他谢绝了美国一家化学公司的高薪聘请，决心回国贡献。他认为，用国家的钱留学后，应回国服务。1929年，他应沈阳东北大学邀请，成功回国。在归国的轮船上，他赋词一首送给仍在美国攻读博士的友人，其中名句："……待归来，整理旧山河，同努力！"广为传颂。

回国后,傅鹰先后在东北大学、北京协和医学院和青岛大学任教。他与吴宪合作研究了鸡蛋清蛋白溶液的表面化学性质,并于 1930 年发表了相关论文,这是国际上最早的蛋白质界面化学论文之一。在青岛大学,他指导学生研究了活性炭的制备和吸附作用,并将成果应用于工业生产。

1939 年,傅鹰转至福建长汀的厦门大学任教。回国后的十多年里,他深感国家贫弱和外敌侵略之痛,目睹了国民党统治的腐败和民众的苦难。他将全部热情投入化学教育事业中,寄希望于培养新一代。

1945 年,应导师巴特尔教授邀请,傅鹰再次赴美,担任密执安大学研究员。他与巴特尔教授合作,发表了多篇创新性论文,被各国胶体和表面化学专著广泛引用。

1949 年,当中国人民解放军炮击侵入长江的英国紫石英号军舰,以及周恩来总理向英国提出强烈抗议的消息传到美国时,傅鹰决定立即回国。然而,由于美国当局的排华政策,他失去了工作并面临回国困难。经过一年多的努力,他终于在 1950 年 8 月下旬获准回国。回国后,他投身于社会主义建设,先后在北京大学、清华大学任教。1955 年,他在《化学通报》上发表了《高等学校的化学研究——一个三部曲》,在科技和教育界引起轰动。他坦诚地指出了当时科教事业的问题,并提出了自己的建议。

傅鹰勤奋好学,严谨认真,特别重视化学实验。他要求学生谨慎细致地进行实验,并正确处理理论与实验的关系。这种严谨的科学态度使他在学术和科研方面取得了深厚造诣。他著有《大学普通化学》(1980 年)和《化学热力学导论》(1963 年),并翻译了多部重要著作。其中,《大学普通化学》在 1987 年全国高等学校优秀教材评选中获得国家优秀奖,体现了他的严谨科学态度。傅鹰在胶体与表面化学领域的科研成果得到了国际学术界的认可,并经常被相关专著、教科书和科学文献引用。他的这些成就与他的勤奋和认真密不可分。

思政资源与知识讲解的融合: 在学习物理化学的胶体章节时,我们不可避免地要提及我国胶体科学的奠基人傅鹰教授。将傅先生的感人事迹深深刻印在学生心中,可以激发学生成长成才的内在动力。傅鹰教授选择科研方向时,不仅基于对胶体的浓厚兴趣和未知的探索热情,更出于对国家建设的深切关怀与考虑。他在各种困难与阻挠下,坚持回国参与国家建设,彰显了他忠心报国、无私奉献的爱国情怀。在科研指导中,傅鹰始终坚持"以实验为依据",严正反对为追求"好结果"而篡改实验数据,这体现了他实事求是的科研态度。同时,他潜心研究、勇于探索,在胶体和表面化学领域取得了卓越的研究成果。这激励着学生学习他勇于探索、敢于创新的科研精神。傅老先生还心系祖国的教育事业,满怀热忱地激励后辈,亲自排除了当时化学教育发展中的诸多障碍,为教育事业奉献了一生。

思政元素:忠心报国、无私奉献的爱国情怀;勇于探索、敢于创新的科研精神;奖掖后学、襟怀坦荡的高风亮节。

案例剖析:正是像傅鹰先生这样的一大批知识分子,怀着对祖国的深厚热爱和科技救国的信念,在极其艰苦的条件下攻坚克难,才推动了当代中国科学事业的飞速发展。傅鹰先生对中国科学的巨大贡献应被学生所了解,所铭记。崇高的事业需要榜样的引领。本案例将我国胶体科学的重要奠基人傅鹰先生的事迹融入教学当中,通过傅先生的高尚品德和严谨的治学精神,潜移默化地感染学生,为青年学生树立了学习和做人的楷模,激励他们立志奋斗,将青春热血投入伟大祖国的建设中。

参考资料:

[1] 顾惕人,周乃扶. 胶体化学和表面化学家傅鹰教授[J]. 化学通报,1980(7):59-63+51.

[2] 王彩玲,颜桂炀,郑柳萍. 物理化学家和化学教育家傅鹰的教育之道[J]. 化学教育,2015,36(12):77-80.

典型案例 十三

教学内容：纳米材料。

思政资源：带你走进神奇的纳米世界。

纳米是一个长度单位，"纳"源自希腊文，原意为"矮子"或"侏儒"。作为前缀，"纳"在科学上表示"米"的十亿分之一，即 1 纳米等于 10^{-9} 米，相当于头发丝直径的五万分之一。形象地说，将 1 纳米的物体放在乒乓球上，就像乒乓球放在地球上一样。

纳米技术是通过在纳米尺度内直接操控和排列原子、分子来创造新材料的科学技术。自 20 世纪 80 年代起，科学家们开始关注纳米材料体系。1990 年，美国国际商业机器公司(IBM)的艾格勒在镍金属表面用 35 个氙原子排列出"IBM"字样。同年 7 月，第一届国际纳米科学技术会议在美国召开，标志着纳米材料科学正式成为材料科学的新分支。1991 年，日本科学家饭岛澄男发现了碳纳米管，其质量仅为同体积钢的 1/6，但强度却是钢的 100 倍。用碳纳米管制成的绳索，是唯一能从月球挂到地球而不被自身重量拉断的绳索。1993 年，中国科学院北京真空物理实验室成功地用原子排列出"中国"二字，纳米技术的诞生将人们认识、改造微观世界的水平推向新高度。

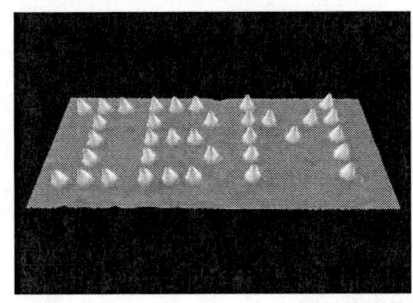 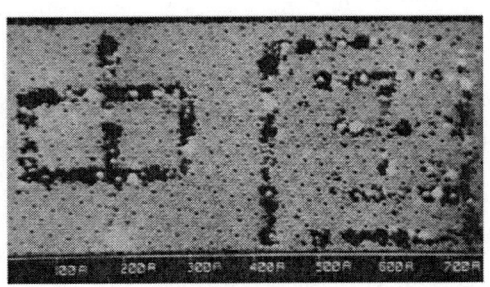

纳米尺寸范围内操纵原子排出的字样

纳米世界介于宏观与微观之间。在纳米尺度下，世界将焕然一新。科学家们通过显微镜放大了蝴蝶翅膀和蚂蚁脚，发现蝴蝶翅膀隐藏着数千个亮蓝色小鳞片,每片鳞片上都有细小突起;蚂蚁脚上长有微小的"脚趾",帮助它们平稳黏附在天花板上。荷叶表面的纳米级突起则使水无法附着。

物质达到纳米级别时,其物理化学性质会发生巨变,并展现新特性。例如,纳米铁粉遇空气即燃烧成氧化铁;石墨片剥离成单层的石墨烯后,强度超越钢铁数十倍;导电的铜在特定纳米尺度下变为不导电;而绝缘的二氧化硅在纳米尺度下开始导电。当黄金被细分到小于光的波长时,会失去反射金色光泽的能力,呈现出多种色彩。某些不活泼金属在纳米尺度下变得极为活泼,甚至可能引发爆炸。这些微小尺寸赋予了纳米材料独特的物理化学性质。与常规材料相比,纳米材料能满足更高性能需求,为材料科学研究开辟了新途径,给生活带来翻天覆地的变化,成为跨世纪材料科学研究的热点。

医学是纳米材料和技术的重要应用领域。在医学和生物工程中,纳米药物主要应用于靶向和定位释药,成为抗肿瘤和抗寄生虫药物的优良载体。此外,利用纳米微粒制造的微型机器人可置入人体血管内进行全面健康检查和治疗,包括清除血栓和动脉脂肪沉积物等,甚至能吞噬病毒和杀死癌细胞。纳米药物还可制成膏药直接通过皮肤吸收,避免注射带来的感染风险,展现出广阔的应用前景。

纳米材料还应用于曲面屏制造中。纳米银技术因其出色的导电性、透光性和耐曲挠性被视为新一代人机交互的关键材料,为柔性显示器的发展奠定基础。纳米陶瓷则克服了传统陶瓷的脆性,赋予其金属般的柔韧性和可加工性。

此外,纳米材料还广泛应用于光学、催化、储氢、电功能和磁功能等领域。在食品安全、核酸检测和农用肥料等方面也发挥着重要作用。未来,具备纳米电脑的自我复制纳米装置有望实现,并能在数秒内完成数十亿次操作。在军事上,纳米技术可用于制造分子传感器、探测器以及红外隐身材料,展现出广阔的技术开发前景。

思政资源与知识讲解的融合:纳米材料是胶体化学章节的重要内容,尽管课本中的知识点不多且较为深奥,但教师可以通过引入生动案例来帮助学生理解。例如,通过蝴蝶翅膀的五彩斑斓、荷叶的"出淤泥而不染"等自然现象,帮助学生理解纳米技术的原理,这样不仅能调动学生的学习积极性,还能让他们感受到纳米世界的神奇与纳米技术的无限潜力。通过这样的教学方式,激发学生对纳米科学的兴趣,培养他们大胆想象和勇于探索的科学精神。"横看成岭侧成峰,远近高低各不同",这句诗也适用于纳米世界,它启示我们要从不同角度深入观察和理解事物的微观本质。此外,介绍我国科学家用纳米技术成功书写"中国"的壮举,以及纳米技术在生物、医学等领域的应用前景,能够激发学生的爱国情怀,并引导他们将技术运用于实践的意识,同时为有志于从事纳米科学研究的学生树立信心。

思政元素:深入物质本质的认识观;勇于探究、大胆想象的科学精神;技术应用于生活的实践意识。

案例剖析:纳米科技的崛起对我们的生活和经济产生了深远影响,它被誉为21世纪的又一次产业革命。纳米技术为我们打开了一个全新的认识世界的窗口,标志着科学技术迈入了新时代。在教学过程中,通过引入生动有趣的实例,不仅能够有效提升学生在课堂上的积极性,还能激发他们对纳米科学的浓厚兴趣。这种融合案例的教学方式,有助于学生从新的视角认识物质世界,为他们未来投身科学研究,以探索的眼光去发现和理解世界奠定坚实基础。

参考资料:

[1] 于波. 走进神奇的纳米世界——访中科院化学所江雷教授 [J]. 求是, 2000 (12):52-53.

[2] 张中太,林元华,唐子龙,等. 纳米材料及其技术的应用前景 [J]. 材料工程,2000 (3):42-48.

[3] 梁春贤,邹联佳,林夏,等. 金属纳米团簇荧光探针联合新型纳米材料在核酸检测领域中的应用现状 [J]. 广西医学,2023,45(4):458-464.

典型案例 十四

教学内容：分子点群。
思政资源：对称美。

对称的建筑

古人云："夫美者,上下、内外、大小、远近皆无害焉,故曰美。"里里外外皆均衡妥帖,此为"美"。对称正是这种美的体现。

在自然界中,蒲公英的花瓣、向日葵的花盘、蝴蝶的翅膀,乃至老虎的斑纹,都无不彰显着对称美的和谐与统一。对于动物和人类而言,对称性不仅代表着外在的美观,更是健康和生存的必要条件。

建筑艺术方面,飞檐翘角的红墙黄瓦展现出一种庄重沉稳的美,这种美深受中国人喜爱。著名建筑师梁思成曾说："中国建筑,其所最注重者,乃主要中线之成立。无论东方、西方,再没有一个民族对中轴对称线如此钟爱与恪守。"站在高处俯瞰,故宫的美景尽收眼底:金黄的宫殿、朱红的墙面上,汉白玉的台阶、琉璃瓦的屋顶,一切都沿着一条子午线对称分布,显得壮美有序、和谐庄严。在蓝天白云的映衬下,宛如东方的仙境。再放眼望去,这种一线贯穿的对称风格,撑起了整个北京城的骨架。在中国,无论是皇城宫苑还是普通民宅,无论是群体建筑的规划还是一户一室的布局,无论是轩榭廊舫还是厅堂馆斋,对称都随处可见。

第四章 《物理化学》部分

中国传统文化钟情对称。器物上的花鸟蝶影总是成对出现,衣裳上的盘扣也是两两相对。在诗词歌赋中,对仗的使用更是频繁,"天对地、日对月、楼对阁、晚照对晴空……"每一个对仗都反映出人们对圆满和阴阳平衡的追求。就像京剧脸谱中对称的形状图案演绎着人生百态。而中国瓷器,以其独特的造型和细腻的纹理,也完美地体现了中国文化中对对称平衡的追求。

化学之美,在于和谐、统一,也在于对称。在微观世界里,原子轨道形状各异,如 1s 轨道呈球形,2p 轨道呈瓣状。分子轨道中,σ 轨道沿键轴对称分布,而 π 轨道则在键轴平面内呈反对称分布。分子在空间中的几何构型也是多样化,有 V 形、角形、方形、面体、方体及八面体等。晶体的美不仅体现在其规则闪亮的外观上,更体现在其微观结构上。《韩诗外传》中用"雪花六出"来形容晶体学中所具有的奇特对称魅力。

思政资源与知识讲解的融合:分子对称性是结构化学中的核心内容之一。在分子的几何构型中,我们可以看到对称轴、对称面、对称中心等各种对称元素,它们共同构成了分子的点群。然而,判断分子的对称性和对称点群是结构化学的一个学习难点,因为这些内容相对抽象且难以理解。为了帮助学生更好地掌握这部分知识,我们引入了"探寻生活中的对称美"这一课题。我们鼓励学生以项目组的形式,在生活和中国传统文化如建筑、绘画、诗歌、瓷器等中寻找对称美的实例。通过"翻转课堂"的教学模式,学生将分析他们所找到的对称元素及其所属的点群。这不仅能加深学生对分子对称性的理解,更能让他们深刻感受到生活中的对称美以及中华文化的深厚底蕴。

思政元素:美育教育;文化自信。

案例剖析:2020 年 10 月,《国务院办公厅关于全面加强和改进学校美育工作的意见》明确指出:"树立学科融合理念,有机整合相关学科美育内容,推动课堂教学、社会实践和校园文化建设深度融合,大力开展以美育为主题的跨学科教育教学和课外校外实践活动。"该意见凸显了学校美育的重要性,强调在学科知识传授的同时,应确保每位学生都能接受到美育的熏陶。

本案例在"分子对称性"的教学中嵌入了"探寻生活中的对称美"的活动,鼓励学生发现生活中的对称实例。通过"翻转课堂"的形式,学生将深刻体验到生活中无处不在的对称美以及中华五千年文化的丰富内涵,从而激发出他们对生活和祖国的深厚热爱。

参考资料：

[1] 陈峰,郭团玉. 大学化学中的美学教育[J]. 宁德师专学报(自然科学版),2006(1):44-47.

[2] 杨仕娥,郭巧能,赵维娟,等. 实施物理学美育,培养学生创新力[J]. 河南教育学院学报(自然科学版)2013,22(2):57-60.

第五章　《高分子化学》部分

课程性质：专业必修课。

课程简介：《高分子化学》是化学、应用化学、材料化学等化学类本科专业的必修课程。本课程涵盖高分子的基本概念、高分子化合物的合成原理及反应动力学、聚合物的合成方法与化学反应等内容。通过学习，学生将能够解决高分子设计与合成中的核心问题，如单体、引发剂、聚合方法及溶剂的选择，以及聚合实施方法的运用。此外，学生还将学会通过控制聚合反应机理和工艺过程来调节聚合物的结构、分子量及其分布。本课程旨在让学生全面了解高分子的历史、现状和未来，深入认识高分子化合物在国民经济和社会发展中的多元应用，并掌握高分子化合物的基本特性、聚合原理及聚合物化学反应的特点。通过系统学习，学生将初步具备高分子设计与合成的技能，以及解决科研和生产中相关问题的能力。

在授课过程中，教师不仅传授理论知识，还通过介绍高分子的发展历程、广泛应用及其对人类社会的深远影响，以及伟大科学家的贡献，来增强学生的专业自信和学习热情。《高分子化学》课程中蕴含丰富的思政资源，通过精心挖掘这些思政元素，并进行课程设计，我们将思政教育与知识传授有机融合，致力于打造一个充满温度与情感的课堂环境，实现潜移默化的立德树人教育目标。

典型案例 一

教学内容：高分子发展史。

思政资源：高分子学科的创始人——1953年诺贝尔奖获得者赫尔曼·施陶丁格。

赫尔曼·施陶丁格

自古以来，人类的生存和发展便与天然高分子紧密相连，例如食用黍粟、穿着皮毛、居住木屋、乘坐木舟等。但在很长一段时间里，人们对如纤维素、蛋白质等天然高分子的本质知之甚少。直至19世纪，人们才在无意中逐渐发现了一些天然高分子的改性方法，例如纤维素的硝化和天然橡胶的硫化。然而，这些改性天然高分子材料仍然难以满足人们的需求。人类对更美好生活的追求，不断激励着科学家们创制性能更为出色的高分子材料。

1907年，美国人列奥·亨德里克·贝克兰利用苯酚和甲醛反应，成功制备了最早的合成高分子材料——酚醛树脂，这种材料可以用作电绝缘体。随后，人们又相继发明了聚异戊二烯、聚氯乙烯和丁钠橡胶等材料。然而，当时人们对高分子材料的本质和聚合过程的理解仍然很模糊。那时，多数科学家都认为高分子是由小分子通过次价力结合而成的，即所谓的胶体理论。这一理论是由英国化学家格雷哈姆提出的，它在一定程度上解释了某些高分子的特性，并得到了许多化学家的支持。

直到1920年，赫尔曼·施陶丁格在《德国化学会会志》上发表了论文《论聚合》，其中提出了一个革命性的假说：小分子可以通过正常的化学键连接，形成分子量高达数百万的大分子。这一假说的提出，标志着大分子概念的诞生。

施陶丁格早期主要从事有机小分子研究，并取得了显著的成果。截至1920年，39岁的他已发表215篇研究论文，获得51项专利，成就非凡，这使得他在苏黎世工业大学享有很高的声誉。

在卡尔斯鲁厄和苏黎世的研究期间，施陶丁格积累了大量关于异戊二烯聚合、聚甲醛合成以及橡胶化学等方面的实验数据。他发现如乙烯酮、异戊二烯和苯乙烯等不饱和烯烃，不仅容易与其他物质发生加成反应，还能进行自身加成反应。生成物虽然在化学成分上与单体无异，但在化学性质以及物理和机械性能方面却大相径庭。他意识到这不是一般的有机合成，而是一种新型的反应——加成聚合反应。这一发现为他的革命性假说《论聚合》奠定了基础。然而，由于缺乏确凿证据，这一学说在学术界长期受到质疑和反对。

当时，包括施陶丁格的同事在内的许多科学家都不认同他的观点，也不支持他从事聚合物化学研究。施陶丁格在自传中回忆道，他的朋友海因里希·魏兰德曾给他忠告："亲爱的同事，放弃大分子的想法吧！不存在分子量超过5 000的有机分子。"施陶丁格还写道："那些熟悉我早期在小分子化学领域工作的同事都责问我为什么要放弃那些前景广阔的研究领域，而去研究像橡胶和合成聚合物这样令人不悦且令人困惑的化合物。这些物质当时根据其性质被称为油脂化学。"

1925年，施陶丁格在苏黎世化学会的一次演讲中遭到了包括许多著名化学家在内的胶体理论支持者的激烈反对和攻击。然而，他并未因此放弃。1926年，当他移居弗赖堡大学时，以极大的勇气放弃了之前熟悉的研究领域，全心投入聚合物的研究中。同年，瑞典化学家斯维德贝格和法拉斯设计的超离心机成功测量出了蛋白质的分子量，从而证明了高分子分子量的确在几万到几百万之间。这一突破性的工作为大分子的存在提供了关键性证据。

尽管施陶丁格曾希望在弗赖堡大学安装一台超离心机以直接获取合成聚合物或天然大分子的结构证据，但德国自然科学基金会拒绝了他的资金申请。面对困境,他转而研究黏度测定方法。在1928年的德国化学会上,除了个别人仍持保留意见外,大多数有机化学家和物理化学家都放弃了原先的"胶体论"或"聚合体论"观点。曾经的两位主要反对者马克和迈耶更是对施陶丁格的科学思想、理论与实践以及他坚韧不拔的科学精神给予了高度评价。令人感动的是,他们还以实际行动协助施陶丁格完善和发展了高分子理论。有机化学家和物理化学家们开始在高分子科学思想理论的旗帜下团结起来。

1929年,施陶丁格成功推导出了高分子稀溶液的特性黏度 η 与分子量 M 之间的线性关系式 $\eta=K_m M$,即著名的施陶丁格定理。这种简便快捷的分子量测定方法无须昂贵精密的仪器,因此被广泛应用于工业生产和聚合物研究中。同年,X射线晶体学家也发现了支持大分子学说的新证据:沿纤维轴向拉伸的分子链的纤状胶束长度远超过单个晶胞甚至单个微晶区。到了1930年,美国化学家卡罗瑟斯通过缩合反应制得了分子量超过20 000的聚合物,从而进一步证实了大分子学说。两年后,施陶丁格总结了自己的高分子理论,并出版了具有划时代意义的著作《高分子有机化合物》。高分子学科由此正式诞生。

思政资源与专业知识的融合:高分子化学发展简史作为绪论的核心内容,按时间脉络清晰地勾勒了高分子科学演进的重大事件。在阐述这部分内容时,我们向学生介绍了高分子学说提出前后的历史背景,尤其强调了高分子科学的奠基人——施陶丁格的传奇经历。尽管施陶丁格在有机化学领域已取得了卓越成就并享有盛誉,但他依然选择全身心投入高分子研究的新领域。在经过广泛而深入的研究后,他提出了具有革命性的"论聚合"假说。然而,由于这一理论与当时主流的胶体学说相悖,施陶丁格遭遇了空前的质疑与打击,甚至在科研经费的申请上也面临重重困难。尽管如此,他仍坚持用简易的实验方法为自己的假说寻找证据,付出了巨大的努力和心血。

正是施陶丁格对科学发展前沿的敏锐洞察力、出色的科研能力以及他勇于创新、坚韧不拔的科学精神,共同促成了高分子科学这一新兴学科的诞生。时至今日,高分子科学已发展成为一个完整且相对独立的基础科学分支。从施陶丁格的"高分子化学"到现代的"高分子科学",人们对高分子化合物及其合成、结构和性能的理解实现了质的飞跃。如今,我们在享受高分子材料带来的丰富多彩生活的同时,更应深切缅怀施陶丁格先生。通过与学生分享他的故事,我们共同学习、继承并发扬他那种敢为人先、坚持真理、不屈不挠和勇于创新的科学精神。

思政元素:敢为人先、勇于创新;坚持真理、矢志不渝。

案例剖析：科学精神是科学文化职能得以实现的重要支撑，它体现了对科学思想的坚守和对真理不断探索的追求。这种精神是人们认识并改造世界所必备的一种力量、价值观和意志品质。其核心在于理性与实证性，彰显出实事求是、求真务实、开拓创新及合作开放的理性态度。科学精神源自近代自然科学的诞生，在继承早期人类思想遗产的基础上逐渐发展而成，蕴含了科学的哲学和文化内涵。作为科学的灵魂，科学精神推动着人类社会的进步。

习近平总书记曾强调，科学成就离不开精神支撑。在新时代背景下，要推动我国科技创新、建设科技强国，必须大力弘扬科学精神。培养大学生的科学精神对于培养高水平创新型人才至关重要。本案例将高分子学科的创立背景与施陶丁格在学科初创期的艰辛探索和卓越成就相结合，让学生了解到即便在功成名就之后，施陶丁格仍未安于现状，而是毅然转向高分子研究领域。在当时人们对高分子科学本质尚不了解的情况下，他通过大量实验研究提出了"论聚合"的革命性理论。尽管这一理论在学术界遭受了长达20年的质疑、反对甚至打击，且施陶丁格一度面临科研经费的困境，但他并未放弃。他转而采用更为简单的黏度方法来验证自己的假说，克服重重困难，坚守真理，最终赢得了科学界的广泛认可，并因创立高分子学科而荣获诺贝尔化学奖。马克思曾说："在科学的道路上没有平坦的大路可走，只有在崎岖山路上不畏艰险奋勇攀登的人，才有希望达到光辉的顶点。"施陶丁格创立高分子学科的故事便是对这一名言的最好诠释。在授课过程中，通过讲述这一故事并提炼思政元素，不仅让学生了解了高分子科学的发展历程，更在无形中培育了他们的科学精神。

参考资料：

[1] 盛根玉. 高分子理论的奠基者施陶丁格 [J]. 化学教学, 2011 (12)：63-67.

[2] 石方. 现代高分子理论奠基者——H. 施陶丁格 [J]. 现代化工, 1981 (1)：55.

[3] 朱诚身. 高分子化学之父——施陶丁格 [J]. 化学教育, 1990 (2)：57-59.

[4] 张清建. 施陶丁格：高分子化学的奠基人 [J]. 自然辩证法通讯, 2006 (5)：94-99+112.

典型案例 二

教学内容：绪论。

思政资源：中国古代的高分子加工技术。

纵观中国科技发展史,我们惊喜地发现,远古时代的祖先们便已经学会利用和加工天然高分子材料,例如以木材筑居、以兽皮蔽体。这些或许算不得高分子加工工艺,然而,沤麻、缫丝和鞣革等技术的出现,无疑表明我国古代已经开始对天然高分子材料进行初步的物理和化学改性,且这些技术在当时遥遥领先于世界其他地区。

造纸术是我国举世闻名的四大发明之一。古代造纸以天然高分子植物纤维为原料,经过分离、打浆、抄造、干燥等步骤制成。纸张是植物纤维素的重要应用之一。早在西汉时期,我国就开始发展造纸术,但技术仍粗糙,未得广泛应用。至东汉时期,蔡伦总结当时造纸技术经验,凭借充足的人力物力,经十多年反复试验,终于制成以植物纤维为原料的书写纸,逐渐替代了昂贵的丝帛纸和沉重的竹简。造纸术是我国古代劳动人民的伟大发明,不仅推动了我国文化事业的发展,也加强了世界各国、各民族间的文化交流,对人类科学文化事业的发展和进步产生了深远影响,这是中华民族的光荣和骄傲,更是对人类文明发展的伟大贡献。

中国墨的起源可追溯至3000年以前,历经漫长的发展过程。在中国文明中,墨与纸张及印刷并称三大贡献。墨在中国文化中的重要性不言而喻,不仅用于书写,还兼具艺术品质及学术地位,深受文人学士喜爱。与造纸工和印刷工不同,众多墨匠的事迹广泛载于文献,历代也有许多专门记述墨的专著。在中国,名墨精品价值连城;在国外,中国墨也广受欢迎,并有仿制品出现。墨不仅是文化生活中的消费品,还是一种综合性的工艺美术品。长期以来,它推动了我国文化事业的发展,并在国际上赢得了高度评价。墨的主要成分是碳,最早应用的是松烟墨,宋代则出现了书画用的油烟墨。松烟以松树为原料,而油烟则以桐油、麻油、脂油等为原料。由于炭不易与其他物质黏附,制墨时往往需要加入胶黏剂,使碳颗粒黏合成固体,并能黏结在书写物体表面。传统的墨用胶黏剂是动物胶,由动物残料经水蒸煮、过滤、冷却后得到,也是一种天然高分子化合物。历史上,徽州人制墨技艺高超,因此徽墨有"落纸如漆,万载存真"的美誉。

我们的祖先对蛋白质的加工利用也有着悠久的历史,如豆腐的发明。豆腐是西汉淮南王刘安首先制成的。刘安是西汉时期的炼丹专家,才华横溢,且能够安抚百姓,因此名声远扬。他还是一个大孝子,在母亲生病期间,每天用泡好的黄豆磨成豆浆给母亲喝。随着母亲病情逐渐好转,豆浆也流传到了民间。有传言说,刘安在炼丹时偶然将石膏点入豆汁中,从而机缘巧合地发明了豆腐。豆腐的发明弥补了我国食物结构中动物蛋白质不足的缺陷,对我国几千年来中华民族的饮食结构优化起到了重要作用。

远古时期的人类为了生存和防护需要,开始对兽皮进行利用。兽皮主要成分是动物蛋白质纤维,需经鞣制才能成革。鞣制实质上是对这些蛋白质纤维进行化学和物理改性处理,使鞣剂与蛋白质中的氨基发生交联反应。最原始的鞣制方法是油脂鞣法和烟熏法,利用油氧化时产生的醛或烟中的醛作为鞣剂。无论是远古人类采用的油鞣法还是烟熏法,其原理都是醛鞣。醛鞣能使动物毛皮中的蛋白质发生改性,使皮革变得柔韧、耐用、易保存。这种工艺大约在五千年前就已出现,到周代时,皮革生产已具相当规模。

在中国传统家具中,生漆的使用源远流长。我国是天然漆的故乡,据记载,先秦时期就已开始种植漆树并发展用漆技术。因此,生漆的使用也是我国古代劳动人民在天然有机高分子材料开发利用方面的典型代表。从漆树树干韧皮部采割的汁液称为生漆,是一种天然水乳胶漆。接触空气后会转变为褐色,"白赛雪、红似血、黑如铁"便描述了天然漆从液态到氧化干固后的色泽变化过程。现代研究表明,生漆的主要成分是漆酚和漆酶。在一定温度和湿度条件下,漆酶会发挥酶催化作用。生漆干燥成膜后无毒、无辐射,是真正的"环保漆"。天然生漆具有防腐蚀、耐酸碱、防潮绝缘、耐高温、耐土抗性等特点,广泛应用于军工、工业设备、农业机械、基本建设、手工艺品和高端家具等领域。天然生漆被誉为中华民族的瑰宝——"国漆",在世界上享有"涂料之王"的美誉。至今,仍没有任何一种合成涂料能在坚硬度、耐久性等主要性能方面超越它。

我国古代智慧的祖先们通过实践活动获得了关于天然高分子材料特性的知识,并将其应用于社会实践中,从而创造了璀璨的古文明。从某种意义上说,这些知识碎片也可被视为现代高分子科学产生的胚胎组成部分。

思政资源与专业知识的融合：自古以来，高分子便与人类生活紧密相连，食物中的蛋白质和淀粉，以及日常穿戴的棉、麻、毛、丝等织物，均为天然高分子。在学习高分子化学发展史时，我们不仅要探讨现代高分子化学知识体系的起源、发展和成熟，更应展示我们的祖先在高分子加工技艺上的辉煌成果，如造纸术、皮革鞣制、大漆艺术及中国水墨等。这些为人们所熟知的技术，常出现在文史教材中，然而它们与高分子科学的深厚联系却鲜为人知。从高分子学科的角度深入剖析这些技术与高分子化学的内在关联，将为学生带来全新的认识，激发他们的学习兴趣。同时，这也将让学生领略到我国古代劳动人民在高分子加工领域的卓越贡献，进而增强学生的民族自信心，点燃他们的爱国主义热情。

思政元素：民族自信心；爱国主义情怀。

案例剖析：爱国主义，它体现了对祖国的深厚情感、忠诚与责任，是我们对待祖国的根本政治与道德原则。这种爱，是人性中最深沉、最持久的情感流露。爱国主义构成了我们民族精神的核心，是中华民族团结奋进、自强不息的精神支柱。

爱国主义与民族自豪感并非抽象概念，而是具体且生动的。如何在理工科课堂上有效融入爱国主义教育，是一个值得深入探讨的课题。回顾高分子科学的发展历程，尽管近代史上国人的贡献并不突出，但古代中国的科技成就却遥遥领先于西方，这无疑是高分子发展史中不可或缺的一部分。通过讲述祖先在天然高分子加工利用方面的辉煌历史，我们不仅可以增强学生的民族自豪感，更能激发他们的爱国热情。

参考资料：

[1] 钱保功，王洛礼，王霞瑜. 高分子科学技术发展简史[M]. 北京：科学出版社，1994.

[2] 贺超海. 中国造纸术的起源、分期及其特征研究[J]. 洛阳师范学院学报，2016，35(12)：27-31.

[3] 梁嘉烜."油"览华夏美景"墨"展文化自信——从中国护照谈油墨的发展历史[J]. 中国出入境观察，2021(12)：72-74.

[4] 李萍，豆生智，曹金柱. 国漆文化遗产亟待挽救[J]. 中国生漆，1999，18：3-5.

典型案例 三

教学内容：缩聚和逐步聚合。
思政资源：聚酰胺和聚酯的发明。

今天，我们走进商场，会看到各种款式、五彩缤纷的衣服，这得益于合成纤维的迅速发展。然而，这样的场景在 100 年前是人们难以想象的。

第一次世界大战之后，欧美各国的纺织品供应变得十分紧张。虽然当时黏胶纤维的发展已达到一定水平，但其性能仍无法与蚕丝相提并论，且其原料依赖天然纤维素，加工过程也相对复杂，导致产量有限。同时，市场对蚕丝或其替代品的需求极大。战后一段时间内，由于美国和蚕丝主要供应国日本关系紧张，因此寻找一种能媲美蚕丝的纤维成为美国的迫切需求。为此，杜邦公司决定成立科研小组，并投入大量研究经费，着手人造丝的研究。最终，在 1935 年，杜邦公司的化学家华莱士·卡罗瑟斯成功研制出第一种人造纤维——尼龙。

华莱士·休姆·卡罗瑟斯

华莱士·休姆·卡罗瑟斯，1896 年 4 月 27 日出生于美国艾奥瓦州东南部的伯灵顿。1914 年，18 岁的他进入得梅因商学院学习会计，但对此并不感兴趣。勉强学习一年后，他考入密苏里州的塔科学院攻读化学，展现出惊人的天赋和刻苦精神。在大学二年级时，他便独立研究价电子的理论问题，并成功为《美国化学会志》撰写了论文。毕业后,他前往伊利诺伊大学深造,并于1921年获得硕士学位,之后在南达柯他大学任教,主讲物理化学和分析化学。1922年,他返回伊利诺伊大学,在有机化学家罗杰·亚当斯的指导下攻读博士学位,并于1924年顺利毕业。之后,他留在伊利诺伊大学担任有机化学讲师。1926年,他转至哈佛大学,继续教授有机化学。

1926年,时任杜邦公司研发部门负责人的查尔斯·斯泰恩意识到公司应加强对基础科学研究的投入,并提出了包括有机合成和高分子化学在内的研究方向。1927年,杜邦公司聘请了年仅31岁的卡罗瑟斯担任基础有机化学研究组的组长,并为其提供充足的资金,以开展人造丝的基础研究工作。

卡罗瑟斯支持施陶丁格尔的高分子假说。最初,他采用简单的二元酸和乙二醇进行缩聚反应,但所得产物的分子量仅为 2 500～5 000,且熔点低、拉伸强度不高。经过仔细分析,卡罗瑟斯认为是微量的水抑制了分子量的增大。因此,他设计了减压装置以降低反应体系中的水分含量,成功将产物的分子量提高到 10 000～25 000,从而改善了细丝的性能。随后,他又合成了多种聚酯及聚酯—聚酰胺共聚物,但发现它们的熔点仍然较低且易于水解,能溶解于大多数有机溶剂。由于一些外部因素的阻碍,卡罗瑟斯后来将研究重心转向了聚酰胺,即采用二元酸和二元胺进行缩聚反应。在1935年2月28日,他成功利用己二胺和己二酸缩聚制备了尼龙-66,其熔点高达263 ℃,高于一般的熨烫温度,因此有可能用作纺织品。尼龙-66是人类首次利用小分子化合物合成的纤维,具有划时代的意义。

然而,这仅仅是在实验室的成功合成,距离工业化应用还有一段距离。为此,杜邦公司集结了200多名化学家和工程技术人员,共同解决了工程化过程中的诸多问题。1939年,尼龙首次以袜子的形式在美国试销。到了1940年,第一个尼龙-66工厂投产,尼龙袜在市场上敞开供应,受到了广大消费者的热烈欢迎。人们曾用"像蛛丝一样细,像钢丝一样强,像绢丝一样美"的词句来赞誉这种人造纤维。

1941年,英国曼长彻斯特加尔印染者协会的温菲尔德和狄克逊在参阅了卡罗瑟斯以往的研究论文后,发现使用对称结构的芳香族二酸代替脂肪族二酸可以解决聚酯低熔点的问题。他们利用对苯二甲酸和乙二醇成功合成了熔点高达250℃的聚对苯二甲酸乙二醇(PET),并由此制成了聚酯纤维,命名为 Terylene(涤纶)。

卡罗瑟斯曾一度认为己内酰胺无法进行聚合。然而,在1938年,德国IG公司的施拉克使用氨基己酸作为引发剂,成功实现了己内酰胺的聚合,从而打破了这一观念,发明了尼龙-6。相较于尼龙-66,尼龙-6的生产过程更为简单且成本更低,目前已成为尼龙产品中产量最大的品种。尽管如此,卡罗瑟斯在合成纤维乃至整个高分子科学领域的发展中仍作出了杰出的贡献。此外,他在基础理论方面也取得了显著的成就。在研究聚酯和聚酰胺的缩聚过程中,他提出了缩聚反应理论,并科学地将聚合反应划分为加聚反应和缩聚反应,这一分类方法至今仍在使用。

思政资源与专业知识的融合:"缩聚与逐步聚合反应"是《高分子化学》的核心章节之一。此章以缩聚反应为逐步聚合的代表,深入剖析了其机理和共同规律。聚酯和聚酰胺的制备反应即为典型的缩聚反应,美国科学家卡罗瑟斯对此进行了系统研究,直接促成了尼龙-66纤维的发明,为高分子学说提供了有力支撑。在讲述此部分时,首先向学生介绍尼龙-66纤维的开发背景,强调杜邦公司对基础研究和科技创新的重视,以及其抢占市场先机的企业发展理念。其次,突出卡罗瑟斯在人造丝开发过程中,如何巧妙运用简单有机反应合成高分子材料,创新性地解决了分子量偏低和性能不佳的问题,彰显其勇攀科学高峰的创新精神。另外,尽管卡罗瑟斯在高分子领域贡献卓越,但他也曾认为聚酯不适合制备合成纤维,并一度认为己内酰胺无法聚合。然而,英国的温菲尔德和狄克逊在参考了卡罗瑟斯的研究后,采用对苯二甲酸和乙二醇成功开发出PET纤维;德国IG公司的施拉克则用氨基己酸为引发剂,成功实现了己内酰胺的聚合。这些实例教导学生不应迷信科学权威,而应敢于质疑,勇于尝试和创新。

思政元素:创新驱动发展理念;勇于尝试、不迷信权威的科学精神。

案例剖析:党的十九届五中全会强调,创新在我国现代化建设全局中占据核心地位,需深入实施创新驱动发展战略,完善国家创新体系,提升企业技术创新能力,激发人才创新活力,以创新驱动、高质量供给引领和创造新需求。这深刻揭示了创新在国家发展中的关键作用。习近平总书记指出,"创新是引领发展的第一动力","把创新摆在国家发展全局的核心位置,不断推进理论创新、制度创新、科技创新、文化创新等各方面创新,让创新贯穿党和国家一切工作,让创新在全社会蔚然成风"。

在新的时代背景下,课堂教学应将创新理念深植学生心中,引领学生全面发展,健康成长。本案例中,杜邦公司在经济大萧条时期仍投入巨资招聘人才、研发人造丝,最终取得巨大成功,充分诠释了技术创新对企业发展的推动作用。卡罗瑟斯在人造丝开发过程中,面对分子量偏低和性能问题,以创新理念为驱动,成功解决难题,开发出尼龙-66纤维。英国的温菲尔德和狄克逊在开发涤纶纤维时,不畏权威,采用芳香族二酸替代脂肪族二酸,解决了聚酯低熔点问题,成功研发出PET纤维。本案例通过聚酰胺和聚酯知识的学习,讲述其背后的故事,使学生深刻认识到创新对企业发展和个人成长的重要性。

参考资料:

[1] 彭文. 构筑高分子世界的大师们 [J]. 百科知识,2001 (5):5-6.

[2] 韩棐,王芳. 聚酰胺发明者——卡罗瑟斯 [J]. 包装世界,2000 (6):9.

[3] 成晓旭,杨浩之. 卡罗瑟斯与尼龙 [J]. 自然杂志,1982,5(4):288-290.

[4] 魏昕宇. 尼龙之父:华莱士·卡罗瑟斯 [J]. 新材料产业,2017 (12):61-65.

[5] 钱保功,王洛礼,王霞瑜. 高分子科学技术发展简史 [M]. 北京:科学出版社,1994.

典型案例　四

教学内容：缩聚反应动力学。
思政资源：高分子科学的奠基者、诺贝尔化学奖获得者——保罗·弗洛里。

保罗·弗洛里

1910年6月19日,保罗·约翰·弗洛里(Paul John Flory)出生于美国伊利诺伊州的斯特林市。1931年,他自印第安纳州的曼彻斯特大学化学系毕业,随后进入俄亥俄州立大学,在赫里克·约翰斯顿教授指导下完成了光化学和光谱学方面的博士论文。1934年,弗洛里加入杜邦公司,被分配至著名有机化学家卡罗瑟斯博士领导的研究小组,从而开启了他在高分子领域的研究生涯。

当时,人们对缩聚反应的理解尚浅。卡罗瑟斯小组对大量聚酯反应进行了研究,但生成的聚酯分子量仅在2 000～5 000之间。他们认为,官能团反应能力随分子量增大而降低,这可能是聚酯反应难以突破某一限度的原因。

面对缩聚反应的复杂性,弗洛里独辟蹊径,提出了"等反应活性"假设:反应中官能团活性与分子大小无关。此假设极大地简化了聚合动力学分析,因只需考虑基团总浓度,无需关注各种中间产物浓度。弗洛里进而运用统计学方法,推导出高聚物分子量分布的简明数学表达式,即后来被誉为"弗洛里分布"。卡罗瑟斯高度评价了弗洛里的工作,并在1935年法拉第学会高分子会议上做了报告。尽管当时许多人质疑此假设,如施陶丁格认为"缩聚不能得到高分子量,因为分子活性随链长迅速降低",但弗洛里通过深入研究聚酯动力学过程,包括乙二醇和己二酸、癸二醇与己二酸的聚酯反应,发现聚酯反应速率并未受分子量或黏度增加的影响。分子量增加导致聚酯化速率降低,主要归因于酯化作用的三级反应特性。这些发现有力支持了等反应活性假设,即官能团反应活性与分子量无关。此假设成为高分子化学的核心思想之一,极大地简化了缩聚动力学方程的推导。在研究自由基聚合微观动力学方程、推导自由基反应聚合度分布和自由基共聚物组成方程时,也引入了类似假设,简化了这些化学问题的数学处理。

此外,弗洛里的研究广泛涉及高分子科学的多个领域,如链构象统计学、高分子溶液、橡胶弹性、凝胶、排除体积效应、玻璃化转变、高分子液态、液晶高分子、液晶态、半刚性高分子、聚电解质等。他的名字及以其命名的术语在高分子科学论文、专著和教科书中频繁出现,如弗洛里凝胶点、弗洛里分布、弗洛里温度等。其研究成果深化了我们对高分子的本质、系统和全面认识,推动了高分子科学的发展。他所著的《高分子化学原理》和《链状分子的统计力学》已成为高分子领域的经典之作,为高分子科学工作者和学生的必读之书,并被广泛翻译成中文使用。

正如我国高分子科学领域的著名学者吴大诚教授(吴教授曾在 1979 年 10 月至 1981 年 12 月期间以访问教授身份在弗洛里小组进行合作研究)对弗洛里的评价:"弗洛里是高分子科学的圣人……他勤奋一生,治学严谨,将化学、物理学和数学融为一体。他是首位成功发现可以通过公式清晰表达高分子基础的人,他运用数学思维,通过逻辑推理,定量演绎出众多现象,与高分子物理世界的实际经验相吻合。他创造的'弗洛里范式'取得了根本性成就,从此开启了高分子科学的'弗洛里纪元'。"

思政资源与专业知识的融合:缩聚反应动力学是《高分子化学》第二章的核心内容,在推导线性缩聚动力学方程时,官能团等活性假设成为推导动力学方程的基础。在讲授此部分时,向学生介绍官能团等活性假设的提出背景尤为重要。当时,弗洛里在学术界尚未崭露头角,面对错综复杂的缩聚反应问题,他创新性地提出了官能团等活性假设。尽管这一假设最初并未受到广泛认可,但他并未因此气馁,而是坚持严谨求证,最终赢得了学术界的肯定。在授课过程中,应强调弗洛里那种不盲从科学权威,勇于探索,大胆创新的科学精神,以及面对质疑时,他严谨求证的求是态度。此外,还要讲述弗洛里在高分子科学多个领域中的卓越贡献,突出他运用数学方法研究高分子的创新精神。

思政元素：不迷信权威、大胆创新；"假说—证明"的思维方法。

案例剖析：科学研究本质上是探索真理的过程，需要高度的创造性思维。科学领域不存在绝对的权威，也没有终极真理，其最高准则是实事求是，坚持实践作为检验真理的唯一标准。本案例结合缩聚反应动力学的学习，向学生介绍官能团等活性假设在推导缩聚反应动力学方程中的关键作用，以及弗洛里提出这一假设的历史背景。通过这一案例，使学生能够深刻领会到弗洛里所展现的勇于探索、大胆创新以及对权威的挑战精神。

科学假设是人们在研究与认识世界时，根据已有的科学知识和新发现的事实，通过逻辑推理等理性方法，对已知事物和现象做出的假设性解释，以及对未知事物和现象的前瞻性预测。弗洛里在处理缩聚反应动力学时提出了官能团等活性假设，这一假设后来被广泛应用于自由基聚合微观动力学方程、自由基聚合度分布和自由基共聚物组成方程的推导中，现已成为高分子化学的基本概念之一。在教学中融入这一思政元素，有助于学生认识到"假设—验证"这一科学思维方法的重要性。

参考资料：

［1］朱鹏伟，吴大诚. 高分子物理化学的奠基者——弗洛里［J］. 化学通报. 1984（8）：51-53.

［2］钱保功，王洛礼，王霞瑜. 高分子科学技术发展简史［M］. 北京：科学出版社，1994.

［3］邹宗柏. 合成聚合物工业的开拓者弗洛里［J］. 化工时刊，1991（11）：46-47.

［4］加里·帕特森，詹姆斯·马克. 弗洛里传 科学生活和朋友们［M］. 吴大诚，许元泽，陈谊，李瑞霞，译. 北京：化学工业出版社，2017.

典型案例　五

教学内容：缩聚反应中数均聚合度与反应程度关系的推导。

思政资源：推导缩聚反应中数均聚合度与反应程度关系式的新方法。

聚合度($\overline{X}_n$)是聚合物最基本的结构参数之一，它与聚合物的性能密切相关。因此，在高分子化学的教学中，$\overline{X}_n$的计算和调控是最重要的教学内容之一。

$\overline{X}_n$是聚合物体系中平均每个大分子中所包含的结构单元数，即$\overline{X}_n$=结构单元数/聚合物分子数。结构单元来自单体，其数目与起始单体的数目相同，因此只要确定聚合物的分子数就可以计算出$\overline{X}_n$。在线性缩聚过程中，随着反应的进行，聚合物的分子数越来越少，$\overline{X}_n$越来越大。因此，$\overline{X}_n$不仅可以表示聚合物分子量的大小，而且它在反应过程中的变化趋势也可以反映聚合反应进行的程度。而在线性缩聚过程中，表示反应进行的程度大小一般用反应程度来表示。它是指已经参加反应的官能团数与起始官能团数之比。因此，聚合度和反应程度之间存在一定的相关性。

关于两者之间的关系，教材中一般分三种情况讨论：第一种情况是2-2官能团聚合体系(aAa+bBb)；第二种情况是2-2+1官能团聚合体系(aAa+bBb+Cb)，aAa和bBb两种单体基团数相等，加入微量的单官能团物质Cb；第三种情况是2+1(aRb+Cb)聚合体系，加入微量的单官能团物质Cb。对不同的聚合体系，教材中已给出了形式相同的计算公式：$\overline{X}_n=(1+r)/(1+r-2rp_a)$，其中$p_a$指的是非过量官能团的反应程度，$r$定义为两种官能团的摩尔数之比，但是该定义应用到含有单官能团单体的缩聚体系（第二种和第三种）时，r的含义变得较为模糊。教材中针对三种不同的情况，给出了r的不同表达式子。

第一种情况：$r=N_a/N_b$

第二、三种情况：$r=N_a/(N_b+2N'_b)$

多数教科书认为一个分子C-b上的单个基团b就相当于一个过量bBb分子上双官能团b的作用，据此直接给出第2和第3种情况中的N'_b系数就是2。大多数学生认为:一个 C-b 分子反应后,大分子链一端就被封端了;而一个过量 bBb 分子反应之后,大分子链端仍然可以继续反应,不存在封端问题,这两种分子的作用怎么能相同呢?

为使学生对该公式有正确的理解和掌握,需要讲明白 N'_b 的系数是 2 的原因,但这又是很多教材没有讲解的地方。需要说明的是,推导聚合度的表达式一般均依据聚合度的定义,即聚合度等于结构单元数除以大分子数。结构单元是由体系的单体所产生,因此单体分子数就是结构单元数。推导该公式的难点在于找到大分子数目的表达式。一般情况下,大分子数目是依据大分子两端的残留官能团的一半来计算的,但对于添加单官能团的情况,这一计算方法显然是不合适的。河北大学的邓奎林等通过对大分子数目的定义进行修正,证明了在单官能团化合物 Cb 存在下,第二和第三种情况下 N_b 系数是 2。相关内容详见文献[1],此处不再赘述。

安徽工业大学的杨建国老师则从聚合度的概念和缩聚反应的逐步特性出发,采用"反应步数"法简易地推导出缩聚反应聚合度计算公式。该方法的核心是大分子数目的计算方法是依据缩聚反应的逐步特性,达到一定反应程度 P 时的聚合物分子数就等于起始时刻单体分子数减去反应发生的步数(官能团对或某一官能团消耗数目)。从而比较方便地推导出了聚合度的表达式子。具体可参看文献[2]。

值得说明的是上述公式中的反应程度一般是指非过量官能团的反应程度。然而,就缩聚反应体系的反应进行程度而言,既可以以某一官能团为着眼点,也可以从整个反应体系官能团出发进行研究。如果从整个体系官能团总数出发,反应程度就是指体系中已经参加反应的各种官能团数与体系起始各种官能团数之比,可称其为体系反应程度,用 p_s 表示。体系反应程度和聚合度之间关系的详细推导过程可参见文献[3]。

推导结果显示,针对上述三种不同的体系,体系反应程度和非过量官能团的反应程度函数关系形式完全相同,$\overline{X}_n$ 与 p_s 的关系式也完全相同,即为 $\overline{X}_n = 1/(1-p_s)$,相对于数均聚合度与非过量官能团反应程度的关系式 $\overline{X}_n = (1+r)/(1+r-2rpa)$,参数更少,形式更简单。在实际的应用中,体系反应程度可以根据其定义直接计算。

思政资源与专业知识的融合:在缩聚反应教学中,数均聚合度与反应程度关系的推导是一大难点和重点。教材通常分三种情况来探讨这两者之间的关系,但往往只对第一种情况进行详细推导,对后两种情况则仅给出结论,尤其是第 2 和第 3 种情况中的 N_b' 系数为 2,这点让学生感到难以理解,从而增加了学习难度。为了帮助学生更好地掌握这部分内容,我们在授课时从多角度对问题进行剖析,深入推导公式,旨在引导学生在学习中研究,通过研究促进学习,进而锻炼学生的学科思维,提升其思维能力。

思政元素:培养学科思维、提升科学素养。

案例剖析:习近平总书记在 2014 年 9 月 9 日与北京师范大学师生座谈时强调,"'两个一百年'奋斗目标的实现、中华民族伟大复兴中国梦的实现,归根到底靠人才、靠教育。"传统的"知识本位"教育观念已无法满足新时代对人才的需求。为了培养创新型人才,我们必须打破仅以传授知识为目标的教育模式,转而注重提升学生的思维品质,培养其高阶思维能力和自主创新能力。

在本案例中,我们针对数均聚合度与反应程度的关系进行了多角度的推导,旨在帮助学生更深入地理解这一知识点,并在这一过程中潜移默化地锻炼学生的学科思维能力。

参考资料:

[1] 邓奎林,钟海滨,张朋飞,等. 线性逐步聚合中数均聚合度表达式的系数 [J]. 大学化学,2010,25(3):67-69.

[2] 杨建国. 从反应步数推导缩聚反应聚合度计算公式 [J]. 高分子通报,2011(1):109-112.

[3] 常海波. 缩聚反应中体系反应程度与数均聚合度关系的推导 [J]. 化学教育,2015,36(14):13-15.

典型案例 六

教学内容：缩聚和逐步聚合。
思政资源：酚醛树脂的发明人——塑料之父、美国著名化学家利奥·贝克兰。

列奥·亨德里克·贝克兰

1863年11月14日,列奥·亨德里克·贝克兰出生于比利时西北的港口城市根特。他的父亲是鞋匠,母亲则在贵族家做女仆。尽管父亲希望他继承鞋匠事业,但小贝克兰却有自己的想法。他在空闲时勤奋读书,并通过做家教来挣钱。1884年,仅21岁的他就因研究电化学而获得了根特大学的博士学位。1887年,贝克兰成为比利时布鲁日大学的物理和化学教授,随后在1888年返回根特大学担任化学副教授,专注于照相化学研究。1889年,他移居美国,为一家摄影器材供应商工作。其间,他发明了一种在灯光下即可显影的照相纸,改变了过去只能用太阳光显影的限制。凭借这项技术,他在1893年创办了Nepera化学公司。1899年,他将该专利以85万美元的价格卖给了柯达公司。

当时,贝克兰敏锐地察觉到电力供应背后的巨大商机,预测绝缘材料将成为新的竞争热点。最初,电机上使用的绝缘材料主要是从东南亚进口的天然树脂,这种树脂价格昂贵。进入20世纪，这种树脂已无法满足电气化的快速发展，人们急需找到更廉价且易得的替代品。

值得一提的是，1872年德国化学家阿道夫·冯·拜尔在寻找新染料时，发现苯酚和甲醛按1∶1加热可得到一种物质，但他因未能找到提纯方法和研究目的不同而未深入研究。

1904年，贝克兰和助手也进行了类似研究。他们原本想找到一种能溶解该反应产物的溶剂，以制作绝缘漆，但未能成功。然而，贝克兰意识到这种物质的不溶性和坚硬性可能正是其价值所在。于是，他专注于合成这种树脂状物质，使其更加坚硬和富有弹性。经过加热和加压，他得到了一种可固化成容器形状的液体，该液体固化后具有防水、绝缘且易于加工的特性。在接下来的几年里，他不断探索，完成了多项研究工作，如控制缩聚反应、树脂的三阶段固化机理等。1907年，贝克兰成功实现了酚醛树脂的工业化生产。

直到1909年，他才正式公布了这种物质，并命名为"贝克来特"——电木，这标志着人工合成的第一种高分子聚合物的诞生。获得专利后，他立即成立了通用贝克来特公司，从事该产品的生产和技术转让。尽管当时人们对其结构尚不完全了解，但这并不妨碍电木的成功。它很快在电子行业中取代了易变质的天然虫胶，并广泛应用于社会生活的各个领域。

酚醛树脂与之前的"赛璐珞"有本质区别，"赛璐珞"是通过处理天然材料制成的，而酚醛树脂则是以苯酚和甲醛为原料纯人工合成的塑料。到1939年，世界电木年产量已超过20万吨，在1940年以前一直是主要的塑料品种，产量是其他塑料的二倍。然而，这种产品的发展却是在化学知识相对匮乏的情况下取得的。由于苯酚与甲醛的反应复杂且动力学研究困难，硬化后的产品结构几乎无法测定。此外，当时聚合物结构和大分子的概念尚未建立，因此酚醛树脂化学的研究极具挑战性。尽管如此，贝克兰仍坚持研究，并发表了多篇相关论文。这些论文虽基于实验结果推测，但在当时具有里程碑意义。

贝克兰不仅是一位成功的企业家，还是一位知名的化学家。1924年，他被选为美国化学会会长，并兼任美国哥伦比亚大学化学工程名誉教授。1940年5月20日，《时代》周刊誉称贝克兰为"塑料之父"。

思政资源与专业知识的融合：酚醛树脂，作为第一个人工合成的塑料，在高分子材料的发展历程中具有里程碑式的意义。在教学中，我们不仅讲授酚醛树脂的制备方法以及催化剂差异对树脂结构和性能的影响，同时向学生介绍贝克兰的个人成长经历、酚醛树脂的发明过程及其历史背景。在研制酚醛树脂时,贝克兰发现没有溶剂能溶解它,然而,他并未因此气馁,反而巧妙地利用这一特性,在加热加压的条件下制备出了容器形状的物品。这充分展现了他敢于打破常规、勇于创新的科学精神。与拜尔发现酚醛树脂却未深入研究的事例相比,更显贝克兰的远见与坚持,凸显了机会总是留给有准备的人的道理。进一步从贝克兰发明酚醛树脂的背景中,我们可以看到当时电器行业的迅猛发展,急需一种能替代虫胶的新型材料。贝克兰紧紧抓住了这一历史性机遇,将自己的青春、智慧与科研事业同社会需求紧密结合,从而取得了巨大成功。这引导我们的学生要将个人的人生追求与国家的需求紧密相连。

思政元素:刻苦勤奋、勇于探索;学以致用。

案例剖析:本案例中,贝克兰虽然出身贫寒,但他勤奋好学,即使在成为大学教授后,依然不懈奋斗。他将自己的学识与社会需求紧密结合,发明了 Velox 照相纸。同时,他敏锐地洞察了市场需求,致力于开发绝缘材料,并最终成功合成了第一种人工高分子材料——酚醛树脂。通过向学生展示贝克兰的生平和酚醛树脂的发明背景,不仅有助于学生树立正确的世界观、人生观和价值观,更能使他们深刻认识到将个人价值与社会需求相结合的重要性。

参考资料:

[1] 吴祺. 20 世纪最具影响力的化学家之一——贝克兰 [J]. 大学化学,2000,15(6):55-57.

[2] 雷素范,周开亿. 贝克兰 [J]. 光谱实验室. 1990 (Z1):138-139.

[3] 彭文. 构筑高分子世界的大师们 [J]. 百科知识,2001 (5):37-38.

[4] 钱保功,王洛礼,王霞瑜. 高分子科学技术发展简史 [M]. 北京:科学出版社,1994.

典型案例 七

教学内容：自由基聚合。

思政资源：自由基聚合微观动力学的推导——科学假设和模型建立的作用。

自由基聚合反应动力学是自由基聚合反应的重要研究内容。在理论方面，自由基聚合反应动力学可以帮助我们了解聚合反应的机理，在应用方面，则可以为反应器的设计、反应工艺条件的优化提供必要的依据，为产品质量的控制提供一定的指导，具有重要的意义。聚合反应动力学主要研究聚合反应速率、聚合物分子量、聚合物的分子量分布与引发剂浓度、单体浓度和反应温度之间的定量关系。然而，自由基聚合的反应历程非常复杂，需要采用科学的研究方法，抓住主要矛盾，对其进行简化处理，进而建立简单的聚合动力学模型。

在教材中，动力学的研究一般是在聚合反应的初期，即单体的转化率在 5%～10% 以下，不考虑链转移反应对聚合反应速率的影响，即仅考虑链引发、链增长和链终止对聚合速率的贡献。然后在等活性、稳态和大分子长链三个基本假设的基础上建立动力学方程，即：

$$R \approx R_p = k_p[M][M\cdot] = k_p(R_i/2k_t)^{0.5}[M]$$

在此基础上，针对引发剂引发的情况进行研究，得到相应的反应速率方程，即：

$$R \approx R_p = k_p[M][M\cdot] = k_p(fk_d/k_t)^{0.5}[M][I]^{0.5} = k[M][I]^{0.5}$$

这个结果表明，聚合速率与引发剂的浓度的平方根、单体浓度的一次方成正比。一些实验结果证实了这一结论，证实了假设合理、机理可信。

需要指出的是，在教学过程中一般强调推导过程中的三个假设，即：等活性假设，稳态假设和长链假设，而从整个推导过程来看，这个方程的成立除了这三个假设外，还有其他条件：第一，初级自由基与单体的反应速率要远大于初级自由基的产生速率；第二，仅考虑双基终止而不考虑链转移终止反应；第三，适用于聚合初期，单体转化率小于 10%；第四，适用于引发剂引发这种情况。

如果聚合反应的条件不满足上述条件,则可能发生偏离。常见的有如下几种情况：

(1) 如果链引发反应中,初级自由基与单体的引发反应较慢,与引发剂的分解速率相当,链引发速率则与引发剂和单体浓度都有关,应表示为 $R_i = 2fk_d[I][M]$,此时,聚合速率方程为：

$$R \approx R_p = k_p[M](R_i/2k_t)^{0.5} = k_p(fk_d/k_t)^{0.5}[M]^{1.5}[I]^{0.5} = k[M]^{1.5}[I]^{0.5}$$

(2) 聚合速率与引发剂浓度 0.5 次方成正比是双基终止的结果,如果是单基终止,则聚合速率对引发剂浓度的反应级数为 1 级,如果单基终止和双基终止并存,例如存在凝胶效应或沉淀聚合时,则聚合速率对引发剂浓度的反应级数介于 0.5~1 之间。

(3) 在聚合反应初期,转化率比较低,推导聚合速率的三个假设成立,随着转化率的提高,体系的黏度增加,大分子自由基的扩散受到影响,双基终止受阻,稳态假设不再成立,因此,依据三个假设推导出来的方程不再成立,但仍可以用来分析聚合速率的变化情况。

(4) 自由基聚合有引发剂引发、热引发、光引发和辐射引发等多种引发方式,每一种引发方式的引发速率方程不同,上述聚合速率方程仅适用于引发剂引发,其他引发方式,因引发速率方程不同而导致聚合速率方程不同,比如热引发,如果是双分子机理,链引发速率可以表示为 $R_i = k_i[M]^2$,这种情况下,聚合速率方程为：

$$R = k_p(fk_d/k_t)^{0.5}[M]^2$$

这是常用的科学方法,即面对复杂的问题,需要抓住其中的主要矛盾做简化处理,建立相应的模型,在此基础上通过推导得出一定的结论,然后再通过实验验证结论的可靠性,进而证实假设和简化处理的合理性。简化处理和假设不合理,实验结论自然会和理论推导结果偏离,然后再寻找其中的原因进行相应的修正,使其符合实验结果。

思政资源与专业知识的融合：自由基聚合微观动力学不仅是自由基聚合章节的核心内容,同时也是一个教学难点。由于自由基聚合的反应过程相当复杂,若全面考虑所有影响因素,将使得问题难以解决。因此,为方便研究,我们需抓住主要矛盾,提出合理的科学假设,从而简化复杂问题,并构建出一个相对简洁的自由基聚合动力学模型。这是科学研究中常用的策略。在讲授此部分时,教师不仅要阐述推导过程,还应传授处理复杂问题的科学方法,以提升学生的学科素养。

思政元素：科学假设与模型在学科进步中的关键作用。

案例剖析："师者，所以传道授业解惑也"。教师自古便是学生成长的引导者，不仅应传授知识，更要教会学生如何学习。在本案例中，当讲解自由基聚合微观动力学的推导时，教师除了阐述推导步骤和所得方程的适用情境外，更应强调其中的科学方法——通过提出合理的科学假设和构建简洁的动力学模型来简化复杂问题，从而便于运用数学手段处理微观动力学。这样，学生不仅能获取知识，还能学会处理复杂问题的科学方法。

参考资料：

[1] 常海波，付记亚. 自由基聚合速率方程解析[J]. 中国西部科技，2013，12(12)：89.

[2] 潘祖仁. 高分子化学（第三版）[M]. 北京：化学工业出版社，2003.

[3] 王槐三，寇晓康. 高分子化学（第一版）[M]. 北京：科学出版社，2002.

[4] 张兴英，程珏，赵京波. 高分子化学[M]. 北京：中国轻工业出版社，2000.

典型案例 八

教学内容：离子聚合。
思政资源：活性阴离子聚合的提出者——美国化学家迈克尔·施瓦茨。

迈克尔·施瓦茨

迈克尔·施瓦茨（Michael Szwarc），美国化学家，1909 年 6 月 9 日出生于波兰本津。1932 年他在华沙工业大学获得化学工程师学位，1942 年在以色列希伯来大学获得有机化学博士学位，随后在 1947 年，于英国曼彻斯特大学获得物理化学博士学位。1949 年，他因研究化学键离解能而获得科学博士学位，并同年留校担任研究员。自 1952 年起，他开始担任纽约州立大学教授。

在曼彻斯特大学期间，施瓦茨研究对二甲苯的热解，并发现了未知的醌型碳氢化合物 $CH_2 = C_6H_4 = CH_2$ 以及它自聚为聚对二甲苯的现象。该方法之后被美国联合碳化物公司改进，并于 1965 年实现聚对二甲苯的商业化，自此施瓦茨对高分子科学产生了浓厚兴趣。在纽约州立大学林学院工作的最初几年，他致力于研究聚合物的气密性以及甲基或乙基自由基与芳香族和烯烃化合物的加成反应（甲基亲核性）。同时，他还是布鲁克海文国家实验室的博士后研究员，利用放射性示踪剂研究乙烯的碳—碳键解离能。

1955 年，施瓦茨与自由基阴离子研究的领军人物塞缪尔·韦斯曼（Samuel

Weissman)会面,这次会面激发了他对阴离子聚合的兴趣。当时,施瓦茨刚发表了第一篇关于芳烃的甲基亲核性论文,韦斯曼对此表示了极大兴趣,并指出芳烃的亲甲基性与它们的电子亲和性有关。施瓦茨了解到,芳烃的电子亲和性是通过研究电子在不同芳烃间的转移平衡来实现的,尽管他当时对自由基阴离子知之甚少。但在听完韦斯曼的解释后,他立刻想到,如果将萘的阴离子自由基上的电子转移给苯乙烯,可能会产生有趣的现象。这种物质一端是自由基,另一端是阴离子,可能会同时引发苯乙烯以不同的方式进行聚合。他询问韦斯曼是否曾用苯乙烯进行过实验,以及电子转移给苯乙烯会出现什么情况。韦斯曼回答"没用,苯乙烯会聚合。"在征得韦斯曼的同意后,施瓦茨决定深入研究这种看似无用的聚合反应。

施瓦茨首先将苯乙烯加入橄榄绿色的萘—钠四氢呋喃溶液中,溶液迅速变为桃红色。继续添加苯乙烯,溶液颜色并未改变,但导致了沸腾。他们认为反应的活性物质是桃红色的,而沸腾则是由反应放热引起的。经过深入研究,他们发现桃红色的物质是带有双阴离子的活性聚合物。在反应体系的湿气、氧气和二氧化碳被彻底清除的情况下,反应过程中既无链转移也无链终止。为了与自由基反应生成的死聚合物相区别,施瓦茨称这种聚合物为活性聚合物。他的第一篇关于活性聚合的论文于1956年发表在 *Nature* 杂志上,他很快意识到这一发现将产生深远的影响。

活性聚合无疑是高分子科学史上最重要的发现之一。化学家可以利用它来精确调控聚合物的分子量和分子量分布,同时,作为聚合物分子设计的有效手段之一,它还可以用于合成结构精确的复杂聚合物,例如嵌段聚合物、星型聚合物、大环聚合物和遥爪聚合物等。高分子物理学家则可以研究这些聚合物的构效关系。因此,活性聚合极大地推动了整个高分子科学的发展。

迄今为止,活性聚合已从最初的阴离子聚合扩展到其他典型的链式聚合反应,如基团转移聚合(1983年)、活性阳离子聚合(1986年)和可控自由基聚合(1993年)等,从而极大地丰富了聚合物合成技术。

值得一提的是,早在19世纪末和20世纪初,人们就已经发现了阴离子聚合。例如,1877年武兹(Wurtz)发现环氧乙烷在碱的作用下能聚合成高分子化合物;1911年哈里斯(Harries)研究了金属钠和其他碱金属引发的丁二烯、异戊二烯及苯乙烯的聚合反应;1914年卡尔·齐格勒(Karl Ziegler)等对碱金属引发的丁二烯和苯乙烯聚合进行了研究,最终促成了丁钠橡胶的工业化生产,这种橡胶在当时极为流行;1928年齐格勒甚至观察到,当丁二烯与金属钠反应且丁二烯完全聚合后,再加入新鲜的丁二烯仍可继续聚合;1929年齐格勒使用有机碱金属R－M催化丁二烯聚合;1930年他发表了使用碱金属Li催化2,3－二甲基丁二烯聚合的论文;1936年齐格勒描述了使用烷基锂引发苯乙烯和丁二烯进行阴离子聚合时,不存在链终止和链转移反应的现象;1940年埃利斯(Ellis)使用n-BuLi引发乙烯低压聚合,并获得了美国专利。1941年乔伊斯(Joyce)发现了环酰胺在碱性催化剂作用下的聚合反应。然而,尽管有这些早期的研究,但在1950年之前,没有人提出过活性阴离子聚合的概念。直到1956年,施瓦茨通过研究发现了苯乙烯在萘钠的四氢呋喃溶液中进行的无链转移和无链终止的聚合反应,从而提出了活性聚合的概念,这一发现开启了高分子合成技术的新时代。

思政资源与专业知识的融合:阴离子聚合是离子聚合章节中的核心内容。在讲授此部分时,向学生叙述美国化学家施瓦茨如何提出活性阴离子概念的背后故事,颇具启发性。一次看似平常的交谈,竟然引出了活性阴离子聚合的概念。机会总是青睐那些有准备的人,从施瓦茨的学术背景可以看出,他早先在以色列希伯来大学获得有机化学博士学位,后又在英国曼彻斯特大学获得物理化学博士学位,而在曼彻斯特大学工作期间,他又对高分子科学产生了浓厚兴趣。换言之,施瓦茨在有机化学、物理化学和高分子科学等领域的深厚学术积淀,使他对所探讨的问题具有敏锐的洞察力,这正是他能够抓住这个偶然机会的必然因素。此外,尽管当时施瓦茨仅是博士后,对自由基阴离子知之甚少,而韦斯曼则是自由基阴离子研究领域的权威,但施瓦茨并未盲目迷信权威的结论,而是对那个看似无用的聚合反应进行了深入细致的研究,最终取得了重大的科学发现。

思政元素:科学源于探讨,基于交流;偶然与必然的辩证统一;质疑与求真的科学精神。

案例剖析:诺贝尔物理学奖得主沃纳·卡尔·海森堡(Werner Karl Heisenberg)曾说:"科学起源于讨论,扎根于交流。"本案例深刻诠释了讨论与交流在科学发现中的关键作用。

在科学史上,特别是化学史上,许多发明与发现常被视为偶然,但仔细探究就会发现其中必然因素起着决定性作用。此案例中,活性阴离子概念的提出,就源于施瓦茨与韦斯曼的一次闲谈。尽管当时施瓦茨对自由基阴离子了解不多,但他凭借在有机化学、物理化学和高分子化学等领域的学术背景,勇于质疑韦斯曼的结论,这是他能够提出活性聚合概念的必然因素。实际上,早在19世纪末20世纪初,阴离子聚合就已被发现,有关活性阴离子聚合的现象也曾被报道,但当时的研究者未能将这些现象提升到理论高度,更未提出活性聚合的概念。通过本案例的讲述与分析,不仅让学生体会到交流与质疑在科学发展中的重要性,还能在具体学科知识中领悟偶然与必然辩证统一的哲学思想。

参考资料:

[1] SZWARC M. Living Polymers. Their discovery, characterization, and properties [J]. Journal of Polymer Science Part A:Polymer Chemistry, 1998, 36(1):9-15.

[2] BIKALES N M, PENCZEK S, PERCEC V. Michael Szwarc (1909—2000):polymer science has lost a giant [J]. Journal of Polymer Science Part A:Polymer Chemistry, 2000, 38(23):4177-4178

[3] SMID J, BEYLEN M V, Hogen-Esch T E. Perspectives on the contributions of Michael Szwarc to living polymerization [J]. Progress in Polymer Science, 2006, 31(12):1041-1067.

典型案例 九

教学内容：配位聚合。

思政资源：诺贝尔奖获得者、齐格勒－纳塔催化剂的发现者——卡尔·齐格勒和居里奥·纳塔。

卡尔·齐格勒(左)和居里奥·纳塔(右)

卡尔·齐格勒(Karl Ziegler)于1898年11月26日出生在德国卡塞尔附近的赫尔萨。他天资聪明，21岁便获得博士学位。齐格勒先后在法兰克福大学、海德堡大学和哈雷大学担任教授、化学系主任和校长。1943年，他出任马克斯·普朗克煤炭研究所所长，直至1969年退休。齐格勒在游离基化学、碱金属有机化合物及某些多元环化合物等领域均有深厚研究，尤其在过渡金属化合物的研究中贡献杰出，齐格勒型催化剂即是其重要成果。

1953年，齐格勒的学生在实验三乙基铝与乙烯的反应时，意外发现仅生成丁烯。经细心观察与缜密思考，他们发现这一结果源于使用了特殊的高压反应釜。进一步研究显示，该不锈钢釜在用酸清洗时溶出痕量镍盐，而镍盐被烷基铝还原成胶态镍，此现象后被称为"镍效应"。受此启发，齐格勒系统地研究了其他金属盐对乙烯插入反应的影响，终于发现由四氯化钛与三乙基铝组成的催化体系，可在大气压和室温下使乙烯聚合，于是著名的低压法聚乙烯问世，该催化剂被称为齐格勒催化剂。

齐格勒的低压聚乙烯法对设备要求不苛刻且操作简便,自1955年投入工业生产后,被各国广泛采用。聚乙烯的发展历史揭示了新型催化剂对化学工业的巨大影响。早在1923~1933年,英国帝国化学公司在研究超高压化学反应时,发现乙烯可直接聚合成聚乙烯。随后,因漏气导致新添加的乙烯中含足够氧气杂质而引发聚合,1934年,该公司报告了在反应器中发现痕量聚乙烯白粉。而低压聚乙烯的出现则彻底改变了聚合工艺,不仅反应条件更温和,且产品性能迥异于高压法制备的聚乙烯。

自齐格勒型催化剂问世后,众多学者纷纷求教,使米海姆小城成为络合催化学术交流的中心之一。当时,意大利科学家居里奥·纳塔也派助手到齐格勒实验室进修,并邀请他到米兰讲学。

1954年,纳塔研究小组采用齐格勒的催化剂催化丙烯聚合,期望得到高分子量橡胶。然而,结果出人意料,产品虽看似橡胶,但分级后发现含有高结晶部分。同年12月10日,纳塔向美国化学会志投稿,报道了用非均相催化剂合成线型结晶性聚丙烯等成果。他确定了聚丙烯的等同周期为6.5Å,并提出新结晶性聚合物的结构归于主链上的不对称碳原子采取相同构型,同时链取代基的立体结构要求主链发生螺旋化,建议用等规描述这些聚合物的立构规整性。虽初因未披露催化剂本质而被拒稿,但编辑弗洛里认识到其重要意义,改变了决定。随后,纳塔研究组发现了由三乙基铝和三氯化钛组成的新型催化剂,可制得高等规度结晶性聚丙烯。纳塔迅速组织科学家开发这一新领域,形成纳塔学派,在齐格勒催化剂研究方面居世界领先地位。

1957年,蒙特卡蒂公司根据纳塔技术建成了年产6 000吨的聚丙烯生产设备。纳塔发明的聚丙烯不仅可用于塑料制造,还可制作纤维(丙纶)。此外,他在合成橡胶领域也贡献卓越,首创以钒卤化物和烷基铝为催化剂制无规结构乙丙橡胶。1958年,蒙特卡蒂公司实现了乙丙二元胶的工业化生产,开启了乙丙橡胶工业化的新篇章。

经多年辛勤研究,齐格勒和纳塔为现代石油化工和高分子合成材料的发展做出了巨大贡献。他们不仅开创了化学新领域,还为现代化学工业发展书写了不朽篇章。因此,两人共同荣获1963年诺贝尔化学奖。

思政资源与专业知识的融合:聚合反应,作为高分子化学的基石,深入探讨了如何通过调控聚合反应条件来精确控制分子链的结构特性,例如分子链的构成、分子量、分子量分布以及立构规整性等。在高分子化学发展史上,齐格勒－纳塔催化剂的出现具有里程碑意义。它不仅使聚乙烯和聚丙烯等塑料的生产可以在低压下进行,减少了生产成本,更重要的是,它开启了定向聚合的新篇章,使得高规整度的聚烯烃合成成为可能。在探讨齐格勒－纳塔催化剂的组成、催化活性及其机理等核心知识之前,向学生讲述这一伟大发现的背后故事极具启发性。这一发现,除了归功于两位科学家的卓越才智外,更与他们的不懈探索精神息息相关。这种精神无疑会深刻影响学生的思想观念,滋养他们的科学情怀,并提升他们的科学素养。

思政元素:探索精神;创新精神。

案例剖析:施一公院士曾说:"科学作为一种革命性力量,既是解决问题的有力武器,也是通往未来的心由之路。毕竟科学发现的每一次突破,都让人类对未知世界的探索往前迈进一步,也让产业形态的变革,加速跨越了一步。"

本案例中,齐格勒－纳塔催化剂的发现正是这一观点的现实写照。该发现不仅实现了丙烯的工业化聚合,让乙烯在常温常压下就能聚合,甚至实现了天然橡胶的人工合成。更重要的是,它开创了定向聚合的新领域,提出了配位阴离子聚合的机理,从而推动高分子化学迈入了一个全新的发展阶段。然而,回顾这段历史,我们更应学习的是齐格勒和纳塔在工作中展现的敏锐科学洞察力、无畏的奉献精神、坚定的探索意志以及求真务实的科学态度。他们不同的学术背景和研究风格,也为我们提供了宝贵的启示:在科学的道路上,多元与包容同样重要,它们共同促进了科学的繁荣与进步。

参考资料:

[1] 王伯英. K.齐格勒博士和 G.纳塔博士的业绩[J]. 化学通报,1981(1):54-59.

[2] 钱延龙,黄青玲. 发展现代化工的伟大功臣——纪念齐格勒逝世20周年(续)[J]. 化学世界,1994(5):273-275.

[3] 周兰. 卡尔·齐格勒与居里奥·纳塔[J]. 化学工程师,1991(5):2.

[4] 邹宗柏. 齐格勒和纳塔[J]. 化工时刊,1989(8):45-46.

[5] 钱保功,王洛礼,王霞瑜. 高分子科学技术发展简史[M]. 北京:科学出版社,1994.

典型案例 十

教学内容：聚合物的化学反应。

思政资源：硝酸纤维素的发现及应用。

硝酸纤维素，一种白色或微黄色的纤维状聚合物，无臭无味，且对水、稀酸、弱碱及各种油类均具有良好的耐受性。作为用途最广泛的纤维素酯类之一，其工业生产历史较其他纤维素酯类要早得多。

硝酸纤维素的发现，源于一个意外的实验事故。1846 年的一天，瑞士巴塞尔大学的克里斯蒂安·弗里德里希·舍恩拜教授在实验过程中，不慎将一瓶装有硫酸和浓硝酸的混合液打翻。在清理过程中，他用棉布围裙擦拭了酸液，并在清洗烘干后将其放在炉火旁。出乎意料的是，围裙在即将干燥时突然自燃，并迅速化为灰烬。舍恩拜惊讶之余，开始有意识地研究这一现象。他将棉花浸泡在混合酸中，发现经过处理的棉花变黄，且在高温下会自燃，甚至在冲击和摩擦下会发生爆炸。经过多次实验验证，无烟炸药由此诞生，舍恩拜称之为"火棉"，后被称为硝化纤维素。

意识到其潜在的商业价值，舍恩拜将这一研究成果转让给了奥地利政府和英国商人泰勒。尽管后来因安全问题停止了火棉的生产，但人们对硝酸纤维素的研究始终未停。随着研究的深入，人们发现硝酸纤维素可以溶于乙醇和乙醚的混合溶剂，这为其在清漆制造中的广泛应用奠定了基础。

19 世纪 50 年代，英国化学家亚历山大·帕克斯在研究火棉时，偶然间将其与樟脑混合，创造出一种可弯曲的硬质材料，他称之为"帕克辛"。这是世界上最早的热塑性塑料，即加热后可变软的塑料。帕克斯用"帕克辛"制作了梳子、笔、纽扣和珠宝饰品等，并在 1862 年的伦敦世博会上获得铜奖。然而，由于这种塑料在使用一段时间后容易变形和开裂，且造价高昂，因此并未得到广泛普及。

到了 19 世纪 60 年代，美国发明家约翰·韦斯理·海厄特推动了硝酸纤维素的应用，他发明了一种名为"赛璐珞"的材料。当时，欧美地区流行打台球，而台球是用昂贵的象牙制作的，易碎且成本高。为了寻找替代品，海厄特进行了大量实验。最终,他发现将硝化纤维与樟脑混合后,可以形成一种既坚硬又不易碎的材料。这种材料在热压下可以制成各种形状的物品,非常适合用来制作台球。1872年,海厄特在美国纽瓦克建立了生产"赛璐珞"的工厂,产品不仅用于制作台球,还广泛应用于马车和汽车的风挡以及电影胶片等领域,从而开创了塑料工业的新纪元。随后,赛璐珞还被用于制造箱子、纽扣、直尺、乒乓球和眼镜架等物品。

随着研究的不断深入,人们发现硝酸纤维素的性质与其硝化度即含氮量密切相关。通常,高含氮量(12.5%～13.6%)的硝化纤维素被用作无烟炸药,而低含氮量(10.0%～12.5%)的硝化纤维素则可用于制造塑料、薄膜和涂料等产品。

思政资源与专业知识的融合:纤维素的化学改性是聚合物化学反应的重要一环,而硝酸纤维素更是历史上首个塑料——赛璐珞的核心成分。在讲授此部分时,穿插介绍硝酸纤维素的发现历程颇具意义。舍恩拜偶然发现沾有硫酸和硝酸混合液的围裙能自燃,这一意外引发了他的深入思考。他选择用棉花替代围裙,经过反复而严谨的实验,最终成功发明了火棉。这一过程中,舍恩拜展现出的敏锐观察力、不懈思考、大胆探索以及对真理的执着追求,都是值得我们学习的科学精神。同样,这种精神在帕克斯和海厄特对硝化纤维素应用的开发中也有所体现。此外,通过阐释不同含氮量的硝酸纤维素具有不同的性质和用途,可以帮助学生理解"量变引发质变"的哲学思想。

思政元素:科学发现中偶然与必然的关联;对真理的追求;量变与质变的哲学思考。

案例剖析:在科学探索中,偶然的发现往往为科学工作者带来启示,进而促成重要的科学突破。但这样的机遇,总是更青睐于那些有准备的人。以本案为例,舍恩拜因一次意外而发现沾有硫酸和硝酸的围裙能自燃,这一偶然事件引发了他的极大兴趣。经过深思熟虑和严谨的实验验证,他最终用棉花为原料,成功研制出"火棉"。此案例不仅体现了科学发现中偶然性与必然性的辩证统一,也彰显了舍恩拜对科学真理的不懈追求。后续研究中,人们发现不同硝化度的硝化纤维性质迥异,这一发现深刻地反映了"量变导致质变"的哲学原理。将这些思政元素自然地融入课堂教学,无疑将有助于提升学生的科学素养。

参考资料:

[1] 王洪祚. 硝化纤维素胶粘剂的发现[J]. 粘接,2002,23(3):57.

[2] 钱保功,王洛礼,王霞瑜. 高分子科学技术发展简史[M]. 北京:科学出版社,1994.

典型案例 十一

教学内容:丙烯腈连续溶液聚合。

思政资源:世界人造纤维史上的第一个中国原创技术。

被誉为"大豆蛋白纤维之父"的农民发明家李官奇,凭借百折不屈的意志,历经 10 年艰辛探索,终于从榨过油的豆粕中神话般地提取出了世界第八大人造纤维——大豆蛋白纤维。他的这一发明,让中国首次拥有了具有自主知识产权的纤维原创技术,也填补了世界人造纤维发明史上没有中国人名字的空白。

李官奇

李官奇,1946 年出生于河南省滑县老店镇。1964 年高中毕业后,他回家务农,并很快成为种田能手,还担任了生产队长。但他并未止步,1978 年,聪明好学的李官奇开始了自己的创业之路。他创新研制出新型面粉机械,并承接了全国近 400 个面粉厂的设备制造安装工程;随后,他又设计出榨油机械,也获得了显著成功;之后,他将目光转向菜籽脱毒技术,经过一年的研发,不仅获得了巨大的商业利益,还荣获了 1990 年全国第四届发明展览会银奖。

李官奇长期订阅大量报纸杂志,并热爱阅读。1991 年的一天,他偶然读到一篇文章,提及大豆中的植物蛋白可以纺丝,但尚未实现工业化生产。当时,国内"蚕茧大战"激战正酣,一吨桑蚕丝的价格十六七万元。李官奇意识到,如果大豆纤维纺丝技术能研发成功,必将拥有广阔的市场前景,他越想越兴奋,决定投身这一事业。

自此,李官奇踏上了一条充满挑战与希望的大豆蛋白纤维研发之路。

大豆蛋白纤维的研发涉及高分子化学、纺织工艺学、流体力学、食品化学、材料学等多个领域。对于一个农村高中毕业生来说,这些知识如同天书般深奥。然而,知识的匮乏并未让李官奇退缩,遇到不懂的就查阅辞典、参考书。他一边自学相关知识,一边筹集了300余万元资金,自制设备,建立了一个小型试验厂。从1991年开始,他着手进行小型试验,历经一年半的时间,尝试了100多次,也失败了100多次。但失败并未让他气馁,在经过300多次的试验后,1994年他初步确定了纺丝的工艺。随着研究的深入,他根据工艺要求自制了中型试验设备,并投资建设了中试生产线,进行了200余次中试,这又耗费了他三年的时间。1996年至1997年是他最为困难的时期,连家人的衣食都难以保障,即便如此,他仍坚守初心,不懈追求。

1997年,李官奇决定建设一条生产线,进行工业化生产试验。然而,这样的项目需要大量的资金支持,风险不言而喻。幸运的是,经过多年的努力,他的大豆蛋白纤维研发事迹引起了广泛关注,他的执着也赢得了他人的信任和资金支持。经过一年的努力,我国乃至世界上第一条大豆蛋白纤维生产线建成投产。1999年,他成功研发出大豆蛋白质改性纤维制作工艺,2000年被列为河南省高新技术产业化项目。2001年10月,国家专利局为他颁发了发明专利证书。鉴定专家对大豆蛋白纤维给予了高度评价,认为该纤维具有细度细、比重轻、强伸度高、耐酸碱、光泽好、吸湿导湿性能优良以及抑菌、消炎、保健皮肤和发射远红外线等特点,被誉为"人造羊绒"。其透气、吸湿性能甚至超越了棉花纤维和真丝,保暖性能则超过了羊绒。

李官奇发明的大豆蛋白质纤维制造技术不仅成本低廉,而且纤维性能出色,具有极高的经济价值。据数据分析,1公斤大豆可以榨出0.17公斤的油,剩余的0.83公斤大豆粕中含有40%的有效蛋白质。以往这些大豆粕主要用作牲畜饲料,而现在则可以从中提取蛋白质与高聚物共混制成纺丝原液,再纺成大豆蛋白纤维,而剩余的饼粕仍可用作饲料。中国工程院院士季国标指出:"大豆纤维的研发成功和产业化应用对21世纪人类的绿色衣着消费和农业现代化进程具有深远的现实意义。大豆纤维的发展意义已经超越了纺织业本身。"

宝剑锋从磨砺出,梅花香自苦寒来。从45岁开始到55岁成功研发出大豆蛋白纤维,李官奇耗费了整整10年的光阴。在2003年召开的第42届国际人造纤维会议上,大豆蛋白纤维得到了广泛认可,被国际纺织界誉为继涤纶、锦纶、氨纶、腈纶、丙纶、黏胶、维纶之后的世界"第八大人造纤维"。大豆纤维凭借其低成本、舒适性、环保性和可再生性等特点,引领着全球纤维的未来发展方向,掀起了纺织业的"纤维变革"。李官奇的名字也因此被载入世界纺织科技发展的史册。

李官奇的发明成果震惊了全球。美国、日本和欧洲的众多客商纷纷提出希望包销他所有的大豆蛋白质改性纤维,而国外一家知名化工材料公司甚至提出以8 000万美元买断这项技术。然而,面对如此巨大的诱惑,李官奇却婉言谢绝了。他表示:"这项技术属于中国,我要为中国的纺织行业作出贡献,振兴我们的民族产业。"人们在钦佩李官奇的远见和魄力的同时,也对他深深的爱国情怀表示由衷的敬意。

思政资源与专业知识的融合:凸显了共聚合方法在优化聚合物性能中的关键作用。通过共聚合工艺制得的聚丙烯腈纤维,以其耐光、耐候、保暖且轻柔的特性,被誉为"人造羊毛"。此内容不仅是重要的理论知识,更是展示化学与人类生活紧密联系的生动案例,能有效激发学生对化学的热爱,引导他们投身于化学化工行业。在此基础上,我们将"世界人造纤维史上的首个中国原创技术——大豆蛋白纤维"引入课堂,把一位农民所展现的不畏艰难、勇于挑战、敢为人先、不懈奋斗的拼搏精神和深厚的家国情感融入教学中,从而提升课堂教育的内涵。

李官奇发明的大豆蛋白纤维已载入世界纺织科技史册,他的奋斗精神和爱国情怀为《高分子化学》课程提供了宝贵的思政资源。在授课过程中,教师既可以在讲解"聚合方法——溶液聚合"时引入这一思政元素,也可以根据课程安排,在"绪论——高分子科学发展史"或"缩聚反应——尼龙、涤纶等合成纤维"部分穿插这一内容。

思政元素:不畏艰难、勇于挑战、敢为人先、不懈奋斗的拼搏精神以及深厚的家国情怀。

案例剖析:习近平总书记在党史学习教育动员大会上强调:"始终保持革命者的大无畏奋斗精神,鼓起迈进新征程、奋进新时代的精气神。"在新时代背景下,大无畏的奋斗精神主要体现在面对困难不退缩、面对失败不气馁、勇于创新、积极进取的态度上。总书记还指出:"我们的国家,我们的民族,从积贫积弱一步一步走到今天的发展繁荣,靠的就是一代又一代人的顽强拼搏,靠的就是中华民族自强不息的奋斗精神。"

本案例巧妙地将溶液聚合与共聚合的理论知识与李官奇发明大豆蛋白纤维的感人事迹相结合,为学生展现了一位农民企业家的非凡勇气,对当代大学生具有深远的教育意义。同时,李官奇拒绝国外企业的利益诱惑,选择为中国纺织行业贡献力量,为振兴民族产业而奋斗的深厚家国情怀,也必将深深感染当代青年学子。

参考文献:

[1] 余勇."大豆纤维之父"李官奇——世界人造纤维发明史上的中国农民[J].中国纤检.2009,(5):46-47.

[2] 李虎成.创造奇迹的"大豆纤维之父"——记滑县华康实业公司董事长李官奇[N].河南日报,2008-08-24.

典型案例 十二

教学内容：逐步聚合——聚碳酸酯。
思政资源：我国宇航员舱外航天服头盔面窗的研制。

2008年9月27日，神舟七号航天员翟志刚穿着中国自主研制的第一代舱外服，左手扶着舱外把手，右手挥动五星红旗，在深邃无垠的太空背景下，显得特别壮观。这一幕深深印在了亿万人民的脑海中，也标志着中国成为世界上第三个独立掌握空间出舱技术的国家。

舱外航天服是一个微型航天器，是航天员进行舱外作业时必须穿戴的防护装备，用于将航天员的身体与恶劣的太空环境隔离。舱外航天服需具备航天器的基本功能，如防辐射、提供生命保障以及便于舱外作业等。它由服装、头盔、手套和航天靴等部分组成，每一部分都融合了航天领域的尖端科技。下面，我们来深入了解一下舱外航天服的头盔面窗。

自神舟七号起，航天员使用的出舱宇航服头盔面窗及相关塑料件均由郑州大学申长雨院士团队研发。2005年3月，该团队正式接受了解放军总装备部航天所的委托，研制宇航员出舱头盔面窗。在申长雨院士的领导下，他们联合国内其他高校和科研院所，成功设计并制造出了我国第一、第二代舱外宇航服头盔面窗。

面窗组件是宇航员在外太空活动时观察外界的"窗口"，可谓宇航员的"眼睛"。它不仅要为宇航员提供清晰、开阔的视野，也是保障航天员生命安全的关键部件之一。首先，航天面窗必须能承受太空极端温度环境。太空中的温度极端，阳光直射面可产生100 ℃以上的高温，而背阳面温度则可低至-100 ℃。因此，头盔面窗必须能够承受这种极端的热胀冷缩作用。其次，航天头盔面窗必须完美无瑕。太空中为零大气压，任何裂纹都可能使航天员面临失压、缺氧和辐射的威胁。此外，太空中还存在大量空间碎片，因此头盔面窗必须能够抵御这些碎片的冲击。

既然航天服头盔面窗需要面对如此苛刻的条件，那么，这种透明的航天面窗是用什么特殊材料制成的呢？其实，它就是一种名为聚碳酸酯的工程塑料。聚碳酸酯是一种高分子聚合物，具有无与伦比的强度和光学性能。除了用于宇航服头盔面罩外，它还可广泛应用于飞机、汽车、医疗器械、电子电器、光学透镜、光盘、LED 照明等领域。然而，与大家日常生活中见到的聚碳酸酯制品相比，航天服头盔面窗的生产过程绝非易事。

由于聚碳酸酯的分子量大、分子链刚硬、黏度大、流动性差，因此其成型性能较差，制品内应力大且易受环境影响，容易变形和开裂。这些都为头盔上航天面窗的成型加工带来了巨大挑战。自 2007 年起，郑州大学国家橡塑模具工程研究中心的科研团队在无经验可借鉴的情况下，结合面窗的使用环境和功能需求，采用光学级聚碳酸酯作为原料，通过数值模拟技术设计加工精密模具，并采用注塑成型方法成功研制出宇航服头盔面窗制品。同时，他们还在最外层面窗上进行了纳米金涂饰以阻隔太空的紫外线。

2008 年神七发射成功后，国人都感到无比自豪。然而，美国 NASA 在 2010 年的一份报告中指出，中国的舱外活动仅持续了 18 分钟，并未经历长期考验。这成为中国新一代航天面窗研发的起点。

2012 年，郑州大学联合多所国内顶尖高校和科研院所承担了国家"973"计划项目，以新一代航天服头盔面窗研制为背景开展研究。经过四年的努力，他们取得了一系列成果，进一步提升了聚碳酸酯的耐环境应力开裂性能和耐紫外老化性能，并对光学性能进行了优化调控，成功研制出了我国新一代航天服头盔面窗。

目前中国是世界上除美国和俄罗斯之外第三个能独立制造舱外航天服的国家。与第一代"飞天"舱外航天服相比第二代航天服更加先进、轻薄且强度高、可出舱活动 8 小时，并增加了许多电子设备以更好地协助航天员完成任务。

思政资源和专业知识的融合：聚碳酸酯是通过逐步聚合生产的典型聚合物。其生产工艺主要有两种：一种是通过双酚 A 和碳酸二苯酯的酯交换反应制得，另一种是通过双酚 A 和光气反应获得，这是教学中的核心知识点。同时，学生也需熟知聚碳酸酯的性能与应用。教材中常提及聚碳酸酯因其出色的机械性能、抗冲击性、透明度、尺寸稳定性和耐蠕变性，成为重要的工程塑料，广泛应用于玻璃装配、机械设备、电子和医疗器械等领域，但其在航空航天领域的应用则较少被提及。在实际教学中，融入"我国宇航员舱外航天服头盔面窗研发"的思政资源，不仅能深化学生对聚碳酸酯性能的理解，增强其专业认同感，更能激发他们的学习兴趣。同时，这也让学生直观感受到我国在航空航天领域的辉煌成就，从而提升其民族自豪感。

思政元素:专业认同感;民族自豪感。

案例剖析:专业认同感指的是学生对自己专业的认同度,包含两方面:一是学生在了解专业后产生的认可和情感投入,进而积极主动学习;二是学生愿意以本专业为未来的职业方向。大学阶段是学习专业性强的关键时期,对个人发展影响深远。专业认同感对大学生的目标设定、理想实现至关重要,关乎个人兴趣、教育建设、就业及未来发展等多个层面。因此,专业认同教育在高校教育中占据重要地位。本案例通过聚碳酸酯知识的讲解,融入"我国宇航员舱外航天服头盔面窗研发"的思政内容,让学生深刻体会专业知识在航空航天中的重要作用,不仅强化了学生的专业认同感,也提升了他们的民族自豪感,从而激发出报效祖国的责任感和使命感。

参考资料:

[1] 侯茜.申长雨:塑料航天面窗——像保护"眼睛"一样保护着航天员[EB/OL].(2016-10-21)[2024-7-13].https://www.cas.cn/zjs/201610/t20161021_4578506.shtml.

[2] 纪君柔,王艳,施煜.大学生专业认同感对学习行为和职业选择行为的影响研究[J].教育教学论坛,2015(45):250-251.

第六章 《功能高分子材料》部分

课程性质: 专业选修课。

课程简介:《功能高分子材料》课程是化学、应用化学、材料化学等本科专业的一门专业选修课。本课程主要阐述水溶性功能高分子、离子交换树脂、高吸水与高吸油树脂、高分子螯合剂、高分子反应试剂、液晶高分子、导电高分子、光致变色高分子、光刻胶、光敏涂料以及农用、医用、药用功能高分子等材料的发展历史、现状、合成原理、性能及其应用。教学目标是让学生深入了解功能高分子材料的发展概况,掌握各类功能高分子材料的合成原理、主要性能及其在现代社会中的多样化应用,从而加深学生对高分子科学理论的理解,拓宽其知识视野。同时,本课程旨在激发学生学习高分子新材料并投身其生产与研发的热情。在传授基础知识的过程中,我们将巧妙地融入习近平新时代中国特色社会主义思想、高分子学科的发展史、重大科学发现与技术进步、杰出科学家的贡献与科学精神、大国工匠精神以及唯物辩证法等思政元素,以实现协同育人的良好效果。

典型案例 一

教学内容：水溶性高分子材料。

思政资源：水体富营养化原因及危害；习近平总书记关于"新时代中国特色社会主义生态文明建设"的论述。

1. 水体富营养化的成因与危害

水体富营养化（eutrophication）指的是水体中氮、磷等营养元素含量过多而引起的水质污染现象。据不完全统计，全球有近一半的水域正经历或曾经历过富营养化污染。这一现象常表现为藻类和其他浮游生物的暴发性繁殖，以及水体透明度和溶解氧的显著变化。它不仅对水体质量构成威胁，更对人类健康产生危害。其主要危害体现在以下几个方面：

（1）生态平衡受损与生物多样性下降。富营养化导致水体中有机物迅速累积，促使微生物和藻类急剧繁殖，进而大量消耗溶解氧，对鱼类等水生生物的生存构成威胁。此外，某些藻类在生长或死亡过程中会释放有毒物质，导致水生动物出现残疾、畸形甚至死亡。

（2）人类健康风险增加。富营养化水体中的某些物质对人体有害。例如，富营养化水体中常含有较高的氨氮，这些氨氮在一定条件下可转化为亚硝酸盐。长期摄入过量的亚硝酸盐和硝酸盐会对人畜造成中毒和其他健康问题。同时，富营养化水体中的某些浮游生物还能产生生物毒素，这些毒素通过食物链对人类健康和生命安全构成威胁。

（3）加剧水资源危机。水体富营养化导致的水质恶化会影响供水安全，进而干扰人们的正常生活。例如，2007年太湖蓝藻污染事件就曾导致无锡数十万人的饮水危机。同样，2008年湖北省枝江市发生的"水华"事件也造成了当地居民的饮水困难。

（4）经济与社会发展受阻。水体富营养化还会带来不可估量的经济损失和社会影响。首先，它会对水产养殖业造成直接危害；其次，富营养化会降低水体的景观价值,对旅游业产生负面影响;此外,水质恶化还会影响自来水厂的运营和收益。

在自然状态下,湖泊从贫营养状态到富营养状态是一个缓慢的过程。然而,人为排放含氮、磷的废水却能迅速引发水体富营养化。以工业循环冷却水为例,其使用量占工业用水的绝大部分。为提高水资源利用效率,冷却水通常被循环使用。但随着循环次数的增加,水中结垢离子(如钙、镁等)的浓度逐渐上升,水质恶化,易在换热设备上形成结垢。为防止此类问题,最常用的有效方法是添加阻垢剂。过去几十年中,含磷阻垢剂被广泛使用,但其工业排放给地表水带来了大量含磷化合物,极易引发水体富营养化。因此,开发环境友好型阻垢剂已成为该领域的研究重点之一。

2. 习近平总书记论"新时代中国特色社会主义生态文明建设"

改革开放以来,我国经济社会取得了历史性成就,这是我们引以为豪的。但同时,我们也积累了大量的生态环境问题,这些问题已成为发展的短板和人民群众反映强烈的焦点。这种状况必须得到根本性的改变。如果我们的经济发展以牺牲生态环境为代价,导致雾霾频发、食品安全无保障、水源污染、空气质量下降、居住环境恶化,那么这样的现代化绝不是人民所期望的。

"绿水青山就是金山银山",这是重要的发展理念,也是推进现代化建设的核心原则。这一理念深刻阐述了经济发展与生态环境保护之间的关系,揭示了保护生态环境即保护生产力,改善生态环境即发展生产力的真谛,为我们指明了实现发展与保护双赢的新路径。绿水青山既是宝贵的自然资源,又是重要的经济资产。保护生态环境就是保护自然价值和增加自然资本,就是保护经济社会发展的潜力和后劲,确保绿水青山持续发挥生态、经济和社会效益。

生态环境保护和经济发展并非对立,而是相辅相成的关系。生态环境的好坏归根结底取决于我们的经济结构和发展方式。发展经济不能对资源和环境进行掠夺性开发,而生态环境保护也并非要放弃经济发展。我们要在发展中保护,在保护中发展,实现经济、社会、人口、资源和环境的和谐共生。

山水林田湖草构成了一个生命共同体。生态系统是一个统一的整体,其各个组成部分相互依存、紧密相连。人的生存依赖于田地,田地的繁荣依赖于水源,水源的涵养依赖于山林,山林的沃土依赖于土壤,而土壤的肥沃则依赖于林木和草地。这个生命共同体是我们赖以生存和发展的物质基础。因此,我们必须从全局和长远的角度来考虑问题,不能因小失大、顾此失彼,否则将对生态环境造成系统性、长期性的破坏。

推动绿色发展是解决污染问题的根本途径。只有从源头上大幅减少污染物排放,才能显著提升生态环境质量。为此,我们需要调整经济结构,优化能源结构,强化产业布局,完善产业链条。这样既能提升经济发展水平,又能降低污染排放压力。

生态保护和污染防治是相辅相成的。污染防治如同减少分子,即降低污染物排放量;而生态保护则如同增加分母,即扩大环境容量。二者需协同推进,共同发力。

思政资源与知识讲解的融合:水溶性高分子材料,指能在水体系中完全溶解并发挥特殊功能的高分子材料,具备成膜、黏接、表面活性、絮凝、增稠及络合等多重功能。这些特性使其在造纸、水处理、日用品制造、医药、食品及纺织等多个工业领域均有广泛应用。特别是在水处理领域,聚丙烯酸、聚马来酸、聚天冬氨酸和聚环氧琥珀酸等高分子材料被广泛用作工业循环冷却水的阻垢剂。值得一提的是,聚天冬氨酸和聚环氧琥珀酸作为20世纪90年代以来全球推崇的绿色环保阻垢剂,其环保价值日益凸显。此前,膦系阻垢剂在冷却循环水体系中大量使用,但其随冷却水排放而释放的大量含磷化合物,已导致部分区域水体出现富营养化问题。因此,在授课过程中,向学生阐明水体富营养化问题的成因与危害,有助于他们树立绿色发展理念。同时,我们也将习近平总书记关于生态文明建设的重要论述,如"绿水青山就是金山银山"和"山水林田湖草是生命共同体"等观点,融入课堂教学之中。

思政元素:绿色发展理念;生态环境保护与经济发展的辩证统一关系。

案例剖析:习近平总书记曾深刻指出:"我们既要绿水青山,也要金山银山。宁要绿水青山,不要金山银山,而且绿水青山就是金山银山。"自党的十八大以来,以习近平同志为核心的党中央高度重视生态文明建设,并将其置于国家发展全局的突出位置,推动了一系列决策部署的实施,使得生态文明建设在认识和实践层面都发生了历史性、转折性、全局性的变革,取得了显著成效,进而形成了习近平生态文明思想。随着生态文明建设的地位日益凸显,生态文明教育已成为高等教育不可或缺的一部分。大学生作为国家未来发展的中坚力量,对他们进行生态文明观教育是现代高等教育应肩负的历史责任。

本案例以"水溶性高分子材料"章节中的"循环冷却水阻垢剂"内容为切入点,将水体富营养化及其危害引入课堂讨论,旨在帮助学生树立"坚持绿色发展,构建绿色家园"的理念。同时,通过介绍"新时代中国特色社会主义生态文明建设"的相关论述,引导学生正确理解经济发展与生态环境保护的辩证关系,从而深化学生对"人与自然和谐共生生态文明观"的认识。

参考资料:

[1] 高玉华,刘振法. 工业循环水用绿色阻垢剂的研究进展[J]. 清洗世界,2018,34(9):32-38.

[2] 张维蓉,张梦然. 当前我国水污染现状、原因及应对措施研究[J]. 水利技术监督,2020(6):93-98.

典型案例 二

教学内容:离子交换树脂。

思政资源:中国离子交换树脂和吸附树脂的奠基人——何炳林。

何炳林

何炳林,高分子化学家,长期致力于教育科研,为国家培育了大批高分子科学杰出人才,并在功能高分子材料研发方面贡献突出。他开创并推动了我国的离子交换树脂工业,被誉为"离子交换树脂之父"。他曾任《离子交换与吸附》主编,《高分子学报》《高等学校化学学报》副主编,多次荣获全国和天津市劳动模范称号,两度当选为全国人大代表,1980年当选为中国科学院学部委员。

何炳林先生于1918年8月24日出生在广东番禺。1938年考入西南联合大学化学系,1942年毕业后留校读研究生并兼任助教。在西南联大期间,他目睹了民众的艰难生活,渴望学习先进科技,以"科学救国"。1947年,怀着复杂心情,何炳林前往美国深造。

在美国,他进入印第安纳州立大学研究生院,刻苦学习并工作,1952年,他获得博士学位。何炳林始终心系祖国,关注国内变化。新中国的成立使他备受鼓舞,他热切期望回国参与社会主义建设。

然而,何炳林夫妇的回国请求遭到美国当局阻挠,他只能在纳尔哥化学公司工作。在此期间,他考虑到祖国建设需要,选择了农药和离子交换树脂作为研究方向。他的才华和出色表现受到公司重视,被聘为高级研究员。

尽管生活条件优越且面临美国政府的禁令,何炳林仍思念祖国。他一面工作,一面呼吁并递交回国申请。经过多次审讯和阻挠后,1955年春,在周总理的帮助下,美国政府终于同意他回国。由于当时美国对中国采取封锁和禁运政策,何炳林只能将搜集的科技资料分批寄回国内,并购买了一些急需的仪器和化学试剂。1956年2月,他满怀报国之心,携全家回国,并受邀到南开大学任教。

在南开大学,何炳林先生立即着手高分子化学学科建设和离子交换树脂的研制。尽管条件艰苦,他仍带领师生克服困难,在不到两年内合成了多种离子交换树脂,包括用于提取铀的特种树脂。1958年,受第二机械工业部资助,他主持建立了我国首家专门生产离子交换树脂的化工厂,产品专供核燃料铀的浓缩。毛主席和周总理先后视察了他的实验室和树脂车间,对他的成就给予高度赞扬。1964年,中国第一颗原子弹成功爆炸,他激动得热泪盈眶。1988年,国防科工委授予他"献身国防事业"成就奖。

为提高树脂性能,何炳林率先开发了大孔树脂制备方法(因重要性而当时严格保密),并基于此生产了多种新型吸附树脂,广泛应用于环保、化工和制药等行业。这一重大贡献拓展了树脂的应用范围。三年后,捷克科学家才发表类似成果。

自1965年起,南开大学化工厂转产民用,主要生产水处理树脂,为我国化工和火电企业发展提供技术支持。在何先生的帮助下,多地也建立了离子交换树脂工厂。因此,他被誉为"离子交换树脂之父"。

改革开放后,何炳林先生领导南开大学高分子学科开展多种吸附树脂的研发工作。其中氢键吸附树脂在环保和中药现代化中发挥重要作用;血液净化吸附剂则挽救了众多危重患者生命,开创了我国血液灌流临床治疗的先河。

何炳林先生注重科研与人才培养。他理论联系实际,积极尝试跨学科、复合型、创新型人才的培养模式,并多次获得教学成果奖。晚年,他与夫人捐出40万元设立奖学金,资助爱国、品学兼优且生活困难的学生。

因卓越科学成就,何炳林先生荣获国家自然科学二等奖、国家发明奖等多项重大奖励。他将个人命运与国家需求相结合,在化工、轻工、冶金、医药、电子等领域做出不可磨灭的贡献。

思政资源与专业知识的融合:"离子交换树脂"这一章的内容主要有:离子交换树脂的发展历史、离子交换树脂的结构和分类、离子交换树脂的合成、离子交换树脂的再生、离子交换树脂的性能与应用。在讲述离子交换树脂的发展历史时,我们引入了何炳林院士的生平事迹，特别强调了他对祖国深深的眷恋。他不惜放弃在美国的优越生活与工作，决心回国，为我国原子能事业的推进作出了不可磨灭的贡献，这种爱国精神让人动容。当介绍到离子交换树脂的性能和应用时，我们详细讲解了何炳林先生如何将这种材料的应用范围扩展到水处理领域，并且其科研成果广泛渗透于化工、轻工、冶金、医药、电子等多个行业，为国家和地方经济建设带来了巨大的经济与社会效益，凸显了他不断攀登科学高峰的创新精神。

此外，我们还结合何炳林先生一生致力于教书育人、全心投入育才事业、慷慨捐资助学的感人事迹，向学生们传递了他甘为人梯、乐于提携后辈的育人精神。通过这些方面的介绍，我们将"离子交换树脂"这一专业知识与何炳林先生身上所散发的科学家精神紧密地结合在一起。

思政元素：科学家精神。

案例剖析：2021年9月，科学家精神被正式纳入中国共产党人精神谱系的首批伟大精神之中。科学成就的背后，离不开坚定的精神支撑。习近平总书记在2020年9月11日的科学家座谈会上明确指出："科学家精神是科技工作者在长期科学实践中积累的宝贵精神财富。"而在2021年5月28日的中国科学院第二十次院士大会、中国工程院第十五次院士大会、中国科协第十次全国代表大会上，习近平总书记再次强调，新时代更需要继承发扬以国家民族命运为己任的爱国主义精神，更需要继续发扬以爱国主义为底色的科学家精神。

一部科学史亦是一部科学家的精神史。我国不同时代的科技工作者都拥有共同的精神内核——热爱祖国、致力于创新。在大学课堂上，宣传科技工作者的探索精神和献身科学的事迹，培养具备科学家潜质的青年群体，是一项至关重要的任务。离子交换树脂作为功能高分子领域中的一种重要材料，其教学若仅停留在简单介绍国内外发展历史、现状及应用，将难以激起学生共鸣。本案例在教授离子交换树脂基础知识的同时，穿插何炳林先生的生平和贡献，不仅提升了学生的课堂参与度，更在课堂上生动展现了科学家精神，取得了显著的育人效果。

参考资料：

[1] 何炳林院士诞辰100周年纪念专辑前言[J]. 离子交换与吸附，2018，34(5)：385-387.

[2] 王攒. "离子交换树脂之父"何炳林[J]. 乡音，2015(1)，39-40.

[3] 张政朴，阎虎生，张全兴. 何炳林先生及南开牌树脂[J]. 离子交换与吸附，2021，37(4)：371-380.

典型案例　三

教学内容： 高分子反应试剂。
思政资源： 多肽的固相合成与1984年诺贝尔化学奖。

多肽和蛋白质是生命体中功能重要的生物大分子，在物质代谢、运输、信号传导和基因表达调节等生命过程中发挥着关键作用。因此，它们一直是生命科学领域的重要研究对象。20世纪初，科学家已阐明多肽和蛋白质的合成原理，虽然理论简单，但实际操作却困难重重，进展缓慢。

20世纪50年代，科学家利用液相法成功合成了具有生理活性的多肽，这是该领域的一个重大进步。1953年，美国生物化学家文森特·杜·维格诺德经过多年的努力，成功合成了催产素（一种含二硫键的九肽）。临床试验证实，其与天然催产素具有相同的生物活性，维格诺德因此荣获1955年的诺贝尔化学奖。然而，液相法合成多肽耗时费力，需减少副反应（如引入保护基团），且每步产物都需分离纯化，过程繁琐。

但是，随着多肽和蛋白质在理论和医药领域的价值日益凸显，需求不断增加，现有的合成方法已无法满足需求。

1959年，洛克菲勒大学的罗伯特·布鲁斯·梅里菲尔德博士决定挑战多肽合成的难题。他提出，若将新生成肽的羧基与固体载体相连，可大幅减少羧基的保护程序，并简化中间肽的分离。尽管梅里菲尔德的构思巧妙，但实际操作中需解决诸多问题，如选择合适的固体载体、有效的偶联试剂，保护和去保护基团，以及从载体上移除多肽的条件等。

罗伯特·布鲁斯·梅里菲尔德

由于这是一种全新的方法,梅里菲尔德进行了大量摸索,也遇到了一些预想不到的问题。直到第二年年底,仍未获得理想结果。他本人也开始怀疑自己的设想,但在同事的大力支持下,他再次全身心投入实验。经过三年努力,他成功用新方法合成了一个四肽 Leu-Ala-Gly-Val,并将该方法命名为 SPPS(Solid Phase Peptide Synthesis)。相关研究成果于 1963 年发表在美国化学协会杂志上,成为该杂志的经典论文之一。

梅里菲尔德研究小组在树脂选择、氨基酸固定、氨基和侧链的保护及去除、成肽反应、目标多肽分子的解脱及纯化等方面进行了完善,进一步提高了合成速度。当时,他们仅用 8 天时间就合成了含有 9 个氨基酸的缓舒激肽。与传统液相合成法相比,SPPS 法具有明显优势:每步氨基酸连接后,繁琐的产物纯化被简单的聚合物洗涤所替代,使副产物和剩余反应物的去除变得简单易行。单一添加反应的产率可达到 99.5%,甚至更高,更适合大分子量蛋白质的合成。

尽管梅里菲尔德的方法相较传统方法有很大进步,但仍有一些传统思想的学者对此表示惊讶和不安。他们不相信无须繁琐的中间产物分离、纯化和鉴定就能实现肽类合成。然而,梅里菲尔德及其研究小组继续改进方法并合成新肽,用实际行动回应了质疑。

除了在肽类和蛋白质合成中的巨大价值外,固相合成法在常规有机合成、核苷酸、DNA 和低聚糖合成领域也得到了不同程度的应用和发展。曾经,DNA 合成被认为是一项耗时费力的工作,制备一个包含 21 个碱基对的双链 DNA 需要一个熟练的研究人员全身心投入 4 年时间才能完成;而用 SPPS 法仅需 1 天即可完成。更重要的是,SPPS 法的应用使 DNA 合成实现了自动化,可按指定程序合成目标 DNA 分子。可以说,这项成果不仅为合成化学领域带来了巨大变革,也极大推动了生物化学、分子生物学、药理学和医学领域的发展。随着 SPPS 的广泛应用和价值的体现,科学界也给予了梅里菲尔德诸多荣誉。1984 年,他因"固相蛋白质化学合成方法的建立"荣获诺贝尔化学奖。

思政资源与知识讲解的融合: 高分子反应试剂,一种反应型功能高分子材料,是通过将小分子活性化合物"嫁接"到高分子载体上得到的。使用高分子试剂进行化合物合成能减少副反应并简化分离过程。目前已研发的高分子反应试剂包括氧化试剂、还原试剂、酰化试剂、卤代试剂等,广泛应用于多种有机化学反应。该领域仍在快速发展,商品化试剂不断涌现。制备方法和应用是学习的重点。值得一提的是,高分子反应试剂在生物及化学合成领域的研究,起源于梅里菲尔德的固相合成法。因此,在授课时,我们可以自然地将梅里菲尔德如何针对液相法合成多肽的弊端,克服困难,成功创新固相合成法的故事融入课堂,实现知识传授与思政教育的完美结合。这不仅能加深学生对知识的理解,还能潜移默化地培养他们的创新思维。

思政元素: 创新思维。

案例剖析: 创造力源于对常规思维的突破。只有勇于创新,不墨守成规,才能推动科技与社会进步。虽然液相法合成多肽和蛋白质曾被广泛接受,但其繁琐、耗时、费力的缺点阻碍了技术发展。梅里菲尔德打破常规,创新性地提出固相合成法。起初虽遭质疑,但时间证明了其价值。随着人们逐渐认识到固相法在多肽合成中的巨大优势及其在其他领域的应用潜力,梅里菲尔德荣获 1984 年诺贝尔化学奖。这一科学成就生动展现了创新思维的重要性。事实上,许多科学突破,如万有引力定律、自由落体定律的修正、无线电遥控技术的发明等,都是创新思维的结晶。

当前,我国科技与发达国家仍有差距,未来 10～20 年是我国科技迎头赶上的关键时期。培养具有创新意识、勇于打破传统的青年人才至关重要。因此,在传授知识的同时,必须重视大学生创新思维的培养。本案例将知识讲解与诺贝尔奖的诞生过程相结合,是启迪学生心智、培养创新思维的典范。

参考资料:

[1] MERRIFIELD, R B. Solid phase peptide synthesis. I. the synthesis of a tetrapeptide[J]. Journal of the American Chemical Society, 1963, 85(14): 2149-2154.

[2] 郭晓强. 固相肽类合成的发明者:梅里菲尔德[J]. 自然辩证法通讯,

2010,32(5):97-104+124-125+80.

[3] 饶新华. DNA 合成与基因工程的引路人——布鲁斯·梅里菲尔德 [J]. 世界科学,2006(8):45-46.

[4] 薛楚标,李崇熙. 固相多肽合成法的发明者——布鲁斯·梅里菲尔德 [J]. 化学通报,1985(6):65-68.

典型案例　四

教学内容：液晶高分子材料。
思政资源：液晶的发现和发展。

随着科技的发展，液晶材料的应用在现代社会中愈发广泛。尽管听起来令人难以置信，但液晶的发现确实与胡萝卜有关。19 世纪末，布拉格的奥地利植物学家弗里德里希·莱尼茨尔从胡萝卜中提取了胆固醇及其衍生物，并对其物理和化学性质进行了研究。在加热胆固醇苯甲酸酯化合物时，他观察到了一个异常现象：当温度升至 145.5 ℃时，固态化合物变为黏稠浑浊的液体；继续加热至 178.5 ℃时，液体变得清澈透明，仿佛该化合物拥有两个不同的熔点。在冷却过程中，这一现象再次出现，只是顺序相反。然而，在当时，物质被认为只有单一的熔点，这一发现无疑与当时的认知相矛盾。

莱尼茨尔对此困惑不解，于是向晶体学家诺发斯基求助。诺发斯基同样感到惊讶，但无法解释，便建议莱尼茨尔咨询德国学者奥托·雷曼。1888 年 3 月 14 日，莱尼茨尔致信雷曼，这封信开启了液晶发展的新篇章。

当时 32 岁的雷曼在收到信后，立即进行了实验，并观察到了与莱尼茨尔相同的双熔点现象。然而，他也无法解释这一现象，因为物质通常只有一个熔点。于是，他开始设计新的实验设备，包括在显微镜上安装加热装置和偏光镜片，以便更好地观察化合物的熔化过程。这些设备虽然简单，但至今仍是液晶研究人员的标准装备。在使用偏光显微镜观察胆固醇苯甲酸酯在特定温度下形成的黏稠雾浊液体时，雷曼看到了五彩斑斓的图案，这表明该液体具有晶体的光学特性。他认为这是一种介于固体和液体之间的全新状态。与此同时，德国的盖特曼合成了氧化偶氮苯类液晶化合物，这些化合物具有更大的流动性。雷曼将这些具有光学各向异性的流动性液体命名为柔软水晶，后来改为晶状流体。

雷曼的这一全新观点挑战了当时普遍接受的物质只有固态、液态和气态三种状态的观念。许多科学家对此提出异议，认为这些异常现象是由于实验样本不纯所致。其中,固态化学的权威学者古斯塔夫·塔曼的反对声最为强烈,他甚至与雷曼展开了激烈的笔战。塔曼发表文章否定液晶的存在,他认为这是两种不同物质混合加热时,各自熔化造成双熔点的错觉,至于白云状的颜色,则是熔化的物质混合形成的乳化胶体。对此雷曼则坚决反击。尽管塔曼的假设能解释部分现象,但无法解释显微镜下观察到的五彩缤纷的光学现象。支持液晶相存在的科学家们虽然设计了实验来排除各种质疑,但未能提出合理的理论来解释液晶相的稳定成因。遗憾的是,雷曼的观点在他生前始终未能得到科学界的广泛认可。

在 20 世纪 30 至 60 年代,液晶研究陷入低谷。一方面,关于液晶相成因的理论研究没有取得实质性进展;另一方面,当时液晶的实际应用尚未被发现。然而,关于液晶的争论不断推动着该领域的发展。1937 年,英国植物生理学家弗雷德里克·鲍登在研究烟草花叶病毒时发现了其悬浮液的液晶特性,这是人们首次发现生物高分子的液晶行为。1950 年,Elliott 与 Ambrose 首次合成了高分子液晶。1958 年,德国人索普在梅尔的指导下完成了关于液晶的平均场理论的博士论文,并系统地阐述了液晶相的微观理论,这一理论后来被称为梅尔－索普理论。在 20 世纪 50 年代到 70 年代期间,杜邦公司相继推出了 PBA、Kevlar 等液晶高分子材料。

同时,科研人员逐渐发现了液晶分子的一些特殊效应,并拓展了液晶应用方面的研究。1960 年,乔治·海尔迈耶发现了液晶的光电效应。1968 年,研究人员首次利用这一性质发明了显示装置,标志着液晶显示屏的诞生。随着液晶显示技术的进步,许多物理学家和化学家被吸引到液晶研究的高潮中。如拉斯·昂萨格、弗洛里和皮埃尔-吉勒·德热纳等杰出科学家都为液晶研究做出了重要贡献。1973 年,德热纳出版了液晶理论的专著《液晶物理》,该书至今仍被视为液晶物理领域的经典之作。

液晶理论研究的进步进一步推动了应用研究的发展。1971 年,海尔弗里奇和夏德特共同发现了扭曲丝状液晶场效应,为液晶显示技术的工业化奠定了基础。1973 年,夏普公司推出了首款液晶显示计算器。1988 年,该公司又成功研制出全球第一台 14 英寸彩色液晶显示器,开创了 LCD 的新时代。自此以后,液晶技术得到了迅猛发展,不仅为人类带来了丰富多彩的色彩显示,还在其他领域展现出了广阔的应用前景。

思政资源与知识讲解的融合:"液晶高分子材料"章节的开篇,便是液晶的发展史。然而,教材内容往往简略,仅列举了几个关键事件,这样的方式既难以在教师讲授时给学生留下深刻印象，也不利于学生在自学过程中获得思想启迪。为此，我们可以尝试采用翻转课堂的教学模式，提前将"液晶的发现与发展历程"作为研究课题布置给学生，鼓励他们深入探索并详尽了解液晶材料的起源和演进。在课堂上，邀请部分学生分享他们的研究成果，并鼓励全班同学参与补充和完善。最后，由教师引导学生从这段历史中提炼出深刻的思想启示。

思政元素：事物发展前进性与曲折性相统一的原理。

案例剖析：事物的发展总是呈现出前进性与曲折性并存的特点。新事物必然会战胜旧事物，这体现了发展的前进性；但新事物的成长往往要经历艰难曲折，这反映了发展的曲折性。唯物辩证法认为，尽管发展道路充满曲折，但总体趋势是向前的。新事物从诞生到成熟需要时间，同时旧事物不会轻易消亡，它会竭力阻碍新事物的成长。此外，人们对新事物的认识和接受也需要一个过程。

科学技术的发展同样遵循这一规律。在科技领域，不同部分的发展曲折性各有差异。通常，科学发展的曲折性远大于技术，而原创性科学的曲折性又更为显著。在科学发展中，真理有时只被少数人掌握。因此，一些新的科学理论，尤其是原始创新理论，在短期内可能难以获得广泛认可。这往往导致新发现、新思想及其相关科学家遭受冷落甚至打击。通过翻转课堂的形式，我们将"液晶的发现与发展"这段历史引入课堂，旨在向大学生展示科学发展中前进性与曲折性的统一，激发他们的共鸣和思考。同时，这也有助于学生们更好地理解和面对人生道路上的挑战与困难。

参考资料：

[1] 宋正海. 从科学发展的曲折性看科学原始创新的艰巨性 [J]. 科学新闻，2002（1）：27.

[2] 崔英敏，吕刚. 液晶的历史 [J]. 现代物理知识，2006，18(3)：3-6.

典型案例 五

教学内容：液晶高分子材料。

思政资源：国内对位芳纶研发的开拓者——泰和新材料股份有限公司。

聚对苯二甲酰对苯二胺纤维（对位芳纶）与碳纤维、高强高模聚乙烯纤维并称当今世界三大高性能纤维，是支撑国防军工、新一代信息技术、高端装备制造、新能源、新材料等战略性新兴产业的关键基础材料，对国民经济和国防建设具有不可替代的重要作用。长期以来，对位芳纶生产技术主要为美国和日本等少数国家所掌握，这些国家对我国实施严密的技术封锁和市场垄断，严重制约了我国相关领域的技术进步和产业升级。因在军事、科技等领域的特殊用途，对位芳纶纤维一直被视为重要的战略物资。我国自20世纪70年代便投入大量资源进行对位芳纶技术的研发，但在关键工程化技术方面一直未能取得突破。

为改变这种被动局面，从20世纪末开始，烟台泰和新材料股份有限公司（原烟台氨纶股份有限公司）便组织专业团队，依靠自主创新，历经数年攻克对位芳纶核心技术。2004年，泰和新材启动了对位芳纶长丝及浆粕的中试技术研究，2007年建成百吨级中试线，成功突破对位芳纶的关键技术，并形成了自主知识产权。2008年，公司进一步启动了1 000吨/年的对位芳纶工程化项目，该项目得到了国家高技术研究发展计划（"863"计划）和"对位芳纶高技术产业化示范工程"国家高性能纤维复合材料专项计划的大力支持。经过多年的不懈努力，2011年6月，千吨级对位芳纶产业化项目成功投产，标志着对位芳纶从实验室研究走向工业化生产的历史性跨越，打破了国外的技术垄断，使我国具备了这种关乎国家安全和国民经济发展的重要基础材料的研发生产能力。

通过持续的自主创新，泰和新材料股份有限公司已成为中国高性能纤维行业的领军企业，是国内领先的高性能纤维研发生产基地，也是我国化纤行业在全球高新技术竞争中的标杆企业。公司曾2次荣获国家科技进步奖二等奖，承担了20余项国家科技计划项目，拥有150余项授权专利，并牵头和参与编写了90余项国家和行业标准。

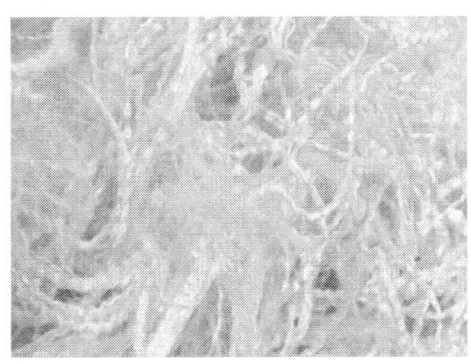

对位芳纶纤维

思政资源与知识讲解的融合：芳族聚酰胺（芳纶），主要包含聚对苯甲酰胺、聚对苯二甲酰对苯二胺、聚亚苯基苯并二噁唑等，是关键的液晶高分子材料。其中，聚对苯二甲酰对苯二胺纤维（对位芳纶）因其在航空、汽车、通信等多领域的广泛应用，成为芳族聚酰胺类材料的佼佼者。在教学中，我们着重强调对位芳纶的结构、合成原理及其性能，同时深入探讨其应用领域。

传统的教学方式往往先阐述材料的结构与性能，再分析其应用。但本案例在此基础上，巧妙地穿插了烟台泰和新材料股份有限公司自主创新、攻坚克难，最终成功研发对位芳纶并打破国外技术垄断的感人事迹。这不仅让学生深刻感受到我国在科技创新方面取得的辉煌成就，更通过引入相关新闻报道，使他们更加深入地了解对位芳纶在国防和航空航天等领域的重要应用，从而进一步坚定学生的四个自信。

思政元素：科技创新、强国有我；四个自信。

案例剖析：习近平总书记明确指出，"只有把关键核心技术掌握在自己手中，才能从根本上保障国家的经济安全、国防安全和其他安全"。我们要坚定"四个自信"，勇于创新，敢于探索未知，努力实现对核心技术的自主可控，从而牢牢把握创新和发展的主动权。

核心技术对于国家的经济高质量发展与安全保障具有不可替代的意义。本案例在传授知识的同时，通过实例展示了我国企业在科技研发上的坚韧与毅力，不仅丰富了教学内容，更激发了学生科技报国的热情与责任感。与此同时，我国在科技领域的持续进步与突破，也无疑为学生们树立了强大的信心。

参考资料：

［1］陶璐璐，康佳媛，桂兵，王丽娜. 防护特刊，纺织高科技耀眼阅兵场［N］. 中国纺织报，2015-09-14.

［2］梁莉萍，张曙光. 烟台氨纶—国产高新材料新跨越［J］. 中国纺织，2011（7）：133.

典型案例 六

教学内容：导电高分子材料。

思政资源：导电聚合物的发现与2000年诺贝尔化学奖。

2000年10月10日,瑞典皇家科学院宣布了2000年诺贝尔化学奖得主,他们分别是美国加利福尼亚大学的物理学家艾伦·黑格(Alan J. Heeger)教授、美国宾夕法尼亚大学的化学家艾伦·麦克迪尔米德(Alan G. MacDiarmid)教授和日本筑波大学的化学家白川英树(Hideki Shirakawa)教授。他们的主要贡献在于发现了导电聚合物,这一发现与日本科学家白川英树实验室的一次"错误实验"密切相关。

白川英树,1936年8月20日出生。1955年,他从日本岐阜县县立高山中学毕业,凭着对化学的浓厚兴趣,进入日本东京工业大学学习。经过持续努力,他于1961年获得学士学位,1966年获博士学位,之后在该校资源科学研究所担任助教。白川英树在导电聚合物研究方面的主要贡献,是他首次合成出高性能的膜状聚乙炔,这一成果源自1971年他在一次"错误实验"中的意外发现。

聚乙炔是一种结构简单的低维共轭聚合物。自20世纪50年代有机半导体研究初期起,它就受到了研究人员的关注,但长期未能取得显著进展。原因在于当时合成的聚乙炔都是结构不明确,既不溶解也不熔融的粉末。从半导体物理学的角度看,这样的聚合物存在众多缺陷,无法应用。白川英树的初始研究目标是探究聚乙炔的形成过程并制备其薄膜。在Sakaji Ikeda教授的指导下,他发明了一种方法:先将催化剂$Ti(OBu)_4/AlEt_3$溶于甲苯制成膜,然后用乙炔气体的分压控制乙炔在催化剂膜上的聚合速率。当时,他指导一批韩国留学生进行聚乙炔的合成实验。可能是由于语言沟通的问题,留学生"错误"地将齐格勒-纳塔催化剂的用量提高了一千倍,意外地在催化剂表面形成了银色光泽的膜状物。白川英树抓住这一契机,进行了深入研究,最终发现了利用改进的齐格勒-纳塔型催化剂制备具有金属光泽的膜状聚乙炔的方法。该方法制得的聚乙炔结构规整,结晶度高。同时,他还开发出通过调整反应条件来控制聚合产物中顺、反式聚乙炔异构体比例的技术。然而,白川英树的这一发现在日本高分子学会发表后,并未引起日本学术界的足够重视。

艾伦·黑格、艾伦·麦克迪尔米德和白川英树(从左至右)

1976年,美国化学家麦克迪尔米德在京都大学做客座教授。回国前,他前往东京工业大学进行访问演讲。当时,他正在研究无机导电聚合物聚氮化硫,白川英树向他展示了自己合成的聚乙炔薄膜,两位化学家虽未曾相识,却被对方的研究成果深深吸引。麦克迪尔米德随即邀请白川英树前往美国宾夕法尼亚大学进行合作研究。在1976年至1977年间,白川英树加入了由麦克迪尔米德和物理学家黑格领导的跨学科研究小组,专注于聚乙炔掺杂及其导电性的研究。在此合作中,白川英树主要负责合成聚乙炔薄膜,而掺杂实验和导电性能测试则由黑格的学生 Chwan K. Chiang 负责。他们历经无数个日夜的奋斗,经历了多次失败后,终于发现经卤素掺杂的聚乙炔导电性提高了7个数量级,实现了导电聚合物研究的重大突破。这一激动人心的研究成果于1977年分别在 *J. Chem. Soc. Chem. Comm.* 和 *Phys. Rev. Lett.* 上发表,从而在全球范围内开辟了一个新的研究领域。

思政资源与知识讲解的融合:在"导电高分子材料"这一章节的教学中,聚乙炔、聚苯胺、聚噻吩、聚吡咯等导电聚合物是核心知识点。特别是聚乙炔,作为首个被发现的导电聚合物,其意义深远,是学生必须掌握的重点内容。将聚乙炔导电性的发现历程融入课堂,能生动展现这一科学里程碑,从而激发学生的学习兴趣。

在介绍完聚乙炔导电性的发现后,引导学生深入探讨这一发现背后的关键推动因素。首要因素是白川英树从一次"错误实验"中获得灵感,通过深入研究和思考,发现了制备具有金属光泽的聚乙炔膜的新方法。其次,白川英树与化学家麦克迪尔米德和物理学家黑格的合作,极大地推动了导电聚合物的研究进展。这种跨学科的合作与交流,是伟大科学发现的重要推动力。在这一教学环节中,我们鼓励学生分组讨论,深化理解,从而在潜移默化中培养他们的科学素养。

思政元素:勤于思考、合作交流的科学素养;科学发现中偶然性和必然性的辩证关系。

案例剖析:2000年诺贝尔化学奖颁给了在导电聚合物研究中有杰出贡献的三位科学家。聚乙炔的发现不仅颠覆了高分子仅为绝缘体的传统认知,更为低维固体电子学和分子电子学的发展奠定了基础,具有重大的科学价值。然而,仅在课堂上强调其重要性,难以引起学生的深度关注,而聚乙炔导电性的发现源于一次"错误实验",其过程对当代大学生有深刻的启发作用。因此,本案例将聚乙炔导电性的发现过程融入课堂教学,增强了课堂的吸引力。同时,通过组织学生讨论、引导他们深入思考发现过程中的各种因素,可以让学生深刻理解"勤于思考、合作交流"在科学研究中的重要性,从而培养他们的科学素养。

此外,有些人可能片面地将伟大的科学成就归咎于"偶然发现"。若学生受此观点影响,可能会误认为科学发现是"碰运气",进而削弱学习中的主观能动性。本案例全面展示了导电高分子材料这一重大科学发现背后的多种因素,对学生正确理解科学发现中偶然性与必然性的辩证关系具有重要意义。

参考资料:

[1] 诸平,张文根. 白川英树与导电聚合物的发现[J]. 大学化学,2003,18(1):60-62.

[2] 欧阳钟灿. 震撼与思索:白川英树获奖历程回顾[J]. 科学,2001,53(3):3-6.

[3] SHIRAKAWA H, LOUIS E J, MACDIARMID A G, et al. Synthesis of electrically conducting organic polymers: halogen derivatives of polyacetylene, (CH)x[J]. Journal of the Chemical Society, Chemical Communications, 1977(16), 578−580.

典型案例 七

教学内容：医用高分子材料。

思政资源：科技创新要坚持"四个面向"，体现以人为本。

1. 致力于面向人民生命健康的生物医学材料专家——俞耀庭

众所周知，科技的进步与生活水平的提升使得人们对健康的要求日益增高，催生了快速诊断、人工器官等新兴需求。这些需求推动了生物学、医学、化学等多个学科的交融，进而催生了生物医用材料。尤其是20世纪70年代，生物医学材料产业快速发展，其中血液净化材料的需求迅猛增长。我国作为生物医学材料的需求大国，当时却面临技术落后、产品单一的困境，主要依赖进口。在此背景下，俞耀庭研究组率先在国内开展了血液净化吸附剂的研究。

俞耀庭，1955年本科毕业于南开大学化学系，1959年完成研究生学业，自1979年起在南开大学化学系高分子教研室专注于生物医学材料研究。在2009年国家科学技术奖评选中，他领导的项目"高性能血液净化医用吸附树脂的创制"荣获国家科学技术进步二等奖，为该领域唯一获此奖项的项目。

血液净化技术在多种疑难性自身免疫性疾病及高发疾病的治疗中发挥着重要作用。俞教授带领的团队深入研究了生物医学材料的选择性识别机制，并成功研发出十余种具有自主知识产权的材料。利用这些材料如比表面积、孔径等特性，医生能选择性地清除患者血液中的毒性物质，以治疗或缓解病情。此外，俞教授创新的树脂包膜法解决了树脂的血液相容性问题，推动了血液灌流治疗在我国的普及，并赢得了国际认可。

俞耀庭教授屡获殊荣，包括2000年获国际生物材料科学与工程学会联合会的终身荣誉称号等。尽管成就显著，他仍保持谦虚，强调团队的重要性，并期望未来能继续为人民的健康事业贡献力量。

2. "面向人民生命健康"是贯彻习近平总书记"坚持以人民为中心"思想的具体体现与现实要求

2020年9月11日，习近平总书记在科学家座谈会上明确提出了科技创新的"四个面向"战略方向：面向世界科技前沿、面向经济主战场、面向国家重大需求、面向人民生命健康。这一战略号召广大科学家和科技工作者深入科技探索，开启建设世界科技强国的新征程。在2021年5月28日的重要会议上，总书记再次重申了这"四个面向"，敦促我国科技工作者肩负起时代的重任，力求实现高水平的科技自立自强。

科技创新不仅是民族复兴的强大动力，也是应对国内外复杂环境变化的迫切需求。"四个面向"为加快科技创新和提升科技能力指明了方向，为我国科技事业的进步描绘出明确的发展蓝图。

"面向人民生命健康"不仅深刻体现了习近平总书记"坚持以人民为中心"的发展思想，更是科技以人为本理念的集中展现。科技工作应以人民生命健康为出发点，坚守人民至上、生命至上的原则，全力守护人民的生命安全和身体健康，努力消除人民的病痛，持续提升生活品质，以满足人民对美好生活的向往，实现人民的幸福。

生命对人来说是最为宝贵的，健康是幸福生活和生命安全的关键前提，同时也是民族繁荣和国家强盛的重要标志。民心是最大的政治，科技工作者以人民为中心，保障人民群众的身体健康，这不仅符合人民的最大利益，也具有深远的政治意义。

思政资源与知识讲解的融合：在"医用高分子材料"这一章中，血液净化材料占据重要地位。学生需要深入理解和把握血液净化技术的发展脉络、材料的分类与合成方法，以及其广泛的应用领域。在阐述血液净化材料在治疗系统性红斑狼疮、类风湿关节炎等自身免疫性疾病，以及药物急性中毒、重症黄疸型肝炎等病症中的应用时，我们将穿插介绍俞耀庭先生在血液净化吸附剂研究方面的杰出贡献。紧接着，结合习近平总书记关于科技创新的"四个面向"战略指引，即面向科技前沿、经济主战场、国家重大需求和人民生命健康，为学生指明科技创新的方向。通过这一讲解过程，我们将进一步引导学生深入理解并内化习近平总书记"坚持以人民为中心"的发展理念，从而在青年学生心中深深植根这一核心思想。

思政元素：坚持"四个面向"，把牢科技创新方向；"坚持以人民为中心"的发展思想。

案例剖析：科技是国家繁荣的基石，创新则推动着民族的进步。习近平总书记在科学家座谈会上明确指出，我们的科技创新应当坚持"四个面向"，不断向科技的广度和深度进军。这为我国科技工作者提供了清晰的方向指引。

青年学生是未来科技创新的中坚力量，他们在学习阶段就应明确国家科技创新的方向，并树立起远大的理想与目标。本案例以"血液净化材料"为切入点，通过介绍致力于人民生命健康的专家学者的事迹，将科技创新的"四个面向"引入课堂，为学生提供方向上的引导，并激发他们的科技报国之情。最后，我们将进一步提升学生的思想认识，从"面向人民生命健康"的科技创新方向，过渡到习近平总书记所倡导的"坚持以人民为中心"的发展理念，从而培育学生"心怀天下，服务人民"的深厚情怀。

参考资料：

[1] 韩诚.南开从教六十载 成果造福八万人[EB/OL].（2012-04-20）[2024-7-13]. http://news.nankai.edu.cn/nkdxb/system/2012/04/20/000064104.shtml.

[2] 俞耀庭教授生平简介[EB/OL].（2017-05-28）[2024-7-13]. https://sky.nankai.edu.cn/2017/0528/c7806a81125/page.htm.

[3] 沈慎.人民网评："四个面向"为科技创新指明方向[EB/OL].（2020-09-12）[2024-7-13]. http://opinion.people.com.cn/n1/2020/0912/c223228-31859123.html.

典型案例　八

教学内容：高分子功能膜材料。

思政资源：致力于海水淡化国家战略，与"膜"相伴五十余载的高从堦院士。

没有水便无生命。人类所居住的地球，其陆地面积占比不足30%，而超过70%是海洋，然而淡水储量却极为有限。若能将海水资源有效地转化为人类所需的淡水资源，并实现规模化、产业化，那么全球淡水资源危机便能得到缓解，从而实现可持续发展。

当前的海水淡化技术主要分为热法（蒸馏法）和膜法（反渗透）。热法自20世纪40年代开始发展，其原理是加热海水使其蒸发，再冷凝收集淡水。而膜法则是自20世纪60年代才起步的技术，它通过高分子膜材料在压力作用下过滤海水，从而得到淡水。尽管膜法起步较晚，但已逐渐占据优势，膜技术也因此成为全球各国竞相研发的高新技术。

中国工程院院士高从堦已为此奋斗了半个多世纪，他对我国膜分离技术的发展作出了杰出贡献，被誉为该领域的领军人物和反渗透膜工程技术的开拓者之一。

1942年11月，高从堦出生于山东省即墨县的一个普通农家。他自小勤奋好学。1960年，怀着对海洋化学的憧憬，他考入山东海洋学院化学系。1965年毕业后，他被分配至国家海洋局第一海洋研究所工作。当时，海水淡化是研究所的一个重要研究方向。1967年，国家在北京、青岛和上海同时启动了海水淡化项目，目标是利用海水制取淡水。高从堦也参与了这一项目，凭借扎实的专业知识，他与团队共同投身于反渗透膜的研发工作。经过一年多的不懈努力，他们成功完成了日产1吨淡水的反渗透海水淡化器的设计和样机制作，实现了膜法海水淡化技术的多项突破。此次经历也促使高从堦迅速成长。自那时起，他便一直坚守在膜技术研发的前沿，开启了与膜技术相伴的科研生涯。

1970年春，海水淡化项目的主力从青岛迁至杭州。作为项目的科研骨干，高从塈也随之前往杭州,继续他的膜技术和海水淡化研发工作。1974年,他担任了"CTA中空纤维反渗透膜和组器研究"的课题负责人。在深入分析国外研究经验后,他决定尝试自主研发技术路线。历经8年的持续努力,他带领团队成功解决了原料、配方及工艺条件等核心问题,最终研发出中国自主的"中空纤维反渗透膜"。该膜性能与国际同类产品相当,导致国外相关产品价格大幅下降,为中国反渗透技术的深入发展奠定了坚实基础。

1982年,高从塈以访问学者身份前往加拿大滑铁卢大学进行为期两年多的学术交流。在此期间,他紧跟国际膜技术发展趋势,首次采用新型制膜方法。回国后,他在国家海洋局杭州水处理技术研发中心工作,并主持了国家科技攻关项目。经过近5年的努力,他们开发的新产品性能接近国外同类产品,该项目在1991年获得国家海洋局科技进步奖一等奖。1992年,该项目与其他课题合并,荣获国家科技进步一等奖。作为项目的主要完成人,高从塈受到了党和国家领导人的接见。

反渗透复合膜性能卓越、应用广泛,但其关键原料——均苯三甲酰氯(TMC)的合成技术当时仅被少数国家掌握,国际市场难以购得。"若无法实现这一原料的国产化,我们将无法深入研究复合膜"。高从塈带领团队自主探索,不仅成功合成了该原料,还研发了多种新材料,不断提升国产复合膜的性能。1997年,他主导建立了国内首条反渗透复合膜生产线,实现了反渗透复合膜的国产化,打破了国外的垄断;至2002年,他的团队又开发了适用于海上油田的低压膜法海水软化技术,填补了国内技术空白;2004年,他主持的研究课题成功研制出高性能海水淡化膜,其平均脱盐率超过99.2%;2006年,他在国内率先开展了正渗透膜及其性能的系统研究;2008年,他提出并进行了反应型纳米颗粒填充复合膜的研究,为反渗透复合膜的性能提升指明了新方向;到了2015年,他主持的"海水淡化膜高性能化的混合基质方法"课题研究,为我国新型高性能混合基质膜的发展奠定了坚实基础。

"创新是新时代的强音。只有着眼于国家的重大战略需求,我们才能实现膜技术领域的跨越式发展"。这是高从塈院士常说的话。与"膜"相伴五十余载,他见证了我国膜技术从起步到世界先进的历程。他倾注心血的膜技术,如今已形成了具有中国特色的产业体系,并不断壮大。预计到"十四五"末,我国膜工业总产值将超过5 000亿元,成为全球膜产业和应用大国。

思政资源与知识讲解的融合:"高分子功能膜材料"章节涵盖膜技术发展史、

高分子功能膜的分类、分离机理、制备工艺及应用等领域。在阐述膜技术发展历程时,我们先简要介绍高从堦院士与膜技术五十余载的深厚情缘,以及他如何以创新为引擎,为我国膜技术的崛起倾注全部热情的事迹。当触及膜的应用层面,我们鼓励学生分组探讨,特别是在海水淡化这一关键应用上,敦促学生主动搜集世界淡水资源分布、水资源匮乏现状及解决策略、海水淡化技术的进展等资料。在与学生交流的过程中,我们再次强调高从堦院士如何围绕国家战略需求,推动我国膜技术实现质的飞跃,为我国海水淡化技术跻身世界前列立下汗马功劳。同时,通过学生的资料搜集,让他们深刻理解淡水资源的珍贵,从而在日常生活中养成节水、护环境的良好习惯。

思政元素:国家战略需求导向;"十年磨一剑"的科研坚持;节水环保意识。

案例剖析:近年政府工作报告多次提及科技,明确科技创新能力的提升至关重要,并倡导以"十年磨一剑"的耐心在核心技术上取得突破。回顾科技历史,任何理论或技术的重大进步,都源于长期的坚守与积累。我国在某些科技领域起步虽晚,但若无持续的努力与投入,何谈核心技术的重大突破?近年来,我国在航天、探月、深海探测、超级计算、量子信息等领域的辉煌成就,均是数代科技工作者"十年磨一剑"的结晶。

膜技术不仅在海水淡化中扮演关键角色,还与电力、电子、医药、生物、环保等领域紧密相连,应用广泛。因此,膜技术已成为全球竞相研发的高新技术。本案例以"高分子功能膜材料"章节为载体,将高从堦院士一生致力于膜技术研发,努力赶超世界先进水平的精神融入教学,使学生认识到科研不仅应围绕国家战略需求,更需具备"十年磨一剑"的毅力与决心。同时,通过学生的自主资料搜集,培养他们节约水资源、保护环境的自觉意识。

参考资料:

[1] 任光莉. 高从堦:毕生追寻神奇"膜"力[J]. 党员干部之友,2021(11):38-39.

[2] 林帆. 高从堦:把海水变成甘露[J]. 中国人才,2012(6):58-59.

[3] 温菲. 随中国海水淡化技术一同成长——高从堦院士访谈录[J]. 科学文化评论,2020,17(5):80-92.

典型案例 九

教学内容：改性纤维素。

思政资源：科研唯利天下，育人哪为声名——高分子科学家张俐娜院士。

1940年8月，张俐娜出生于福建光泽。她五六岁时就开始接受启蒙教育，并表现出对科学的浓厚兴趣。然而，少年时的她志向是做小学老师，而非科学家。初中毕业时，她准备报考师范学校，但班主任鼓励她报考高中，成为科学家，为科学事业奋斗。在老师的鼓舞下，她改变了志向。

高中时代，她最喜爱的是化学课。"我特别喜欢做实验，尤其是银镜反应实验。"张俐娜在接受采访时兴奋地说，边说边比画着做实验的动作。"在试管中滴入适当比例的规定化学溶液，震荡、加温，试管内壁就会出现一层光亮如镜的银。"青少年时期的张俐娜对未知世界充满好奇。高中毕业后，她进入武汉大学化学系学习。

1963年毕业后，张俐娜在北京铁道科学院金属及化学研究所工作。1973年7月，她调入武汉大学化学系高分子教研室任教。在工作中，无论是做实验、指导学生，还是校对他人书稿，她都一丝不苟，尤其对化学实验情有独钟，几乎废寝忘食。

1985年，张俐娜获得日本政府学术振兴协会奖学金，赴大阪大学做访问学者。"改革开放初期，我到日本留学，看到日本如此发达，生活水平如此之高，我就暗下决心，一定要好好学习，让我们的国家也能像发达国家那样。"她后来回忆道。1986年，访学结束，她回到国内。此时，46岁的她首次有了自己的科研方向——生物质资源天然高分子材料科学的基础和应用研究。在该领域，纤维素的溶解一直是个难题，传统方法工艺复杂、成本高、能耗大且污染严重。张俐娜带领团队迎难而上，刻苦钻研，走出了一条非同寻常的科研之路。

当时的中国条件有限，张俐娜的科研设备仅有一张桌子和一个实验台，连试管和烧瓶等必需的玻璃器皿都需自行购置。"我从事这项研究，是怀有强烈的使命感。我们世世代代生活在这片土地上,所以我们只有一条路,就是竭尽所能建设好这个国家。"张俐娜的这句话道出了她夜以继日工作的动力源泉。正是这种对国家的使命感,激励她不断攀登科学高峰。经过12年的潜心研究,她的团队终于发现了一种新的水体系低温溶解法:用尿素、氢氧化钠和水作溶剂,预冷至$-12\ ℃$,将极难溶解的纤维素放入,一两分钟即可溶为黏液。团队还据此提出了新机理:低温下大分子与溶剂自组装形成新的氢键配体导致溶解。同时,在低温下利用这种溶剂体系可实现纤维素、甲壳素的溶液加工,制造出一系列新型材料,如丝、膜、塑料等。这些产品性能优良且可生物降解,不会造成环境污染。

张俐娜及其团队的研究成果备受国际化学界赞誉。英国东北威尔士大学原校长格里恩·菲利普教授赞叹:"这是一个从实验室基础研究到工业化试验的神话般故事。"

2000年,已是武大化学系教授的张俐娜获国家自然科学基金重点项目资助,开始研究纤维素新溶剂及材料。出于对国家和全人类资源前景的深谋远虑,她用高分子物理理论和方法研究天然高分子,这也构成了她独特的研究框架。这一年,她60岁,这个年纪,许多人已经退休。

做实验是化学家的日常工作,其辛苦非外人所能体会。2006年暑假,张俐娜在江苏做低温溶解实验时,为了更好地控制温度,实验选择在深夜进行。当时66岁的她始终坚守现场,直至实验完成。

2011年,张俐娜的低温溶解纤维素技术成果被国际化学界誉为"纤维素加工技术上的一大里程碑",她也因此荣获安塞姆·佩恩奖——国际纤维素与可再生资源材料领域的最高奖项。自1962年设立以来,张俐娜是首位获此殊荣的中国人。评委会认为,她为这种顽固的天然高分子开创了一种崭新的研究方法。利用这种方法,农业废弃物如蔗渣、虾壳、秸秆等可变废为宝,为纤维素科学基础研究通向工业化生产开辟了道路。获奖后的张俐娜谦虚表示:"我从没想过要成为大教授或科学家,只是每做一件事都会尽力做好。"

同年,张俐娜当选中国科学院院士,时年71岁。外界用"大器晚成"形容她的科研生涯。46岁才开始真正的科学研究,从基础设备到创建国际一流科研实验室,"半路出家"的她后来居上,在古稀之年成为当时武汉大学唯一的女院士。

功成名就后,张俐娜并未止步。2012年,她组织撰写了国家"十二五"重点图书《天然高分子基新材料》丛书,这是国内外首套详细介绍天然高分子的学术专著。2014年,她承担中国科学院咨询项目,撰写了《关于海洋生物质资源开发与利用中存在的问题和对策》报告,为国务院献计献策。"我要振作精神,开始新的征程。"2019年,79岁的张俐娜在接受电视采访时说:"国家需要绿色发展,所以我要把我们的技术转化为各种材料。我还要加强基础研究,进行多学科交叉研究,让我们的产品逐步走向市场,探索新的产学研结合道路。这是我新的梦想。"

2020年8月,尽管身体状况不佳,张俐娜仍坚持为参加科学营的中学生讲授"绿色化学"。2020年10月17日,她因病在武汉大学中南医院逝世,享年80岁。

思政资源与专业知识的融合:在"改性纤维素"这一节中,纤维素的化学反应是重点之一,包括再生纤维、纤维素的酯化和醚化等。纤维素主要源于棉花、木材、麻、谷类植物及海洋生物,是资源丰富的天然高分子化合物。但除棉花中的长纤维可直接纺成织物外,短纤维和木材中的纤维素须经化学反应才能形成有用产物。天然纤维素难溶、难熔融,加工性差。在教授此部分时,我们融入张俐娜院士团队的实例,他们创新采用氢氧化钠—尿素体系,在低温下实现纤维素快速溶解,为纤维素的科学研究和工业应用开辟了新道路。同时,在介绍再生纤维素应用时,我们强调张俐娜团队的科研成果在生物医学、能源储存、污水处理和纺织制造等领域的应用,以此将"科学研究要面向国家需求,服务社会发展"的理念深植学生心中。

思政元素:潜心研究、心无旁骛的探索精神;科学研究服务国家和社会发展的理念。

案例剖析:2019年6月,两办印发《关于进一步弘扬科学家精神加强作风和学风建设的意见》,强调要弘扬淡泊名利、潜心研究的奉献精神,力戒浮躁,甘于坐"冷板凳"。从事基础研究要瞄准世界一流,应用研究要突出解决实际问题。本案例将张俐娜院士团队在生物质资源天然高分子材料领域,十余年如一日地潜心研究,取得世界瞩目成就的事迹,融入"纤维素的化学反应"教学中,既拓宽学生知识视野,也让学生深刻认识到"面向国家和社会需要,淡泊名利、潜心研究"的重要价值。

参考资料:

[1] 侯茜.张俐娜院士:珞珈山下的化学魔术师[EB/OL].(2021-04-01)[2024-7-13]. https://www.cas.cn/zt/rwzt/2021qm/zln/202104/t20210401_4783329.shtml.

[2] 夏静,张锐.科研唯利天下 育才哪为声名——追记张俐娜院士[J].云南教育,2021(11):36-37.